"双一流"建设背景下高校图书馆建设与服务

主　编　张丰智　李建章
副主编　冯　菁　王　昕
　　　　袁明英　郑　勇

北京邮电大学出版社
www.buptpress.com

内 容 简 介

本书以"双一流"建设背景下高校图书馆建设与服务为主题,入选内容主要是从北京科技情报学会高等院校科技情报专业委员会举办的"2018年'双一流'背景下高校图书馆建设与服务创新高层论坛"征文中挑选出来的论文和案例,主要包括:高校图书馆学科资源建设与评价分析、"双一流"形势下学科服务创新思路、资源整合与开发利用、数字资源绩效评估、图书馆服务社会功能探索等与"双一流"背景下高校图书馆创新服务相关的理论与实践。本书中的论文和案例是高校图书馆专家学者及经验丰富的馆员对"双一流"背景下图书馆创新服务的理论探讨和实践总结,具有一定的前瞻性和学术价值,可为高校图书馆在"双一流"背景下开展服务提供参考和借鉴。

图书在版编目(CIP)数据

"双一流"建设背景下高校图书馆建设与服务 / 张丰智,李建章主编. -- 北京:北京邮电大学出版社,2019.7(2019.11 重印)

ISBN 978-7-5635-5747-9

Ⅰ. ①双… Ⅱ. ①张… ②李… Ⅲ. ①院校图书馆—图书馆工作—研究②院校图书馆—图书馆服务—研究 Ⅳ. ①G258.6

中国版本图书馆 CIP 数据核字(2019)第 126477 号

书　　　名:	"双一流"建设背景下高校图书馆建设与服务
主　　编:	张丰智　李建章
责任编辑:	徐振华　米文秋
出版发行:	北京邮电大学出版社
社　　址:	北京市海淀区西土城路 10 号(邮编:100876)
发 行 部:	电话:010-62282185　传真:010-62283578
E-mail:	publish@bupt.edu.cn
经　　销:	各地新华书店
印　　刷:	北京九州迅驰传媒文化有限公司
开　　本:	787 mm×1 092 mm　1/16
印　　张:	17.5
字　　数:	455 千字
版　　次:	2019 年 7 月第 1 版　2019 年 11 月第 2 次印刷

ISBN 978-7-5635-5747-9　　　　　　　　　　　　　　　　　　　　定价:79.00 元

・如有印装质量问题,请与北京邮电大学出版社发行部联系・

编委会

主　编　张丰智　李建章

副主编　冯　菁　王　昕　袁明英　郑　勇

编　委（按姓氏笔画排序）

马　路　代根兴　冯　铎　刘春鸿　刘宗岐

严潮斌　吴　旭　张春红　邵　颖　杨守文

季淑娟　赵世华　高淑萍　唐　兵　熊　丽

潘　薇

前　言

"双一流"建设是党中央国务院在新时期提高我国高等教育发展水平的重大战略举措,是高等学校创新发展的重大战略机遇。

高校图书馆作为服务于高校教学、人才培养和科学研究的学术型机构,面临着新的发展机遇和挑战。"双一流"建设正在改变图书馆的管理和服务理念、重构图书馆的服务模式、拓展图书馆的功能。随着科学研究的全球化进程的加快,对文献信息的需求越来越深入,这一现象要求图书馆为科研人员提供精准的服务,把文献资源、人力资源和技术资源整合起来,主动地融入教学、科研过程中,助推学校和学科更快地迈向"双一流"。

本书的主要内容是从北京科技情报学会高等院校科技情报专业委员会举办的"2018年'双一流'背景下高校图书馆建设与服务创新高层论坛"征文中挑选出来的论文和案例,其中包括:高校图书馆学科资源建设与评价分析、"双一流"形势下学科服务创新思路、资源整合与开发利用、数字资源绩效评估、图书馆服务社会功能探索等与"双一流"背景下高校图书馆创新服务相关的理论与实践。本书中的论文和案例是高校图书馆专家学者及经验丰富的馆员对"双一流"背景下图书馆创新服务的理论探讨和实践总结,具有一定的前瞻性和学术价值,可为高校图书馆在"双一流"背景下开展学科服务提供参考和借鉴。

本书在编写过程中得到了北京科技情报学会及高校图书馆同人的大力支持,在此一并表示感谢!

由于编者水平有限,书中难免有不足和错误之处,恳请读者批评指正。

编　者
2019年1月

目 录

图书馆与"双一流"建设

信息化时代"双一流"建设背景下林业院校文献资源建设模式初探
　　——以南京林业大学为例 ················· 梅　嘉(3)
"双一流"背景下高校图书馆资源荐购服务的现状与思考 ············· 苗　红　唐　兵(7)
"双一流"建设背景下人工智能与智慧图书馆文献研究 ············· 袁明英　张大苹(14)
"双一流"背景下高校图书馆学科服务探析 ············· 王丽敏　宋　辉(20)
"双一流"高校建设中的图书馆资源集约策略分析
　　——纸质图书馆和数字图书馆的分别建设初探 ················· 李朝阳(26)
试论"双一流"视域下的大学图书馆学位论文资源建设与服务
　　——以北京林业大学图书馆为例 ················· 费　青(32)
"双一流"背景下我国林业高校科研论文产出与学术影响力分析 ········ 董亚杰　马花如(38)
高校作者利用大型学术平台发表高质量科学论文的分析
　　——以北京林业大学为例 ················· 刘彦民(45)
"双一流"形势下矿业类院校图书馆读者服务的研究 ················· 刘　军(55)

文献资源保障

关于军队院校图书馆数字资源加工与建设实施社会化保障的思考 ················· 许　嘉(63)
浅析高校图书馆中文图书采购的质量控制机制 ············· 王　昕　张丰智　冯　菁(68)
基于学科资源配置的数字资源评价研究 ················· 赵　平(72)

服务拓展与创新

高校图书馆创客空间的生态系统分析与模式构建 …………………………………… 黄　蓉(81)
中华优秀传统文化与大学生思想政治教育的融合研究
　　——以南京林业大学图书馆为例 ………………………………………………… 朱丽娟(88)
数据引领服务
　　——西北农林科技大学图书馆K类图书借阅排行分析 …………………………… 高　丽(93)
高校图书馆校友服务SWOT分析
　　——以中南林业科技大学图书馆为例 ……………………………… 吴旭艳　叶盛荣(99)
高校图书馆向中小学开放服务实证分析 ……………………… 张丰智　冯　菁　王　昕(106)
高校图书馆社会化服务探索 …………………………………… 冯　菁　张丰智　王　昕(113)
试论国防大学图书馆在新时代变革中的创新服务模式 ………………………………… 王　颖(119)
图书馆开展学科化服务的理性思考
　　——以国防大学图书馆为例 ………………………………………………………… 陈　平(123)
围绕国防大学学科建设需求　不断提高知识服务保障能力 …………………………… 曹　玲(128)
基于Altmetrics的学术影响力评价研究
　　——以电影学学科为例 ……………………………………………………………… 李　华(133)
数据挖掘在高校图书馆个性化推荐服务中的应用
　　——以中央民族大学图书馆为例 ………………………………………………… 罗惠琼(140)
图书馆"智慧门户"功能模型初探 ……………………………………………………… 沈静萍(148)

图书馆与图书馆事业

当代大学生信息素养教育探析 ………………………………………… 马花如　董亚杰(155)
谈谈高校图书馆期刊阅览室的管理 …………………………………………………… 李红云(160)
北京林业大学图书馆馆藏古籍方志提要 ……………………………………………… 张宝颖(165)
"北林文库"建设的实践与思考 ………………………………………………………… 张宝颖(169)
试析高校图书馆藏书与流通的问题及改善方略
　　——以北京林业大学图书馆为例 ………………………………………………… 石冬梅(174)
高校图书馆数据素养教育研究 …………………………… 郑　征　王　瑜　张丽英(178)
高校图书馆在智能化发展过程中如何做好自身人力资源结构优化的思考
　　——以北京林业大学图书馆为例 ………………………………………………… 唐茂元(186)

高校图书馆自主研发信息服务实践与思考
  ——以中国政法大学图书馆为例 …………………………………… 翟羽佳（192）
国防大学图书馆转型应强化五种理念 ………………………………… 贾玉霞（207）
聚焦备战打仗 推动军队院校图书馆文职人员队伍建设 …………… 杨小娜（210）
浅谈军队院校图书馆情报开发人员素质及队伍建设 ………………… 赵　莉（215）
基于情景分析的上海 2040 人口预测 ………………………………… 卢　璐（221）
基于文献计量的人脸识别技术演进分析 ……………………………… 王正为（233）
对未来国防大学红山口教学区图书馆馆舍设计理念的思考 ………… 司文委（242）

阅读文化与阅读推广

关于图书馆开展阅读推广活动的若干思考 …………………………… 李　楠（251）
浅析网络阅读时代图书馆的创新服务 ………………………………… 肖　莉（255）
新媒体环境下高校图书馆阅读推广方法探析
  ——以北京交通大学图书馆为例 ………………………… 高爱军　朱　宁（259）
高校图书馆阅读推广实践的创新与启示
  ——以北京林业大学"无机阅读挑战"为例 …………… 张大苹　袁明英（266）

图书馆与"双一流"建设

信息化时代"双一流"建设背景下林业院校文献资源建设模式初探
——以南京林业大学为例

梅 嘉

(南京林业大学图书馆,南京 210037)

摘 要:本文以南京林业大学为例,探讨了信息化时代"双一流"建设背景下文献资源建设的特点和林业院校面临的困难,提出了"以学科发展为导向,以用户需求为驱动,以使用评估为依据,以联合采购和资源共享为主要建设方式,以开放获取资源为重要补充"的文献资源建设新模式。

关键词:"双一流";林业院校;文献资源建设

分类号:G252

Model Exploration of Literature Resources in Forestry Colleges under the Background of "Double First-class" Construction in the Information Age
—Taking Nanjing Forestry University as an Example

Mei Jia

(The Library of Nanjing Forestry University, Jiangsu Nanjing 210037, China)

Abstract: This paper takes Nanjing Forestry University as an example, discusses characteristics of document resource construction and difficulties faced by forestry colleges under the background of "double first-class" construction in the information age, puts forward a new mode of literature resource construction, which is "subject development oriented, user demand driven, use evaluation based, joint procurement and resource sharing as the main construction mode, and open access as the important supplement".

Keywords: "double first-class"; forestry colleges; document resource construction

2015年国务院发布了《统筹推进世界一流大学和一流学科建设总体方案》(简称"双一流"建设),要求坚持以一流为目标,以学科为基础,以绩效为杠杆,以改革为动力,推动一批高水平大学和学科进入世界一流行列或前列[1]。一流大学的创建离不开一流学科的建设,一流学科的建设离不开文献资源的保障。文献资源建设和保障工作是高校图书馆的重要工作之一,因此,林业院校图书馆需从文献资源建设这一基础出发,以学科建设为导向主动调整文献资源建设策略,助力本校"双一流"建设的发展。

1 林业院校数字资源建设的特点和面临的难题

1.1 林业院校数字资源建设的特点

多学科全面发展是新时代我国林业院校的建设特点。通过对林业院校官网的调查,笔者发现,我国林业院校已形成以农、林学科为特色和优势,文、理、工、管、经、法、艺等多学科全面发展的新局面。多学科全面建设,要求我国林业院校数字资源建设在保证固有农、林特色的同时,还要满足文、理、工、管等多学科文献资源的需求。

1.2 林业院校数字资源建设面临的难题

经费不足是如今林业院校数字资源建设面临的最大困难。在我国,高校数字资源建设的经费主要来自学校的财政拨款。近年来,资源建设成本年涨幅不断增高,而高校每年的财政拨款增幅有限。经费的掣肘使得高校图书馆在资源建设过程很难面面俱到地满足所有读者的文献需求。如何将资源建设经费的效益最大化以便更好地满足全校读者对文献资源的需求成为图书馆资源建设工作中的难题。

2 林业院校文献资源建设模式

2.1 以学科发展为建设导向,"优先保障,合理兼顾"

学科的发展离不开文献资源的支撑,要促进优势学科的发展,必须要优先保障优势学科文献资源的建设。优势学科文献资源建设的核心是高质量学术资源的购置。学术文献资源的购置不是盲目的,采访馆员必须要对本馆的馆藏文献资源做到心中有数,才能避免重复建设。通过定期对馆藏资源进行分析,采访馆员可以清楚地了解优势学科的高质量文献资源的保障情况,在制定和执行文献资源采访方案时做到有的放矢。一流大学的创建仅靠某一个或某几个一流学科的建设是远远不够的,更多的是依靠所有学科的全面发展。文献资源是学科发展的基础之一,因此在优先保障优势学科的同时需要做到合理兼顾其他学科的文献资源建设,但经费的限制使得林业院校图书馆不可能将本校所有学科的文献资源悉数订购,因此以学科建设为导向优化文献资源建设显得尤为重要。

在有限的建设经费条件下,南京林业大学图书馆根据本校情况,科学设置学科文献资源建设的经费比例,优先保障优势学科的文献资源建设。我校是首批"双一流"建设单位,"林业工程"一级学科入选了2017年9月教育部公布的《一流大学和一流学科建设高校及建设学科名单》,据基本科学指标数据库(ESI,Essential Science Indicators)最新数据统计,我校工程学和动植物科学同时入选ESI前1%学科,农业科学和材料科学两个学科是我校的ESI潜力学科。通过近几年的资源使用统计发现,在我校订购的各类文献资源中,利用率最高的是电子期刊,因此,2015—2017年,我馆将这些优势学科的文献资源建设主要集中在高质量外文电子期刊部分,如图1所示。同时,其他学科的文献资源建设继续坚持数字资源与纸质资源的协调发展。

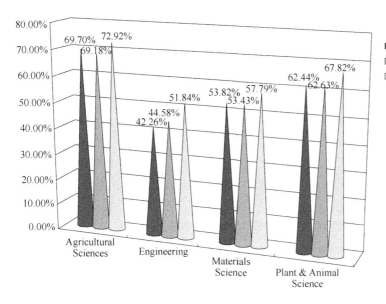

图 1　ESI 学科和 ESI 潜力学科馆藏来源电子刊保障率

2.2　以读者需求为建设驱动

林业院校文献资源建设是为了满足读者需求,切实了解读者需求是文献资源建设的出发点,这样可以更充分地发挥资源建设经费的效益。定期开展文献资源满意度调查、走访院系教师等方式,可以帮助采访馆员更准确地掌握本校读者的文献需求,使文献资源建设更加精准。教师读者和研究生读者是文献资源的主要使用者,他们长期从事教学科研工作,对科研热点和发展趋势的把握更为准确,邀请教师读者参与文献资源建设可以更确切地满足他们的文献资源需求,更好地为学科发展提供坚实保障。

2.3　以使用评估为建设依据

文献资源的订购是为了供读者使用,其使用率体现了文献资源的建设效果。资源的使用分析报告已成为我馆文献资源订购的主要依据。通过对纸质资源和数字资源的使用分析,我馆发现了资源建设工作中的问题,针对这些问题,我馆优化了资源结构,及时调整了纸质资源和数字资源建设的经费比例,使纸质资源和数字资源建设的经费投入更加科学、合理;通过对数字资源的使用分析,我馆停订了利用率低的数字资源,加大了对高使用率的数字资源的投入,将有限的资源建设经费效益最大化,借此更好地为学科建设提供文献支撑。

2.4　以联合采购和资源共享为主要建设方式

联合采购和资源共享是目前高校图书馆文献资源建设的一种趋势,这也是目前我馆文献资源建设的主要方式。我馆分别加入了高校图书馆数字资源采购联盟(DRAA)、江苏省高等学校数字图书馆(JALIS)和南京城东五校图书馆联盟,在订的数字资源中约 90% 通过联合采购的方式订购,这种采购方式不仅可以降低我馆的文献资源建设成本,还可以简化订购流程、节约招标成本。尽管我馆在文献资源建设中会向优势学科有所倾斜,但可使用的资源建设经费仍然有限,很难完全拥有所需求的文献,而高校间文献资源的重复度高,数字资源出现同质化趋势,因此,我馆在文献资源建设中也采用资源共享的方式。文献资源的共享方式,在一定程度上可以缓解我馆由于经费制约而造成的文献资源的缺失,对本馆文献资源起到很好的补充作用。

2.5 以开放获取资源为重要补充

开放获取资源,又称 OA 资源,是一种在尊重作者权益的前提下,可在互联网上被用户免费获取的资源。2015 年,在 1.14 亿篇在线英文学术文献中,有超过 2 700 万篇实现开放获取,比例达到 24%[2]。德国马普等机构于 2016 年发起的"开放获取 2020(OA2020)"计划提出,争取至 2020 年年底将传统订阅期刊规模压缩至原有规模的 10%。种种研究表明:开放获取出版规模日趋扩大,已经成为学术成果出版的一种趋势。开放获取资源由于其易得性,可以作为林业院校文献资源建设的重要补充。南京林业大学图书馆将开放获取资源视为本馆文献资源的重要组成部分,在本馆主页上设置专栏,定期发布、更新开放获取资源信息,有力地补充了本馆的文献资源建设。

3 结语

文献资源是开展教学科研工作的重要支撑,是保障学科发展的必要支持,也是高校图书馆助力"双一流"建设的重点方向。林业院校图书馆应以学科发展为建设导向,以"优先保障、合理兼顾"为建设原则,以读者需求为建设驱动,以使用评估为建设依据,以联合采购和资源共享为主要建设方式,以开放获取资源为重要补充,只有这样才能使图书馆的文献资源建设满足学校的发展需要,才能为学校的"双一流"建设提供更切合、更完备的文献保障。

参考文献

[1] 国务院.国务院关于印发统筹推进世界一流大学和一流学科建设总体方案的通知[EB/OL].(2015-11-05)[2018-05-21].http://www.gov.cn/zhengce/content/2015-11-05/content_10269.htm.

[2] 中国教育部科技发展中心.开放获取是中国科技出版新机遇[EB/OL].(2016-12-05)[2018-01-30].http://www.cutech.edu.cn/cn/qslt/sgwz/2016/12/1480900188582257.htm.

"双一流"背景下高校图书馆资源荐购服务的现状与思考

苗 红 唐 兵

〔中国矿业大学(北京)图书馆,北京 100083〕

摘 要:资源荐购服务是高校图书馆对传统采访模式的补充,提升资源荐购服务水平对实现以读者为中心的图书馆功能有重要意义。文章采用网络调查法进行研究,以一流大学图书馆的资源荐购服务模式为研究对象,研究了荐购栏目位置、荐购制度、荐购资源种类、荐购方式、荐购途径、荐购咨询、跟进服务、宣传情况等要素,分析问题,提出建议。文章提出采用荐购制度标准化、拓展荐购资源种类与途径、缩短反馈周期、保证专人专责、完善奖励机制、加大宣传力度等措施改进资源荐购服务质量。

关键词:"双一流";高校图书馆;资源荐购服务;线上调研

分类号:G253

Online Research and Reflection on the Construction of University Library Resource Recommendation Service by Double First-class Universities

Miao Hong　Tang Bing

(The Library of China University of Mining and Technology (Beijing), Beijing 100083, China)

Abstract:Resource recommendation service is a supplement to the traditional interview mode of university libraries. It is important to improve the level of resource recommendation service to realize the reader-centered library function. The article uses the network survey method to conduct research, and takes the resource recommendation service mode of the first-class university library as the research object, and studies the location of the recommended column, the recommendation system, the types of recommended resources, the recommended way, the recommended way, and the recommendation consultation, follow-up services, publicity and other factors, analyze problems and make recommendations. The standardization of the recommendation system, the expansion of the types and channels of the recommended resources, the shortening of the feedback cycle, the guarantee of special personnel, the improvement of the reward mechanism, and the promotion of publicity efforts were made to improve the quality of resource recommendation services.

Keywords:double first-class; university library; resource recommendation service; online research

高校图书馆的资源采访工作是馆藏建设的重要手段[1]，高质量的资源采访有利于使图书馆更好地为广大师生服务，实现图书馆的使命。曾经主要依赖采访人员抉择的传统采访模式已经不再适应现今极度需求个性化服务的时代。以需求为导向的服务在一定程度上减少了采访人员的主观臆断带来的弊端[2]。随着大数据时代的到来，个性化服务频频出现在各大高校图书馆，高校图书馆的资源荐购服务也应运而生。资源荐购服务是对传统采访模式的补充，有利于更好地发挥图书馆的作用[3]。鉴此，笔者对"双一流"高校开展资源荐购服务的现状进行了线上调研，总结了目前高校图书馆资源荐购服务的问题和不足，提出了需要改进的方法和手段，以便推动高校图书馆资源荐购服务的健康发展。

1 资源荐购服务的线上调研与分析

"双一流"高校实力雄厚且贯穿我国东部、中部、西部，在资源荐购服务方面有极强的代表性。笔者采用网络调查法[4]，于2018年9月，以42所高校图书馆为调研对象，访问了它们的图书馆主页，对其资源荐购服务的栏目位置、荐购制度、荐购资源种类、荐购方式、荐购途径、荐购咨询、跟进服务及宣传情况进行了线上调研。因吉林大学、郑州大学、重庆大学及云南大学四所学校图书馆网站暂时无法登录或无法访问，本次有效调研对象为38所高校图书馆，如表1所示。

表1 "双一流"高校图书馆资源荐购服务一览表

调研内容 调研对象		栏目位置		荐购制度		荐购资源种类							荐购方式		荐购途径							荐购咨询		跟进服务		宣传
		首页	层次	查重	其他	中文图书	外文图书	中文期刊	外文期刊	学位论文	多媒体	电子资源	自主荐购	征订目录	电子表单	纸质表单	荐购系统	到馆	海外采选系统	学科馆员	邮件电话	社交平台	链接平台	指定专人	非指定	反馈	奖赏机制	FAQ或入馆教育提及
东部地区	北京大学	√	2	√	√	√	√	√	√	√	√	√		√						√				√		√	√	√
	中国人民大学	√	2			√	√	√	√			√	√				√							√		√	√	
	清华大学	√	2			√	√	√	√			√	√				√							√		√		√
	北京航空航天大学	√	2	√		√	√	√	√			√	√				√							√		√	√	
	北京理工大学	√	2	√		√	√	√	√			√	√				√							√		√	√	
	中国农业大学	√	2			√	√	√	√			√	√				√							√				
	北京师范大学	√	1			√	√	√	√			√	√				√									√		
	中央民族大学		2			√							√													√		
	南开大学		2			√	√	√	√			√	√				√									√		
	天津大学		2	√		√	√	√	√				√				√									√		
	大连理工大学	√	2			√							√				√									√		
	哈尔滨工业大学	√	1			√	√						√				√				√			√		√	√	
	复旦大学	√	2	√		√	√						√													√		
	同济大学		2	√		√	√	√	√				√				√									√		
	上海交通大学		2			√							√				√							√		√		
	华东师范大学		2			√	√	√	√				√				√							√		√		
	南京大学		2			√	√				√		√													√		
	东南大学	√	2			√	√	√	√				√				√									√	√	
	浙江大学		2			√	√	√	√	√			√				√							√		√		
	中国科学技术大学	√	2			√	√	√	√				√				√									√		
	厦门大学		2			√	√						√				√									√		
	山东大学		2			√					√		√				√									√		
	中国海洋大学	√	2			√	√	√	√				√				√							√		√		
	华南理工大学		2			√	√	√	√				√				√									√		
	中山大学		2			√	√						√				√									√		
	东北大学	√	2	√	√	√	√	√	√				√				√									√		

续表

调研内容		栏目位置		荐购制度		荐购资源种类							荐购方式		荐购途径									荐购咨询		跟进服务		宣传	
调研对象		首页	层次	查重	其他	中文图书	外文图书	中文期刊	外文期刊	学位论文	多媒体	电子资源	自主荐购	征订目录	电子表单	纸质表单	荐购系统	到馆	海外采选系统	学科馆员	邮件电话	社交平台	链接平台	指定专人	非指定	反馈	奖赏机制	FAQ或人馆教育提及	
中部地区	武汉大学	✓	2	✓	✓	✓	✓	✓	✓		✓	✓	✓	✓			✓			✓		✓	✓	✓		✓		✓	
	华中科技大学	✓	2	✓	✓	✓	✓	✓	✓				✓				✓			✓					✓	✓		✓	
	中南大学	✓	2		✓	✓	✓						✓				✓									✓		✓	
	湖南大学	✓	2		✓	✓	✓						✓		✓	✓				✓					✓	✓	✓		
	国防科技大学		2			✓	✓						✓				✓												
西部地区	四川大学	✓	2	✓	✓	✓	✓						✓				✓									✓			
	电子科技大学	✓	2	✓	✓	✓	✓						✓				✓												
	西安交通大学	✓	2		✓	✓	✓						✓				✓												
	西北工业大学	✓	2	✓	✓	✓	✓	✓	✓				✓				✓												
	兰州大学	✓	2	✓	✓	✓	✓						✓				✓			✓									
	西北农林科技大学		2	✓	✓	✓	✓						✓										✓			✓		✓	
	新疆大学	✓	2	✓	✓	✓	✓						✓				✓												

1.1 栏目位置

在有效调研对象中，71%的高校图书馆将资源荐购置于首页，易被访问者发现，其余29%的高校图书馆则未设置首页可见。除北京师范大学图书馆及哈尔滨工业大学图书馆将资源荐购栏目设置为一级栏目外，其他图书馆都将资源荐购设置为二级栏目。

1.2 荐购制度

荐购制度可简单概括成为什么荐购、为谁荐购、荐购什么、如何荐购、荐购跟进。笔者在此将荐购目的、荐购承诺、荐购注意事项、荐购处理原则等说明一律概括为荐购制度[5]。有效调研对象中仅有4所高校图书馆并未发现荐购制度的相关说明，89.5%的高校图书馆都有自己的荐购制度，其中大多数都对中文图书和外文图书荐购的目的和意义、荐购处理原则、荐购途径、推荐格式和专人联系方式等相关制度进行了说明，而电子资源、学位论文和多媒体等资源荐购制度少有提及，并且主要局限在考虑经费及等待初步评审结果等宽泛的处理原则上。同济大学图书馆和中国海洋大学图书馆为广大读者专门提供了PDF文件对服务进行说明。天津大学图书馆的资源荐购制度最为完善，它对图书、期刊、电子资源相关的荐购制度进行了分类说明，图书荐购向读者介绍了采选标准，对不可推荐及需要斟酌推荐的图书进行了详细归类和说明，如价格较高、出版年早、娱乐性小说以及与学科无关的考试类图书等，方便读者参考。中国科学技术大学图书馆也提供了不建议购买的清单，如袋装书、活页书、附件为磁带的书、小于32开的书、薄册以及以练习为主的学习辅导用书。60.5%的高校图书馆在开展线上资源荐购服务时提示读者查重。北京理工大学等12所高校的图书馆对荐购流程进行了概括展示，方便读者对资源荐购服务有清晰的认识。

1.3 荐购资源种类

根据调研情况，高校图书馆荐购资源种类可划分为中文图书、外文图书、中文期刊、外文期刊、多媒体资源、学位论文、电子资源七大类。在本次调研中,"双一流"高校图书馆全部开展了中文图书和外文图书荐购服务[6],其中57.9%的图书馆对中文期刊和外文期刊开展了荐购服务,仅有10.5%的图书馆开展了学位论文的荐购服务,34.2%的图书馆开展了电子资源荐购服务,7.9%的图书馆开展了多媒体资源的荐购服务,北京大学图书馆和清华大学图书馆在网站上提供了七类资源的荐购服务。

1.4　荐购方式和荐购途径

"双一流"高校图书馆一般在线上采用自主荐购和征订目录荐购两种方式开展荐购服务。自主荐购属于拉式推荐,具有很强的自发性,往往荐购的针对性强。征订目录荐购属于推式荐购,有利于读者查漏补缺。除国防科技大学图书馆外,调研中其他高校图书馆全部采用以上两种荐购方式。

根据调研情况,资源荐购途径主要包括电子表单、纸质表单、荐购系统、到馆荐购、海外采选系统、学科馆员、邮件电话、社交平台、链接平台等途径。在本次调研中,23.7%的高校图书馆荐购途径达到5～7种,36.8%的高校图书馆采用3～4种途径进行资源荐购服务,仍有39.5%的高校图书馆仅采用1～2种资源荐购途径。高校图书馆大多采用荐购系统和邮件电话途径,二者占比分别为92.1%和57.9%。此外,31.6%的高校图书馆采用电子表单,29%的高校图书馆采用海外采选系统,26.3%的高校图书馆采用链接书商、出版社书目平台及商业试用荐购平台的荐购途径,其中,兰州大学图书馆通过链接网上书店和学术型机构网址,对书目网站进行了分类,将其分成自然科学-医学、自然科学-理工科、古籍、法律、图册等,方便读者荐购。中国科学技术大学图书馆通过 BBS lib 以及志愿者协会让广大师生用户进行资源荐购。南京大学图书馆和湖南大学图书馆在使用现代荐购途径的同时仍未丢弃传统的纸质表单荐购途径。北京航空航天大学、南开大学、北京师范大学、中国农业大学和湖南大学这5所高校的图书馆在线上开展荐购服务时,明确提出学科馆员的荐购途径。上海交通大学、中央民族大学、电子科技大学、中国农业大学及中国海洋大学这5所高校的图书馆通过留言板这个交互性平台满足广大师生用户的荐购需求。天津大学、西北农林科技大学、湖南大学、哈尔滨工业大学这4所高校的图书馆采用QQ群或微信公众号的荐购途径,方便师生线上快捷荐购。

1.5　荐购咨询与跟进服务

38所高校图书馆中有23所提供了荐购咨询服务,39.5%的高校图书馆提供了专人咨询,这些图书馆将中文图书、外文图书、中文期刊、外文期刊及电子资源等分配指定联系人,供读者咨询,完善了资源荐购服务,18.4%的高校图书馆提供了非指定咨询服务,如北京航空航天大学图书馆等虽未指定专人,但也公布了联系方式供本校用户进行荐购问题的咨询。

在资源荐购后续跟进服务中,除兰州大学图书馆外都可明显看到有效反馈,反馈内容包括处理状态、是否被采访、未采访的原因等,荐购者可以在第一时间跟进自己的荐购进度。西北工业大学图书馆承诺2个工作日做出荐购反馈,清华大学图书馆承诺的中文图书到馆周期最短,为2～4周,大多数图书馆外文图书的到馆周期一般为3个月。湖南大学图书馆还告知用户,荐购资源中急需的书刊可走绿色通道并可在5个工作日内到馆。为了鼓励广大用户的资源荐购行为,34.2%的高校图书馆采用优先预约借书(刊)的奖励措施,如北京大学、清华大学、中国人民大学、北京理工大学、中央民族大学等。浙江大学图书馆更是新颖独特,图书会直接邮寄给荐购者,山东大学图书馆还可让读者自行购买符合要求的荐购书刊,这些都极大地方便了荐购者。

1.6 宣传情况

资源荐购的宣传主要依赖对新生的入馆教育,在有效调研对象中,仅有北京大学、清华大学、南京大学、厦门大学、山东大学、湖南大学、四川大学、电子科技大学和中国科学技术大学这9所高校的图书馆在新生专栏中提及了资源荐购服务,还有13所高校的图书馆在常见问题解答(FAQ)中提及或者回答过资源荐购的相关问题,42.1%的高校图书馆并未在新生入馆教育和FAQ甚至是读者指南中提及资源荐购服务。

2 存在的问题

2.1 资源荐购服务重视度提升但政策标准化程度低

从调研结果来看,调研中有效的38所高校图书馆全部开展了资源荐购服务且其中大部分将荐购栏目置于首页,这说明各大高校图书馆对资源荐购服务的重视度提升。但资源荐购相关的制度并未实现标准化,在这38所高校图书馆中,有些并未对荐购服务进行制度说明,有些简单交代了荐购的目的和意义,有些仅简单说明了荐购流程,有些则具体阐述了荐购流程、注意事项、处理原则与荐购承诺,高校图书馆之间的差距比较大,标准化程度低。以天津大学、同济大学、清华大学、山东大学、武汉大学、西北工业大学等为代表的高校,其图书馆对荐购政策与制度的表述相对具体,而其他高校的图书馆对荐购制度的说明则相对粗略。

2.2 荐购资源种类偏向于图书,荐购途径交互性差

调研对象全部开展了图书荐购服务,但是各个高校图书馆对其他资源开展的荐购服务参差不齐,总体来看主要偏向于中外文书刊荐购。在互联网以及碎片化阅读的时代,读者对电子资源的需求高涨,而调研对象中很少有对数据库、电子书刊等电子资源提供荐购服务以及详细的荐购说明,学位论文和多媒体资源的荐购更是少之又少。荐购途径交互性差,多以荐购系统和表单这种集中度高的手段为主,邮件电话和社交平台这种主动性与个性化强的手段少[7],这就导致了处理荐购的时效性问题。

2.3 荐购反馈时效性不强,问题咨询针对性低

调研中,很多时隔很久的荐购仍处于未处理的状态,且仅有少数几所高校图书馆明确承诺了反馈周期与各种资源的到馆周期,大多数高校图书馆并未承诺反馈周期与荐购资源的到馆周期,极大地降低了荐购读者的积极性,也影响了图书馆以读者为中心开展服务的初衷。荐购咨询对于荐购服务很重要,提供了为荐购读者答疑解惑的平台。大多数图书馆并未设置专人提供咨询服务,仅是留下部门电话或邮箱,这不利于保证满足读者需求的连贯性与荐购工作推进的平稳性。

2.4 荐购奖励形式单一,吸引度不高

优先预约借书是大多数高校图书馆采用的激励手段,形式过于单一。在实施过程中由于软硬件条件的限制,部分高校图书馆也并不能真正实现优先预约功能。当今时代,以读者需求

为中心的个性化服务对奖励形式提出了新的要求。

2.5 资源荐购服务宣传广度、深度不够

近三分之一的调研对象并未在官网首页对资源荐购服务进行宣传,仅有部分图书馆在新生专栏和新生入馆教育中提及荐购服务,部分图书馆在 FAQ 中提及荐购服务,但由于 FAQ 不够正式,也容易被学生忽略。这些调研结果说明各大高校图书馆对资源荐购服务的宣传力度不够,缺乏广度和深度,而任何一项服务的顺利开展都离不开有效的宣传与推广。

3 解决方法和手段

3.1 成立工作小组,加强顶层设计,荐购制度标准化

制度标准化是提升资源荐购服务质量的敲门砖,服务的顶层设计决定了服务本身发展的方向。个性化服务是时代的召唤,高校图书馆应将荐购制度的整体框架标准化,再根据馆内情况具体分析,在馆内成立工作小组科学制定荐购制度。标准化的荐购制度应包括荐购目的和意义、荐购流程、荐购注意事项、荐购处理原则、荐购承诺、荐购联系人等部分。为了体现对资源荐购服务的重视,应将荐购制度以专门的 PDF 文件挂到资源荐购栏目中,供广大读者参考。

3.2 扩大电子资源荐购,丰富荐购途径,拓展读者荐购空间

资源荐购服务不能局限于书刊荐购,数据库、电子书刊等电子资源的荐购也非常重要。高校图书馆应拓展多媒体、电子资源、海外及相关学位论文的荐购服务广度,同时让更多的读者参与教参、学科特藏以及教材的荐购[8],充分把握读者需求,在结合馆藏建设及经费的前提下最大限度地满足读者需求,完善资源荐购服务。此外,资源荐购服务应重视荐购途径的交互性,跟进时代的步伐,提供个性化荐购服务。除传统的荐购系统和电子表单这些荐购途径外,应拓展时效性和交互性强的社交平台,积极利用微博、微信、QQ、论坛等途径拓宽读者荐购空间。同时,可采用零星荐购和集体荐购相结合的方式,充分发挥学科馆员在服务中的嵌入式作用[9],更好地完善资源荐购服务。

3.3 确保资源荐购反馈周期,提供专人专责的荐购咨询

一本书从荐购提交到审核订购,再到加工,最后到上架供读者借阅,整个过程需要经过很多环节,会使荐购者的需求降低[10],因此反馈周期更不宜过长,读者荐购后一周内要及时进行荐购反馈,及时告知读者荐购处理状态,确保荐购承诺不是纸上谈兵。此外,要确保符合要求的荐购书刊在规定的时间内到馆,让读者能够及时借阅,这样才能发挥荐购服务的作用。指定专人咨询有利于保持服务的连贯性,提高荐购服务的质量,因此,应为中文图书、外文图书、中文期刊、外文期刊、电子资源等资源类型提供专人专责的荐购咨询工作人员。根据图书馆自身条件,也可合并种类提供咨询服务,但最好实现专人专责,为读者提供方便。

3.4 完善资源荐购奖励机制,契合时代步伐,提高荐购者热情

优先预约荐购书刊作为激励措施在一定程度上带动了读者的荐购热情,随着时代的发展,有条件的高校图书馆通过将图书直接邮寄给荐购者以及让读者在符合荐购要求的情况下自行

购买所需图书并在报销后收入馆藏也不失为新颖的奖励形式,这样可以使荐购服务更有时效性。此外,也可采用积分制对读者的荐购行为进行统计,最后累计得到排行榜进行相应的物质奖励或学分奖励,激发读者荐购热情。

3.5 加强资源荐购服务的宣传力度,让荐购走进新生教育

对资源荐购的认知程度是开展荐购服务的重要条件[11]。新生入馆教育是图书馆素质教育的基础,本科生以及研究生入学后的第一场入馆教育可以让读者对图书馆服务有全面的认识和了解。将资源荐购服务纳入新生专栏或新生教育中有利于让读者加强对荐购服务的认知与理解,使荐购服务不再是被动地依靠FAQ,而是主动地出现在学生眼前。此外,加大宣传力度,能更好地提升高校图书馆资源采访工作的质量。

参考文献

[1] 李明鑫,李柏炀.基于云中心荐购知识库的图书荐购系统研究[J].图书情报知识,2012(6):55-59.
[2] 张扬声,刘剑楠.国内图书馆荐购服务现状的调查分析[J].图书馆论坛,2012(2):81-87.
[3] 杨静."985工程"院校图书馆网上资源荐购服务调查与分析[J].图书馆学刊,2014(6):135-138.
[4] 史丽香.高校图书馆读者网上荐购的现状与思考——基于对50所高校的调查[J].图书馆论坛,2013(5):117-122.
[5] 袁红军."985工程"高校图书馆荐购服务政策调查分析[J].图书馆学研究,2017(10):47-50.
[6] 范春梅.高校图书馆资源荐购服务探讨[J].图书馆建设,2010(5):11-13.
[7] 尚新丽,屈亚杰.高校图书馆网上荐购服务现状调查研究[J].图书馆学研究,2014(20):57-61.
[8] 许静波,孙媛媛,于静.高校图书馆开展网上资源荐购服务的调研与思考[J].图书馆,2015(12):65-66.
[9] 于静,杨明博,赵敏,等.学科馆员嵌入资源荐购服务的实践与探索[J].图书馆建设,2015(8):65-67.
[10] 刘丽静.高校图书馆读者网上荐书的调研与思考[J].图书馆杂志,2012(6):53-55.
[11] 王利敏.高校图书馆读者荐购模式探析[J].大学图书情报学刊,2015(3):82-84.

"双一流"建设背景下人工智能与智慧图书馆文献研究

袁明英　张大苹

(北京林业大学图书馆,北京 100083)

摘　要:"双一流"建设是国务院在经济新常态下为实现我国高等教育又好又快发展提出的有效政策,"双一流"政策的实施为作为高校名片的图书馆带来了发展契机,同时伴随着人工智能、物联网等现代应用技术的发展,智慧图书馆的发展步入了新的发展阶段。本文通过梳理已有文献,总结"双一流"建设下人工智能与智慧图书馆发展研究现状,寻找促进智慧图书馆发展的实现路径。本文主要采用文献研究的方法,通过对"双一流"建设主要内容、"双一流"建设实现路径、人工智能与智慧图书馆的相关文献的研究指出"双一流"建设背景下学科建设越来越重要,而将人工智能等现代应用技术加入图书馆的建设中可以促进图书馆的发展,人工智能将成为智慧图书馆的发展方向。

关键词:"双一流"建设;实现路径;人工智能;智慧图书馆

Research on Artificial Intelligence and Wisdom Library Literature under the Background of "Double First-class" Construction

Yuan Mingying　Zhang Daping

(The Library of Beijing Forestry University, Beijing 100083, China)

Abstract: The construction of "double first-class" is an effective policy put forward by the state council under the new economic normal to realize the sound and rapid development of China's higher education. The implementation of the"double first-class"policy has brought development to the library as a business card for colleges and universities. Opportunities, along with the development of modern application technologies such as artificial intelligence and Internet of Things, the development of smart libraries in China has entered a new stage of development. The purpose of combing the existing literature is to summarize the research status of artificial intelligence and smart library development under the "double first-class" construction, and to find a way to promote the development of smart libraries. This paper mainly adopts the method of literature research, aiming at the main content of "double first-class" construction, the implementation of "double first-class" construction path, artificial intelligence and wisdom library. In the context of first-class construction, discipline construction is becoming more and more important. Adding modern application technologies such as artificial intelligence to the development of libraries can promote the development speed of libraries, and artificial intelligence will become the development direction of smart libraries.

Keywords:"double first-class" construction; realization path; artificial intelligence; smart library

"双一流"政策延续了国家"211""985"政策对世界一流大学一流学科的追求,"双一流"建设的一个重点内容是高校图书馆建设与服务,智慧图书馆是未来高校图书馆发展的方向,本文从"双一流"建设的主要方面、"双一流"建设实现路径、智慧图书馆和图书馆智能机器人发展状况以及智慧图书馆发展驱动四方面进行相关文献的梳理。

1 "双一流"建设文献相关研究

国务院在发布的《统筹推进世界一流大学和一流学科建设总体方案》中明确指出,"双一流"专指"一流大学"与"一流学科"。"双一流"政策是针对我国高等教育学科建设现状做出的有效政策。

1.1 "双一流"建设本质内容相关研究

"双一流"政策的提出体现了党中央、国务院对提高我国高等教育发展速度,完善高等教育发展模式的重视。我国高等教育具有"后发外生型"和"集中管理型"的特征,导致在大学制度建设上表层目标与深层目标实现程度不同步[1]。"双一流"政策是经济新常态下高等教育政策组合的有机组成部分,还是院校重点建设政策,是对新中国成立以来高等教育重点建设政策的继承和调适,其本质上仍然属于高等教育专项财政投入政策[2]。

通过梳理大量文献发现,建设世界一流大学和一流学科主要可从以下四方面着手。一是完善学科建设,建立创新人才集聚与成长机制,吸纳青年学术领军人才,建立开放有序的学科融通机制,形成互相支撑的一流学科群,以需求为导向推动协同创新,提升科研成果转化水平,坚持以德服人的核心价值取向,以培养一流人才为首要目标[3]。二是处理好教学与科研的关系,推进学科专业课程一体化建设,坚持以改革为动力,确定优先发展学科领域,重构专业教育理念,创新人才培养模式,重视课程建设,建立系统化的学术评价国际标准制度,加快中国特色现代大学制度建设[4]。三是需要把制度创新作为"双一流"建设的基点,从根源着手,通过制度体系和制度能力建设来提高学术全要素生产率,并将"双一流"建设融入整个国际高等教育中,在实施国际化战略的同时坚守本土化,同时避免进入唯指标化与去改革化的误区[5]。四是重视大学文化的发展,大学文化是大学赖以生存与发展的灵魂,文化竞争力已成为大学核心竞争力的重要标志,增强中华文化的高度自信是"双一流"建设的重要前提,彰显一流大学文化的中国特色是"双一流"建设的重要举措[6]。

"双一流"建设需要突破三重障碍。一是体制障碍,即宏观层面的"体制与结构"问题,其核心是如何处理政府与大学的关系,关键是落实大学办学自主权。二是管理障碍,其核心是如何处理学术与行政的关系,关键是落实基层学术组织(院、系、研究所)自治权。三是技术障碍,其核心是如何处理教学与科研的关系,关键是推进学科专业课程一体化建设。其中,技术突破与管理突破以制度突破为前提,同时需要积极发挥主观能动性[7]。"双一流"建设需要克服传统发展模式的弊端,做到去量化思维,去行政化思维,去追赶型发展模式,尊重学科发展规律[8],必须扎根于世界一流高等教育体系,遵循世界一流高等教育体系多样开放、有序竞争、公平正义、服务区域等系统价值,才能缓解所面临的挑战。"双一流"建设需采用分类推进战略,理性使用大学排名,促进区域均衡发展等多方面整体推进[9]。

1.2 "双一流"建设实现路径相关研究

一流本科教育是建设世界一流大学和一流学科的重要基础和基本特征。高等学校要更新教育观念、改革本科人才培养模式、加强人力资源和物质资源建设、创新教学治理结构和管理体制、营造优良校园文化和育人氛围,多样化地探索一流本科教育的实践路径[10]。高等学校要以一流学科建设为主线,着力打造五大优势学科群;以高端人才集聚为突破口,扎实推进人才强校战略;以协同创新为抓手,重点提升解决经济社会重大问题的能力;以立德树人为根本,全力打造一流本科教育和高水平研究生教育;以国际化和信息化为路径,加快推进学校跨越式发展[11]。大学捐赠基金是建设"双一流"的重要突破口,是实现"双一流"建设基本任务的助推器[12]。

在推进高等教育综合改革的背景下,地方政府有效推进"双一流"建设时,需注重高等教育体系结构的优化、省域高校的科学分类、人才引进与培养并重、政策设计的系统布局、凸显指导思想和区域特色,重点支持优势特色学科,推进策略方面主要体现分层分类支持、资源优化整合、前后政策衔接、巨额资金投入,保障策略方面强调现代大学制度建设、绩效动态考核[13]。实施"双一流"建设战略,必须处理好十个方面的关系,包括"双一流"建设与高等教育强国建设之间的关系,服务国家的需要与大学自身发展的需要之间的关系,继承传统与超越创新之间的关系,中央建设与地方建设之间的关系,一流大学建设与一流学科建设之间的关系,一流人才培养与一流科学研究之间的关系,短期建设与长期发展之间的关系,硬件建设与软件建设之间的关系,入选学科建设与未入选学科建设之间的关系,行政积极性与教师积极性之间的关系[14]。

"双一流"政策的实施,为高校图书馆建设带来了发展契机,高校图书馆作为高校名片备受重视,需要在新发展背景下积极采取措施,一流大学、一流学科的建设过程中,一流管理至关重要[15]。一流的高校图书馆建设可以以绩效管理为抓手,运用标杆管理方法推进,并设计一套指标体系[16]。

2 人工智能与智慧图书馆发展文献研究

智慧图书馆是未来图书馆的发展方向,人工智能技术的迅速崛起为图书馆的发展带来了新的机遇,智慧图书馆的发展将成为图书馆创新发展、转型发展和可持续发展的新理念和新实践。智慧图书馆是未来图书馆发展的新模式,将使图书馆真正迈向可持续发展之路。

2.1 智慧图书馆与图书馆智能机器人发展相关研究

随着图书馆对人工智能技术以及互联网、物联网、云计算等技术的应用,智慧图书馆应运而生。2010年首次明确提出智慧图书馆的概念,智慧图书馆是以数字化图书馆为基础的新一代的图书馆,它不仅能够解决图书馆服务的各种传统问题,还可以在数字化图书馆的基础上为读者提供架位导航、图书定位、随时随地深度检索、个性化推送等延伸服务[17]。王世伟认为,智慧图书馆以数字化、网络化、智能化的信息技术为基础,以互联、高效、便利为主要特征,以绿色发展和数字惠民为本质追求,是现代图书馆科学发展的理念与实践。智慧图书馆具有三大特点:互联,高效和便利[18]。智慧图书馆是广泛互联的图书馆,包括馆馆互联、网网互联、库库互联、人物互联;智慧图书馆是融合共享的图书馆,包括三网融合、跨界融合、新旧融合、多样融合[19]。数字化、网络化和智能化是智慧图书馆的信息技术基础,而以人为本、绿色发展、方便读者则是智慧图书馆的灵魂与精髓,其内在特征是以人为本的可持续发展,以满足读者日益增长的信息需求[20]。智慧图书馆体系结构模型的主要核心由一系列智慧产品和智慧服务、图书馆业务管理系统以及智能楼宇系统组成,智慧图书馆标准规范体系框架将智慧图书馆相关的标准规范主要分为业务、数据、服务和产品四个方面[21]。智慧化图书馆也应更加注重读者体验,在功能设计中结合阅读与实践,增强阅读体验,利用人工智能技术,打造人机交互,加入沉浸式虚拟现实(VR)技术[22]。

随着我国智慧图书馆的兴起,图书馆智能机器人迎来研究热潮,不断涌现各类科研成果。高校图书馆智能机器人馆员是实现智慧图书馆的具体方式,是促进图书馆自动化、智能化的保证,对改变传统图书馆服务模式,提升服务质量具有重大的意义[23]。智慧图书馆时代,图书馆机器人发展的新趋势是功能多样化,产品系列化,众多先进技术融合发展,学习进化,成长为智慧馆员,人机协作,优势互补[24]。未来图书馆机器人的推广应用将更加规模化,更加注重与人工智能技术融合,具有更强的硬件设备与运动能力,并更加注重人机协作[25]。

2.2 人工智能与智慧图书馆发展驱动相关研究

《2017年十大战略技术趋势》提出的十大战略技术中,人工智能和高级机器学习、智能应用和智能物件等已在图书馆的知识服务、智能化建设、学科服务、智慧图书馆建设、信息管理等领域取得了一些成果[26]。在人工智能时代,图书馆应该紧抓图书馆学的核心与初心,做好底层资源的基础建设,以对接成熟的人工智能技术,提供具有长期保存保障机制、对社会公益开放的服务,高校图书馆服务创新的要点是宣传与嵌入[27]人工智能应用于图书馆发展的两个方面:图书馆内部业务和对外服务。内部业务主要指图书馆将外部资料纳入馆藏的处理流程,即从资源的采集或数字化,到编目、组织、典藏直至提供检索和存取的一整套工作;对外服务主要是指直接面向读者的一线工作,如流通、阅览、参考咨询、会议展览培训以及阅读推广等[28]。

智慧图书馆的发展驱动因素应该主要包括国家对文化事业的高度重视与持续投入、现代信息技术的快速发展和普及应用、图书馆人的行业自律与事业追求、民众用户的需求转变与严重关切这四大驱动引擎。其中,国家重视与现代信息技术是外在推动因素,图书馆人的奉献精神与追求是内在推动因素,用户需求是核心因素,智能图书馆的发展主要受限于人才建设和数据资源建设两大方面,表现为智能图书馆发展的人才瓶颈与智能图书馆数据资源发展瓶颈[29]。智慧图书馆的发展需要构建"图书馆大脑",而人工智能的发展为"图书馆大脑"的产生提供充足的技术支持,数据驱动的"图书馆大脑"体现在数据图书馆、智慧情报服务、智慧空间服务等方面[30]。

大数据驱动的图书馆智慧信息服务体系有利于加快图书馆自我变革、转型升级的步伐。然而,大数据环境下的智慧图书馆和智慧信息服务的发展仍需采取多样化的发展策略,利用人工智能技术,建立知识关联,打造交互式的智慧服务生态系统,使未来的图书馆朝着自动智能、高效泛在、个性精细的智慧图书馆迈进[31]。人工智能代表了智慧图书馆发展的大趋势,带来了图书馆用户行为分析模式的重塑。将人工智能应用于图书馆领域的用户行为分析,形成自我优化的"人工智能+图书馆用户行为分析"新范式,不仅是对传统图书馆用户分析模式的颠覆,也能更为主动、高效、精准地挖掘用户数据,实现无人化、智慧化的管理与服务[32]。

目前,我国图书馆建设处于数字图书馆到智慧图书馆的转型时期,数字图书馆需要借助新技术把所有信息资源关联起来,实现"万物互联"。图书馆的融合服务只有真正实现以读者为中心,完善个性化服务,才会真正地做到服务的有机融合[33]。智慧空间是智慧图书馆的有机要素,其核心是用户体验,特征是高度的感知性、互联性和智能化[34]。"人工智能+图书馆"知识服务具有主体多元化、方式智能化、覆盖泛在化、内容智慧化的特征。以智能感知和数据收集为起点,以知识抽取和知识发现为基础,以基于知识图谱的知识组织和知识融合为核心,以知识推理和深度学习为关键,以知识应用和知识服务为目标,是"人工智能+图书馆"知识服务的实现路径。"人工智能+图书馆"的知识服务创新模式体系以用户为中心,提供关联性知识检索、场景化知识推荐、自动化知识问答等智能化和智慧化的知识服务[35]。

3 相关成果评价

物联网、云计算、人工智能等现代应用技术的发展愈加成熟,在落实"双一流"政策的过程中,各高校图书馆逐渐从数字图书馆发展成智慧图书馆,现代应用技术在图书馆发展过程中的作用越来越大,通过梳理相关文献发现,伴随着现代应用技术的快速发展以及国家对高等教育的重视,图书馆发展步入新的发展阶段,展现出从传统图书馆到数字图书馆,再到智慧图书馆的发展过程。

通过对"双一流"建设相关文献的梳理,主要从"双一流"建设的重点、"双一流"建设应避免出现的状况以及"双一流"建设的实现路径三方面进行了解,大部分文献研究认为"双一流"建设的重点是本科教育,同时要处理好教学与科研的关系,加强制度建设以及规范发展大学文化。在"双一流"建设过程中,要处理好各方面的关系,克服传统高等教育带来的弊端,营造公平、开放发展的环境。对于"双一流"建设的实现路径研究,不同作者提出不同的建议,归根结底,是要发展具有地方特色的本科教育,重点在于突破思想、管理、制度上的桎梏,积极借鉴发达国家的成功经验,形成优势学科群体。

通过对人工智能与智慧图书馆相关文献的梳理发现,智慧图书馆在2010年以后的研究较多,伴随着人工智能等现代技术的快速发展以及"双一流"政策的提出,将现代应用技术运用到智慧图书馆的发展中,可以推进图书馆的智能化进程,起初对智慧图书馆的研究主要集中在智慧图书馆的内涵、特征等方面,近年来,智慧图书馆与人工智能发展的相关研究集中在发展驱动因素与智慧图书馆的技术支撑方面。图书馆的服务创新功能要以用户为中心,促进图书馆员的技术与知识的更新,完善个性化服务体系。

通过对"双一流"建设以及人工智能与智慧图书馆相关文献的梳理得出,在经济新常态下,国家对高等教育的发展愈加重视,学科建设作用越来越明显,将人工智能等现代应用技术加入图书馆的发展中可以加快图书馆的发展速度,人工智能将成为智慧图书馆的发展方向。

参考文献

[1] 阎凤桥.我国高等教育"双一流"建设的制度逻辑分析[J].中国高教研究,2016(11):46-50.
[2] 张端鸿."双一流":新时期我国院校重点建设政策的延续与调适[J].教育发展研究,2016(23):67-72.
[3] 潘静."双一流"建设的内涵与行动框架[J].江苏高教,2016(5):24-27.
[4] 周光礼."双一流"建设中的学术突破——论大学学科、专业、课程一体化建设[J].2016(5):72-76.
[5] 罗向阳."双一流"建设:误区、基点与本土化[J].现代教育管理,2016(10):12-17.
[6] 蔡红生,杨琴.大学文化:"双一流"建设的灵魂[J].思想教育研究,2017(1):80-84.

[7] 周光礼."双一流"建设的三重突破:体制、管理与技术[J].大学教育科学,2016(4):4-14,122.
[8] 王洪才."双一流"建设的重心在学科[J].重庆高教研究,2016,4(1):4-11.
[9] 吴合文."双一流"建设的系统审思与推进策略[J].高等教育研究,2017,38(1):29-36.
[10] 钟秉林,方芳.一流本科教育是"双一流"建设的重要内涵[J].中国大学教学,2016(4):4-8,16.
[11] 蔡袁强."双一流"建设中我国地方高水平大学转型发展的若干思路——以浙江工业大学为例[J].中国高教研究,2016(10):33-37.
[12] 张辉,洪成文."双一流"建设的社会成本分担机制研究——基于美国大学与捐赠基金关系的数据分析[J].中国高教研究,2016(3):56-60.
[13] 褚照锋.地方政府推进一流大学与一流学科建设的策略与反思——基于24个地区"双一流"政策文本的分析[J].中国高教研究,2017(8):50-55,67.
[14] 别敦荣.论"双一流"建设[J].中国高教研究,2017(11):7-17.
[15] 熊丙奇."双一流"需要一流管理[J].中国高等教育,2016(4):1.
[16] 邓艳明."双一流"建设背景下的高校图书馆标杆管理思路和方法[J].图书情报导刊,2018,3(2):13-17.
[17] 江康.人工智能技术在智慧图书馆中的应用价值[J].福建电脑,2017(10):13-15.
[18] 王世伟.论智慧图书馆的三大特点[J].中国图书馆学报,2012(11):22-28.
[19] 王世伟.再论智慧图书馆[J].图书馆杂志,2012(11):2-7.
[20] 王世伟.未来图书馆的新模式——智慧图书馆[J].图书馆建设,2011(12):1-5.
[21] 刘炜,刘圣婴.智慧图书馆标准规范体系框架初探[J].图书馆建设,2018(4):91-95.
[22] 陈晴晴.图书馆4.0时代——创新型智慧化图书馆[J].文化创新比较研究,2017(24):92-94.
[23] 李文清.高校图书馆智能机器人的应用路径探究[J].晋图学刊,2018(2):11-16.
[24] 陈慧香,邵波.国内外图书馆机器人发展演变与趋势研究[J].图书馆学研究,2017(22):2-6.
[25] 张文竹,邵波.智能机器人技术在图书馆信息服务中应用与研究述评[J].图书馆学研究,2018(12):2-7.
[26] 李晨晖,张兴旺,秦晓珠.图书馆未来的技术应用与发展——基于近五年Gartner《十大战略技术趋势》及相关报告的对比分析[J].图书与情报,2017(6):37-47.
[27] 陈有志,郑章飞,刘平,等."创新与发展:新时代的图书馆与图书馆学"高端论坛会议综述[J].大学图书馆学报,2018(12):5-13.
[28] 郭利敏,刘炜,吴佩娟,等.机器学习在图书馆应用初探:以TensorFlow为例[J].大学图书馆学报,2017(6):31-40.
[29] 陆婷婷.从智慧图书馆到智能图书馆:人工智能时代图书馆发展的转向[J].图书与情报,2017(3):98-101,140.
[30] 刘柏嵩,豆洪青,杨春艳.从数字化到数据化——关于"图书馆大脑"的思考[J].数字图书馆论坛,2018(3):2-6.
[31] 洪亮,周莉娜,陈珑绮.大数据驱动的图书馆智慧信息服务体系构建研究[J].图书与情报,2018(2):8-15,23.
[32] 单轸,邵波.国内"人工智能&图书馆用户行为分析"的演变与现状探赜[J].图书馆学研究,2018(10):9-15.
[33] 夏桢,孙倩兮.基于"万物智能"的智慧图书馆服务融合研究[J].高校图书馆工作,2018,38(1):84-86.
[34] 单轸,邵波.图书馆智慧空间:内涵、要素、价值[J].图书馆学研究,2018(11):2-8.
[35] 柳益君,李仁璞,罗烨,等.人工智能+图书馆知识服务的实现路径和创新模式[J].图书馆学研究,2018(10):61-65.

"双一流"背景下高校图书馆学科服务探析

王丽敏　宋　辉

〔中国矿业大学(北京)图书馆，北京 100083〕

摘　要："双一流"建设背景下，一流学科建设已成为各高校目前的发展方向和重要任务。本文首先给出了高校图书馆学科服务的含义，分析了现阶段我国高校图书馆学科服务发展状况与存在的问题，指出了拓展、深化和创新高校图书馆学科服务的必要性，最后提出通过完善学科服务制度、丰富学科服务内容、拓展学科服务方式等策略，以期提升高校图书馆学科服务水平。

关键词："双一流"；高校图书馆；学科服务

分类号：G258.6

Research on University Library Discipline Service under the Background of "Double First-class"

Wang Limin　Song Hui

(The Library of China University of Mining and Technology (Beijing), Beijing 100083, China)

Abstract: Under the background of "double first-class" construction, the construction of first-class disciplines has been directions and important tasks of universities. This paper first expounds the connotation of university library discipline service, then analyzes the current situation and existing problems of the development of university library discipline service in China, and points out the necessity of expanding, deepening and innovating of university library discipline service, finally, proposes to improve the subject service system, enrich the content of subject services, and expand the service mode of disciplines in order to improve the academic service level of university libraries.

Keywords: double first-class; university library; subject service

　　2015年提出的"双一流"战略为我国高等教育的发展指明了新的方向，也对高校图书馆业务工作提出了更高的要求。作为学校文献信息资源中心，图书馆一直以来为学校的教学与科研提供了强有力的支撑，在"双一流"建设背景下，其高质量、创新性的学科服务将成为高校教学和科研深化发展的重要保障。

1　"双一流"背景下高校图书馆学科服务的含义

　　学科服务的前身为学科馆员，兴起于20世纪90年代，当时我国将"学科馆员"定位为一种制度、一种岗位、一种服务[1]。2005年,清华大学率先将学科馆员更名为学科服务,从此赋予其新的身份和职责。随着信息技术的发展和环境的变化,学科服务的内涵不断地扩展和更新。初景利[2-3]教授2008年分别对第一代、第二代学科馆员在服务地点、服务的逻辑起点、服务深度、服务内容、服务责任、角色定位和服务手段等方面进行了区分,并指出学科服务不仅是参考咨询、用户联络和培训,也是打通资源与服务的通道,根据用户的个性化需求提供深层次、专业化的知识服务。张鼐等[4]指出Web2.0环境下理想的学科服务是以学科馆员为核心和实施主体,以学科服务平台为工具,以整合和组织学科资源为方式,为用户提供服务。

"双一流"建设对图书馆学科服务提出了新要求,学科服务除做好传统咨询服务外,还应拓展服务内容与形式,使其成为图书馆的核心竞争力,从技术方法以及学科建设的政策与决策上为"双一流"建设提供知识服务与智力支持。

2 "双一流"背景下拓展、深化与创新学科服务的意义

2.1 "双一流"建设的要求

世界一流大学建设的规律表明,先有世界一流学科,再有世界一流大学,建成世界一流学科是建设世界一流大学的重要前提和基础[5]。

"双一流"建设与图书馆信息资源和服务息息相关,学科服务的支撑更是至关重要。目前,高校图书馆已把学科服务看作深化用户服务、完善服务结构、加快图书馆转型发展的重要方式。许多高校图书馆的学科服务已从以联络人为主要特征的第一代学科馆员服务进入以融入一线、嵌入过程为主要特征的第二代学科馆员服务[3]。可以预见,在"双一流"建设背景下,未来学科服务在高校师生中的影响力会越来越大,将成为用户科研活动中不可缺少的核心服务[4]。

2.2 学科服务进一步发展的要求

1998年清华大学图书馆首先开始实行学科馆员制度,2001年北京大学图书馆也紧跟其后,此后,各大高校图书馆十分重视学科服务的发展,得到用户的广泛认可。同时,我们应该认识到,虽然经过了二十多年的发展,但不同高校的学科服务水平仍有很大的差异,还需进一步深化。特别是在"双一流"建设大发展的背景下,初级的学科服务因服务深度与创新不足,已明显不能满足"双一流"建设的要求,还应进一步拓展与深化其服务范围与深度。

3 "双一流"背景下高校图书馆学科服务存在的问题

对比国外学科服务现阶段的发展状况及我国高校"双一流"建设的关键任务,我国高校图书馆开展的学科服务有以下不足之处。

3.1 学科服务体系未建立完善

学科服务制度是为了实现学科服务的科学管理和高效运行而制定的,它也是顺利开展和持续发展学科服务的基础。完善的学科服务制度体系应包括学科管理制度、学科服务制度以及学科服务评价制度。现阶段,多数高校图书馆的学科服务,从宏观上缺乏学校的统筹制度和

院系对接的制度,没有高层的统筹和调控,缺乏整体的制度保障,造成图书馆单独作战而缺乏合作的局面。

3.2 学科服务针对性不够,且服务内容简单

目前,我国高校图书馆的学科服务内容主要集中在一些基础服务,或是科技查新、查收查引及代查代检等初步的信息服务,针对具体某个学科建设和发展需要的学科服务较少,也未见有针对学科建设或发展的成形的学科服务成果,这就难以体现出学科服务在学科建设及学校发展中的重要作用。

3.3 学科服务形式较少,很难满足用户个性化的需求

学科服务是近年来高校图书馆服务发展的热点,很多高校图书馆都开展了此项服务[6],但在服务形式上都较为简单,如整理学科资源、到院系拜访沟通等,这些只是浅层次的学科服务,无法真正满足学科发展中的深层次需求。一般来说,学科馆员只有深入具体的教学、科研和实际工作过程才能真正发现需求并找到具有针对性的服务方案与形式。

3.4 人才结构不合理,人员素质普遍不高,学科服务水平有限

学科馆员的人数不足,常出现一对多的服务模式,这使得学科馆员的精力过于分散,很难提供深层次的学科服务。从国外高校图书馆学科服务馆员占比为30%左右的情况来看,我国的学科馆员数量还急需提高。

学科馆员素质应尽快提高,各馆缺乏适应大数据时代需求的学科专业人才,学科馆员的学科背景比较单一,学科服务的专业培训和继续教育也明显不足。

4 "双一流"背景下高校图书馆学科服务发展对策

通过比较分析"双一流"高校图书馆学科服务可以看出,高校图书馆为提高学科服务的效果,应从以下几方面入手。

4.1 完善学科服务制度体系

现阶段,全部由图书馆开展学科服务是很难实现持续发展的,学科服务要想进入良性循环,需要平衡各利益相关方的需求与关系。

第一,需要得到学校和院系的积极支持和保障。要将学科服务纳入学校整体战略发展规划中,进行顶层设计和全面分析,从学校层面保障学科服务的高度和定位,以便保障学科服务在人才建设、人才培养、服务经费和激励措施等方面的正常发展。同时,要与院系等相关部门建立协调制度,保证在出现问题和困难时,有负责的部门或负责人可以解决。

第二,需要建立学科服务馆员的绩效奖励制度。学科服务馆员的服务保证了教学科研人员的知识需求,将他们的劳动成果与服务对象关联,共享他们的科研成果,达到双赢。

第三,图书馆要健全与完善学科服务的业务工作制度、人才培养制度、工作考核与激励制度。高校图书馆应设立专门的机构和学校以及院系学科发展相关的工作部门对接,共同确立学科服务的发展目标、规划与内容,建立完善的培养制度,弥补学科馆员专业知识的不足,培养复合型学科服务人才,全面提升学科馆员的综合能力与素质。建立双向评价制度,从图书馆与

服务对象的角度评估学科服务馆员的服务态度、服务水平和服务质量,科学合理地评价学科服务馆员。

4.2 丰富学科服务内容,按需开展个性化学科服务

高校图书馆应将以用户为中心作为服务导向,区分不同读者群的需求,快捷、方便、准确地搜寻到他们需要的信息,为用户提供个性化、人性化的全方位立体服务[7],该服务包括参考咨询、教学辅导、知识服务三种类型。参考咨询可通过 E-mail、QQ、微信、微博、FAQ、面对面、电话等方式,提供科技查新、查收查引、定题服务、代查代检、课题跟踪、文献检索、原文传递等咨询服务。教学辅导即嵌入式教学,学科馆员要和专业教师积极合作,将某些专题信息素养培训课程嵌入专业课程中,提高学生发现问题和解决问题的能力。知识服务是现阶段信息咨询服务的深化与发展,侧重于挖掘与分析二次、三次文献,如追踪学科前沿、分析学科发展态势、统计与分析论文、信息推送、信息调研、信息分析、ESI学科动态、决策参考服务等。

4.3 学科服务的拓展模式

4.3.1 积极建设学科服务平台

学科服务平台的建设,可以借鉴与引进已经成形的服务平台模式,同时要结合自身特点,自主研发相关功能模块。例如,高校图书馆可借鉴上海交通大学图书馆的网络虚拟学科服务平台的模式,建设具有自身特色的学科服务平台。学科服务平台应具有多种功能,以满足学习与科研的需要,如检索、调研、分析、发现、投稿、写作、评估、提升、学习中心等功能。各高校图书馆应按照自身的专业设置特点、学科发展、当地资源等情况,针对 LibGuides、CALIS 重点学科网络导航门户、商业软件、自行研发软件等学科服务平台的特点,经过仔细调研,选择适合本馆实践需求和馆情的学科服务平台,建设平台时应制定合理的管理制度,优化整合学科资源,重视维护、宣传[8]。

4.3.2 积极建设学科博客

博客具有速度快、方便、灵活等特征。"双一流"大学图书馆学科博客还不普遍,其他大学图书馆学科博客也不尽如人意,这就要求高校图书馆转变思想观念,大胆创新,充分利用互联网技术,立足重点学科,循序渐进地开设学科博客,制定资源选择、分类、检索标准,强化与用户的互动,及时更新信息,吸引用户,重视宣传工作与维护管理,促进大学图书馆学科博客的发展。

学科馆员应以用户为中心,积极研究师生的知识需求,借助学科博客平台,与师生进行有效的互动,及时为师生提供个性化的推荐服务及深层次的知识服务。

4.4 加强学科资源建设

学科资源体系包括某一学科的馆藏纸质资源、电子资源(如专题数据库等)、学科博客、学术网站、专业教学课程等内容[9]。学科馆员应积极参与制定和修订所负责的学科的馆藏发展情况,如馆藏建议、馆藏政策、馆藏策略、馆藏分析评估、经费运用、资源招中标、资源推广与宣传等。除积极参与所负责学科的馆藏发展外,学科馆员也应积极引导广大师生参与图书馆馆藏资源的建设和发展。例如,可由图书馆负责资源采购的部门内负责某一学科的学科馆员与

相应院系协调,举办相关学科资源线上和线下的荐购活动,调动广大师生的积极性,使其参与学科资源建设的工作,丰富图书馆的馆藏文献资源。

4.5 建设机构知识库

机构知识库是高校存储、组织、管理科研成果的知识库,根据学校的专业设置和重点学科,集中并序化相关专业资源,将网络上分散的学科资源、OA资源等纳入馆藏体系,建立机构知识仓储,形成以学科化知识内容为主的信息资源组织模式[10]。

4.6 建立更广泛的学科服务联盟

图书馆区域联盟在我国已比较常见,如江苏省高等学校数字图书馆、浙江省高校图书馆、天津高等教育文献信息中心等联盟均取得很好的效果。但此类联盟仅限于资源共享方面,各图书馆因多种因素都有所保留。现阶段,在"双一流"政策背景下,图书馆间应树立新的理念,开放更多合作模式,如跨区域、同学科的高校作为联盟成员进行学科服务方面的深度合作。

学科服务最早的合作模式是联合参考咨询服务,此外,各馆之间要建立更广泛的学科服务联盟,可从以下几个方面着手。

第一,联盟内各图书馆不仅要共享商用数据库资源,还应共享以学科为主题、人为收集整理的各类中外文学术资源和自身学术成果等非公开获取资源。

第二,建立学科情报共建机制。学科情报获取面大,垃圾情报的过滤较复杂。通过有效学科情报信息的共享,可减少各馆学科馆员重复获取的频次,从而将学科馆员从重复的工作中解放出来,使其将更多精力用在其他服务中。

第三,开展不同素质学科馆员间的互助服务模式。同类学科中,高素质的优质学科馆员可在线开展学科服务业务工作的培训与交流,此外,可邀请高素质优质学科馆员入驻,在线代为开展学科服务,方便弱势学科馆员学习,尽快提高自身学科服务的能力与素质。

5 结语

学科服务是高校图书馆根据服务环境的变化所开设的创新服务,它经过不断演化与变革,为满足用户个性化需求和提升图书馆服务水平而日臻完善。现阶段,"双一流"建设正在如火如荼地进行,高校图书馆应抓住这一机遇,迎难而上,结合学校办学特色与定位以及学科专业特色与优势,充分借助先进的人工智能与信息技术,依靠学科馆员的才能与智慧,进一步拓展、深化、创新学科服务,为学校"双一流"建设作出应有的贡献。

参考文献

[1] 柯平.学科服务管理方法[EB/OL].(2010-11-23).http://www.doc88.com/p-0456863442334.html.
[2] 初景利.新信息环境下学科馆员制度与学科化服务[J].图书情报工作,2008,52(2):5.
[3] 初景利,张冬荣.第二代学科馆员与学科化服务[J].图书情报工作,2008,52(2):6-10.
[4] 张蕊,张英.Web2.0环境下高校图书馆学科化服务研究[J].情报理论与实践,2009,32(1):73-75.
[5] 冯用军.中国特色世界一流大学和世界一流学科建设若干基本问题研究(下):以湖北为例[J].决策与信息,2016(12):90-104.
[6] 徐健晖."双一流"建设背景下高校图书馆学科服务创新研究[J].大学图书情报学刊,2017,35(2):55-58.

[7] 李书宁.构建分层学科服务体系提供精准化嵌入式服务[J].图书馆工作与研究,2017(1):85-89.
[8] 李书宁.985高校图书馆学科服务平台建设情况调查与分析[J].图书与情报,2015(4):71-76.
[9] 刘朱胜.香港浸会大学图书馆学科馆员制度探究[J].图书馆,2016(4):13-18.
[10] 陈婷,季叶克,张米娜.高校图书馆学科服务的模块划分及服务评价体系[J].国家图书馆学刊,2017(1):29-37.

"双一流"高校建设中的图书馆资源集约策略分析
——纸质图书馆和数字图书馆的分别建设初探

李朝阳

(北京第二外国语学院图书馆,北京 100024)

摘 要:争创"双一流"高校对图书馆提出了更高要求,但目前仍然处在纸质和数字化文献并举发展的复合图书馆时代,仍然面临着资源建设经费不足、图书馆功能发挥不利和读者利用图书馆不便的情况,也存在资源浪费和利用率不高、读者满意度下降的现象,图书馆发展遇到阻滞。纸质资源和数字资源的多头建设、重叠建设是其主要原因,如果按照二者各自的功能特性和运作规律分别规划、建设和发展纸质图书馆和数字图书馆,同时注意二者在管理和服务模式方面必然产生联系、需要互相协调的集约特点,便能充分发挥各自的特色,提高使用效率、节约成本,有利于实现资源共享和读者服务工作效益的最大化。

关键词:图书馆资源;分别建设;集约策略

分类号:G258.6

Analysis of Library Resources Intensive Strategy in the Construction of "Double First-class" Universities
—On the Respective Construction of Paper Library and Digital Library

Li Chaoyang

(The Library of Beijing International Studies University, Beijing 100024, China)

Abstract: Striving for "double first-class" colleges and universities put forward higher requirements for libraries. But at present, we are still in the era of complex library with the development of paper and digital documents, still faced with the lack of funds for resources construction, the disadvantage of library functions and the inconvenience of readers using the library. On the other hand, there is a waste of resources, a low utilization rate and a decline in readers' satisfaction. The development of the library has been blocked. Overlapping construction of paper resources and digital resources is the main reason. In accordance with the respective functional characteristics and operational rules of the two, the construction and development of paper libraries and digital libraries, while paying attention to the inevitable connection between the two modes of management and service, and the intensive and coordinated characteristics of each other, can be maintained and distributed separately, and the efficiency of use is improved and the cost is saved. It helps to maximize the benefits of resource sharing and reader service.

Keywords: library resources; separate construction; intensive strategy

在4G普及使用的网络数字化时代,多媒体技术呈现百花齐放的局面,以北京市为例,目前所有"211工程"和"985工程"高校都已经拥有并正在完善数字图书馆或"数字中心"的建设,所有图书馆都建有自己的可外联的电子化、数字化文献馆藏资源库。网络化的"元数据仓储""云计算中心"等虚拟数字文献资源管理系统已被实际使用,在争创"双一流"高校的进程中,发挥重要作用。

数字化发展使读者索取文献信息在手段上、时效上越来越便捷的同时,也出现了诸多问题,如数字化文献的深层次全面揭示难以实现,操作系统不完善,读者使用设施设备能力不够等。目前我国多数高校的所谓数字图书馆建设基本上还是依托或者半依托原有图书馆进行的,是一种纸质文献和数字化文献重叠建设和服务一体化的模式,高度协调管理下的资源共享机制还没有建成,以致追求建设大而全的图书馆的趋势依然存在,这实际上揭示出目前仍处在纸质资源和数字资源共同发展的复合图书馆时代。近年来,教育部高等学校图书情报工作指导委员会发布的高校图书馆发展概况报告显示,高校图书馆纸质文献和数字文献的经费投入持续稳步增长,但其中多头、重叠的资源建设必将造成极大的浪费和低效益。

1 重叠建设带来的问题

第一,造成建设成本的浪费。如果按教育部颁布的《学位授予和人才培养学科目录(2018年4月更新)》中的一级学科,对全国高校据此所设的学科专业进行对比分析可以发现,相同类型的高校数量超过40%,而不同类型高校具有相同学科专业的超过90%。相应的,大多数高校在各自建设中具有相当数量的同样的纸质文献和数字化文献。对全社会而言,在技术能力可以支持资源共享的背景下,这样的重叠建设在人力和物力资源方面造成了很大的浪费。

第二,形成不合理的建设侧重点。文科类高校和理科类高校图书馆的读者对纸质文献和数字化文献的需求在内容和形式上有明显不同。文科类高校读者对纸质文献的使用率明显大于数字化文献的使用率。一些文科类高校图书馆为追求数字化文献的拥有数量,盲目引进各类国内以及国外的数据库,造成使用率极低,这不但占用大笔资金造成浪费,而且对教学科研活动没有起到有力的支撑作用。理科类高校读者对电子期刊、数字化文献需求量更大,但有些理科类高校图书馆为追求图书馆藏数量,购进的理科类相关的图书过多,由于科学技术在理论和实践方面的飞速发展,理科类书籍的内容很多只有短暂的利用价值,这样会导致很多失去科研参考价值的馆藏占用宝贵的资金和图书馆物理空间。

第三,纸质文献和数字化文献失去各自特色。纸质文献之所以对文科类高校图书馆读者更为重要,是因为纸质文献带有特殊的文化、历史的底蕴,这是数字化文献取代不了的,而理科类高校读者所需要的科技前沿成果的时效性、准确性、真实性和动态特点,则只有多媒体技术武装的数字化文献才能保证。重叠建设往往忽视了纸质和数字化文献各自的特点,降低了文献所能传达的信息的应用效果。

第四,图书馆物理空间更加紧张。面对每年纸质文献的增长,数字化文献使用所需设施设备和多功能空间的改进、更新和增设,几乎所有高校图书馆都存在物理空间不能满足需要的问题。

第五,难以充分发挥图书馆馆舍服务功能。使用纸质文献的读者与使用数字化文献的读者所需要的馆舍必然有很大差别。纸质文献的馆藏阅览一体化空间中的书架、阅览桌、检索用计算机设备和灯光、厅堂的文化装饰等都是围绕纸质文献的文化气息设计安排的,对读者有一种文化氛围的熏陶作用;数字化文献所需空间更注重设施设备的便捷和多媒体功能的发挥效果。很多高校在近10年建设的新图书馆尽管做出最大努力并不断改进,但纸质文献和数字化文献总是互相牵制、影响,难以满足读者的更高要求。

2 分别建设的必要性

为突破高校图书馆发展中面临的瓶颈,解决建设中的各种问题,从全社会角度和长远的发展前景分析,每所高校分别建设纸质图书馆和数字图书馆是一条新思路。这里讨论的分别建设是指在所有高校可以充分利用资源共享的基础上,为更好地发挥纸质文献、数字化文献各自的特点和为读者提供更有效的服务,从建筑格局、设施设备、运作管理等硬件设施和软件配置方面,每所高校可以按照本校办学规模分别建设纸质图书馆和数字图书馆。

目前国内已经建立的数字文献资源共享体系有隶属于中国国家图书馆的中国国家数字图书馆、中国高等教育文献保障系统(CALIS)、中国高校人文社会科学文献中心(CASHL)和各地区范围内的共享系统。这些体系可以看作全社会开展数字图书馆建设的发展初期形态,在资源共享的深度、广度上受制于没有统一有效的图书馆法的指导管理,还未达到每所高校分别建设纸质图书馆和数字图书馆阶段可以有效依托的全社会规模的数字中心体系水平,但每所高校分别建设纸质图书馆和数字图书馆将有力地促进这一中心体系的建设和完善。

2.1 更加节约建设成本

由于有全社会范围的文献资源共享做强大支撑,在数字图书馆建设方面,各高校除在本校所需的特色资源等方面必须投入经费外,均可以在支出相应的管理费用后为读者提供各类文献。在此基础上,纸质图书馆也因为有了数字化文献的补充,可以省去很多不必要的馆藏购入。

2.2 符合各自的发展运作特点

纸质文献和数字化文献采访、加工、使用方式的各自特点决定了图书馆工作流程、岗位设置、读者服务模式的不同,分别建设避免了相互干扰、影响的因素。例如,在文献经费的使用上可以根据学科专业的要求,合理制订文献种类和数量的采访计划,在读者服务上可以开展图书馆员和读者的交流,使服务深入教学科研活动中。

2.3 二者能够充分发挥各自优势

分别建设可以在馆舍设计方面根据本校读者的需求特点突出各自优势。纸质图书馆突出纸质文献带给读者的厚重的文化和历史气息,加上特为纸质文献馆藏设计的馆舍空间,为读者在馆学习、阅览设计的阅览区等环境,会放大纸质文献传递给读者的信息能量。数字图书馆突出信息储存、传递、网络覆盖、用户异地联络等管理、使用方面的便捷特色,可以设置各种多媒体技术支持的功能室,让读者领略五颜六色、有声动态的数字化文献。

2.4 读者感觉更加方便

目前,以纸质文献为主体文献的图书馆实行的都是借阅一体、大开间、全开放的服务模式,读者习惯了在全馆游走,但如果是重叠建设的图书馆,在数字化文献区域,读者活动会受到限制,读者感觉不便,两处的规章制度也不一样,有些还存在矛盾,常令读者感到茫然,也不好管理。分别建设,能使读者在心理上有所准备,可以令管理工作顺利开展。

2.5 资源利用更加合理

重叠建设状态下存在一个文献馆藏理念的误区,即认为所有的纸质文献都有数字化文献备份、所有本校学科专业需要的文献尽量备齐是最佳情况。分别建设模式立足于资源共享体系或校际的互补协调,不需要二者都由本校图书馆承担,更有利于合理利用文献资源。

2.6 有利于实现资源共享效益最大化

每所高校分别建设纸质图书馆和数字图书馆的关键是有一个全社会规模的、制度完善的资源共享体系,在此条件下,文献资源能得到充分利用。例如,对某一高校来说利用价值不大的文献对其他高校可能非常有用,少量的文献可以被多所高校的读者使用,从社会角度衡量,文献资源的经费投入大量减少而利用率提高,这些都显示出资源共享效益的优化实现。

3 分别建设应遵循的原则

纸质图书馆和数字图书馆的分别建设需要全社会的关注和参与,高校图书馆可以在本系统内率先尝试。

3.1 建立共同遵守的规章制度

每所高校在分别建设纸质图书馆和数字图书馆时,并不是自行其是、各自为政,而是在包括所有高校图书馆甚至公共图书馆在内的全社会规模的图书馆群体共同参与制定的符合法律法规规范的规章制度的指导、约束下进行的。

3.2 实行统一发展规划下的"分别建设"

每所高校分别建设的纸质图书馆和数字图书馆都只是所有高校图书馆群体中的一部分,而不再是重叠建设中大而全的个体。在文献资源建设方面,每所高校都向资源共享中心体系提供本校图书馆的馆藏目录和可以共享的数字化文献资源数据,各个高校为资源共享体系提供本校的文献资源,形成共享的联机公共目录查询系统(OPAC)数据库。在馆舍、设施设备等建设方面,高校间应相互提供技术支持,以确保建设质量和均衡发展。

3.3 发挥纸质资源和数字资源的特性

分别建设时要重视从图书馆空间安排、设施设备等方面体现各自的特性,如纸质图书馆应在全开放基础上尽量开辟更多的读者阅览区,延长开放时间,提供自助式打印、复印设备等,让读者可以在馆内长时间阅览、自习;数字图书馆应重视数据库维护、技术手段更新和多功能空间的建设等。

3.4 强化各自的服务功能

在分别建设纸质图书馆和数字图书馆时,应根据纸质文献和数字文献的不同特性,充分考虑读者对文献的需求特点,体现人文关怀精神、以人为本的服务理念,如馆舍规模设计,馆藏分布安排,设施设备与建筑的协调组合,甚至装饰、灯光的选择,家具摆放,绿植点缀等细节,都能更好地促进读者对文献的信息接收和对知识、文化的感悟。

3.5 效益促进创造

分别建设纸质图书馆和数字图书馆的目的之一是实现文献利用的高效益,进而保证图书馆的可持续发展,促进创新研究,更好地满足信息环境下读者的多方面需求。图书馆新型学习空间建设、物理空间与虚拟空间的协调利用等都是分别建设纸质图书馆和数字图书馆时应注意研究的课题。

4 分别建设应特别注意的问题

近年来,随着数字化、网络化技术的迅猛发展,反映知识内容的文献种类和数量快速增长,读者对图书馆的需求也不局限在文献内容的索取层次上,使得图书馆界在文献资源建设、建筑格局设计、读者服务模式创新等方面不断进行研究和探索,总结以往经验,分别建设纸质图书馆和数字图书馆应特别注意以下三点。

4.1 在法律框架下的建设

截至目前,我国图书馆界虽然还没有一部正规的图书馆法,但高校图书馆建设基本按照《普通高等学校图书馆规程》规定的内容来规范建设标准。高校图书馆的发展和建设在经费使用、资源建设、建筑格局、岗位设置、工作人员职责、工作流程安排和读者服务等方面都应参照相关规定进行规划、设计,避免发展建设中的违规、违法现象。高校之间应加强调研、互相交流、共谋发展。

4.2 避免造成浪费的建设

纸质图书馆和数字图书馆的分别建设应有前期规划、调研和所有图书馆工作相关人员参与的反复研讨和论证。在满足近期使用的基础上,要有前瞻性设计内容。注意借鉴其他院校图书馆的建设经验,学习参照国内外先进办馆理念和实践成果,结合本校教学科研对图书馆的需求,做出符合实际需要的设计。

4.3 避免发展不协调的建设

各个高校分别建设的纸质图书馆和数字图书馆都应与其他高校图书馆和资源共享体系有紧密联系,建设时在管理运作机制、硬件和软件配置等方面应与其他馆相匹配,使未来的业务往来工作能顺畅运行。

5 结论

近年来的实践证明,对于以学生和教师为主要读者群的高校图书馆,纸质文献仍然是教学科研中不可缺少的文献资源主体,与网络时代的数字化文献一样,将长期为教学科研活动提供有力的支撑作用。建设"双一流"高校的过程中,分别建设纸质图书馆和数字图书馆是为更好地利用图书馆为教学科研服务提出的集约化新理念,可以大量节约文献资源建设成本,使纸质文献和数字化文献优势互补、协调利用,是推动节约型社会建设和发展的有效手段。在建筑格局方面,分别建设可以充分发挥体现纸质文献和数字化文献各自特点的服务功能,使读者服务工作上档次,提高读者满意度。分别建设纸质图书馆和数字图书馆,促进资源共享的社会化大发展,是走向国际化、与国外图书馆界建立业务往来、与国际接轨的发展之路,能促进高校整体水平的提高。

参考文献

[1] 施玲琳.双一流建设高校图书馆资源配置分析研究[J].科技经济导刊,2018,26(4):141-143.
[2] 涂文菠."双一流"政策下的国内高校图书馆学科服务探讨[J].大学图书情报学刊,2017(5):62-64,78.
[3] 王静,程从华.地方高校图书馆在"双一流"背景下的发展研究[J].晋图学刊,2017(12):9-13.
[4] 陈茁新,陈伟.英美大学图书馆研究支持服务及对我国高校图书馆的启示[J].图书情报工作,2017(7):62-69.
[5] 钟建法,韩丽风.学科资源建设与学科服务一体化发展模式研究[J].大学图书学报,2012(2):56-60.
[6] 吴涛,王关锁.图书馆科学发展的理念与实践[M].北京:中国书籍出版社,2012.
[7] 梁晓涛,汪文斌.移动互联网[M].武汉:武汉大学出版社,2013.
[8] 戴龙基.文献资源发展政策研究[M].北京:北京大学出版社,2007.
[9] 李春.高校图书馆全面质量管理体系下的人力资源管理[M].北京:北京大学出版社,2008.
[10] 周海英.数字新媒体论[M].长沙:湖南师范大学出版社,2009.
[11] 杨守文.信息素养与知识服务[M].北京:北京邮电大学出版社,2011.
[12] 吴朱华.云计算核心技术剖析[M].北京:人民邮电出版社,2011.

试论"双一流"视域下的大学图书馆学位论文资源建设与服务——以北京林业大学图书馆为例

费 青

(北京林业大学图书馆,北京 100083)

摘 要:本文回顾了北京林业大学图书馆开展学位论文建设和服务的历史与现状,指出在纸质学位论文和电子版学位论文建设与服务中存在的一些亟待解决的问题。本文认为,在"双一流"建设中,图书馆学位论文全面向数字化转型,是对传统学位论文建设与服务模式的历史性突破,也是未来学位论文服务发展的新方向。本文还就现存的问题提出了具体解决意见。

关键词:"双一流"建设;学位论文;资源建设与服务;数字化转型;北京林业大学图书馆

分类号:G253

The Construction and Service of Dissertation Resources in University Libraries from the Perspective of "Double First-class"
—Taking the Library of Beijing Forestry University as an Example

Fei Qing

(The Library of Beijing Forestry University, Beijing 100083, China)

Abstract: This paper reviews the history and current situation of dissertations in the library of Beijing Forestry University, and points out some urgent problems in the management of dissertations and electronic dissertations. The paper thinks that the transformation of library dissertations to digitalization is a historic breakthrough to the traditional thesis construction mode, and also a new direction for the development of dissertation services in the future. The paper puts forward some specific improvement opinions on the main existing problems in the management of dissertations.

Keywords: "double first-class"; dissertations; management and service; digital transformation; the library of Beijing Forestry University

2015 年 11 月,我国发布了一系列关于推动高等教育水平获得整体提升的政策与规划,提出了"使若干高校和一批学科达到或接近世界一流水平"的目标,以及《统筹推进世界一流大学和一流学科建设总体方案》等。"双一流"(世界一流大学和世界一流学科)是我国为提升教育发展水平、增强国家核心竞争力做出的重大决策,是我国高等教育改革发展的行动纲领。高校图书馆是为高校教学和科研提供文献信息资源保障与科技情报服务支撑的重要平台,因此必须围绕"双一流"建设的需要,在创新中求发展,做好文献资源保障与服务支撑。

学位论文是高校特有的、连续的文献资源,已成为各高校图书馆特色馆藏资源保障与服务支撑的重要组成部分。随着信息技术的快速发展,文献信息的生产、传播和服务形态都变得更加多样化,高校图书馆在网络环境下不仅要作为互联网的节点,更要突出本馆馆藏资源的特色,成为互联网资源的亮点。学位论文作为北京林业大学(以下简称"北林")图书馆较早开展的特色资源建设之一,应在学校"双一流"建设的整体要求下,在新的技术环境下,不断调整、改进和完善工作方法与服务方式,实现由纸质学位论文阅览服务向学位论文数字化建设与服务的全面转型。

1 北林图书馆学位论文资源建设和服务的历史与现状

1.1 北林图书馆学位论文资源建设和服务的历史

自 1979 年复校以后,北林图书馆开始收集、整理校内硕、博士学位论文。当时图书馆并没有制定统一的收集要求,而是由各院系每年将学位论文汇交图书馆。1986 年,图书馆新馆落成,学位论文经过编目部门分类、加工后,收藏于外文阅览室,向全校师生提供阅览和复印等服务。学位论文经过多年使用后,封皮残破,2000 年,经馆领导批准拨款,图书馆将所有馆藏学位论文进行装订,硕士论文和博士论文分别用蓝色和深红封皮装帧,这使得学位论文的面貌与服务焕然一新。

1.2 北林图书馆学位论文资源建设的现状

2004 年,搬入新图书馆后,图书馆建立了学位论文汇交制度,开发了"学位论文提交系统"和"学位论文编目系统",形成了较为完整的学位论文工作流程。硕、博研究生毕业时,必须向图书馆"学位论文提交系统"提交电子版论文,经馆员审核合格后,研究生再向图书馆提交纸本论文,并领到"回执单",才能够办理离校手续。论文电子版信息存储于图书馆服务器,作为图书馆资源保存,不对外提供服务。资源建设部负责对纸本论文进行装订、分类和编目,再移交阅览部进行管理和阅览服务,见图 1。

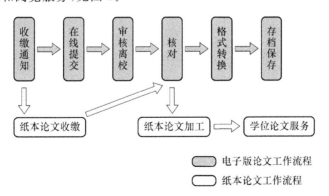

图 1 目前北京林业大学图书馆学位论文工作流程

2004 年之后,纸本学位论文已移至中文期刊阅览室管理,为了便于馆员管理和读者使用,分别按照学科—年代—序号进行排架,提高了管理效率和使用效率。在图书馆"书目检索系统"中,读者可以检索到馆藏纸本学位论文,并可以在书架上快速找到原件,阅览室内还提供了复印服务。2017 年,北林图书馆又购置了新的"学位论文提交系统",提高了研究生提交电子版论文的合格率,提高了纸本论文的收缴效率,从而使我馆学位论文的管理和服务水平都迈上了一个新台阶。目前,我馆硕士和博士论文已达到1.7万册(数据截止时间为2018年5月)。

2 北林图书馆学位论文资源建设中存在的问题

2.1 工作量激增,馆藏纸本学位论文存储空间不足

北林研究生论文答辩集中于每年的6月份和12月中、下旬,这也是每年研究生集中提交论文的时间。随着研究生人数的不断增加,特别是专业硕士人数的激增,图书馆电子版学位论文的线上提交与审核工作,以及线下纸本论文的收缴工作的压力都很大,同时纸本论文的采编数量也呈逐年上升的趋势。纸本论文的激增,也使得图书馆阅览室有限的空间变得越来越紧张。本文统计了2013—2018年研究生纸本论文提交情况(按照现行规定,涉密纸本论文暂不向图书馆提交),详见表1。

表1 2013—2018年研究生纸本论文提交情况一览表

年份	博士论文/册	学术型硕士论文/册	专业硕士论文/册	合计/册
2013年	164	729	198	1 091
2014年	133	656	375	1 164
2015年	176	646	494	1 316
2016年	153	622	544	1 319
2017年	148	573	587	1 308
2018年	125	530	506	1 161
合计	899	3 756	2 704	7 359

注:本表统计数据截止时间为2018年7月。

2.2 学位论文收集不完整

按照图书馆要求,硕、博研究生在论文通过答辩之后,应向图书馆提交电子版论文,审核通过之后,再向图书馆提交纸本论文,最后取得图书馆回执,方可办理离校手续。但是有些研究生毕业时没有向图书馆提交电子版论文和纸本论文,没有取得图书馆回执,就顺利办理了离校手续。在每年抽检中都发现有漏交的学位论文,其中留学生漏交的论文数量很多。以2018年6月收存学位论文为例,共收存论文1 161册,其中博士论文125册,学术型硕士论文530册,专业硕士论文506册,而根据2018年7月2日《北林报》(第一版)的报道,北京林业大学2018年应届毕业研究生1 444名(含留学生23人),共授予博士学位186名,学术型硕士学位646名,专业硕士学位596名。按照相关规定,所有人员都必须向图书馆提交电子版和纸本论文,才能够获得相关学位。而通过数据比较可知,尚有267名已经获得学位的研究生并未向图书馆提交电子版论文和纸本论文,详见表2。

表2 2018年度获得学位研究生人数与图书馆收集论文数量对照表

	博士	学术型硕士	专业硕士	合计
授予学位人数/人	186	646	596	1 428
收存论文数量/册	125	530	506	1 161
论文数量差/册	61	116	90	267

注：本表统计数据截止时间为2018年7月。

出现上述问题的主要原因是：①图书馆与各院系无法进行有效的沟通与制约；②图书馆缺少各院系毕业研究生的数据信息，无法知道是否已收集完整；③在毕业季，各院系教学秘书由于工作忙碌，有时执行审核制度不严，使得一些没有向图书馆提交论文的研究生（留学生）办理了离校手续；④有些当年没有通过论文答辩，以后再次通过答辩的研究生，也没有向图书馆提交电子版论文和纸本论文。

2.3 无法判定研究生提交的学位论文是否通过答辩

图书馆作为全校较早开始收集电子版论文的机构，其论文提交系统一直独立运行，未能与各院系资料室、研究生院系统实现资源共享。图书馆所引进的系统无法判断登录的用户是否已经通过答辩，导致未通过答辩或者未取得学位的毕业生也可以登录系统提交其论文的电子版，无法保证提交论文的质量，给系统查重增加了很多困难。

2.4 尚未解决涉密论文解密后的收集问题

由于科研中的一些难点和重点问题需要保密，因此有些学位论文暂时不得公开发表。目前，北林图书馆要求涉密论文的作者在系统中提交论文的题名、摘要，不得提交正文及参考文献，涉密的纸本论文也不用呈交图书馆。但是，这些论文解密之后，图书馆应该如何收集与管理，是始终没有解决的难题。

2.5 研究生提交的论文元数据错误率较高

"北京林业大学研究生论文提交系统"中所有的元数据都是研究生手动输入提交的，因此难免会产生错误，而高比例的差错率会为核对和修改元数据增加很大的工作量。

3 对北林图书馆学位论文资源建设与服务的再思考

面对快速变化的外部环境和高校"双一流"建设，北林图书馆学位论文资源建设与服务面临着诸多亟待解决的问题。

目前，开放获取资源和网络免费资源越来越多，商用学位论文数据库开发得很好，读者查找文献的方式、阅读行为、阅读习惯也发生了很大变化，图书馆学位论文资源建设和服务面临着重要的挑战。在这样的形势下，北林图书馆应制定资源建设与服务的发展规划，适时调整数字文献资源与纸质资源的经费比例，重点加强原生资源、机构知识库、开放获取资源的建设与服务，开拓全新的学位论文的工作理念和工作方式，从纸质学位论文建设与服务全面向电子版学位论文建设与服务转型。

3.1 制定整体发展规划,确定具体实施方案

制定北林图书馆学位论文建设和服务的整体规划,可以规定今后纸本学位论文不再装订,并将其作为保存本存储,读者服务将以电子版论文为主。

研究生通过论文答辩后,按照图书馆的要求在线提交学位论文的电子版,由馆员负责审核,通过审核后,研究生再提交纸本学位论文并领取回执。馆员对纸本论文加盖馆藏章、贴磁条、贴条码,对电子版论文进行文件格式加密转换。加工后的纸本论文移交阅览部提供阅览服务,电子版论文在校园网 IP 范围内提供全文阅览服务。最后,馆员将论文数据转换成 marc 格式,导入本馆 OPAC 系统,用于读者检索。此外,每年还要定期对电子版论文数据库进行备份、归档和长期保存,如图 2 所示。

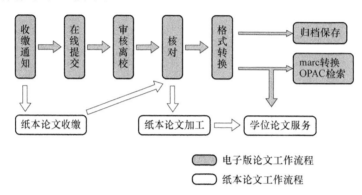

图 2 北京林业大学图书馆学位论文未来的工作流程

学位论文建设与服务由纸本论文全面向数字化转型后,至少有三大优势:①缩短了学位论文延迟服务的时间,在完成纸本学位论文与元数据的校对之后,图书馆可立即发布电子版学位论文,提供电子版学位论文的全文阅览服务;②节省了图书馆的空间,使图书馆有限的空间得到更有效的利用;③节约了纸本学位论文的装订费和保管费。

3.2 建立学位论文呈交制度

在高校图书馆学位论文数字化全面转型的过程中,要具体制定每一个环节的工作细则,确定责任人,每年考核工作业绩,并与绩效挂钩。

此外,如何应对工作中出现的新问题,如合理安排人力,对保存的纸本论文进行优化管理,保证系统的正常运行等,都有待于在实践中进行验证与完善。

3.3 与各院系积极协调,完整收集学位论文

图书馆应与各院系保持联系,积极协调并解决研究生在纸本论文和元数据论文提交过程中出现的各种问题,保证图书馆收集论文的完整性和元数据提交的准确性,可从以下几方面入手。

① 图书馆主动向各院系索取毕业研究生的姓名、专业、导师、论文名称、答辩时间、论文通过情况、涉密情况等信息。

② 馆员应主动到各院系为研究生举办电子版论文提交方面的讲座,提前帮助研究生解决在元数据提交中的各种难点。

③ 加强对元数据提交质量的审核,把元数据质量控制在源头。

④ 还要为留学生提供特别帮助,对特别困难的留学生,院系应安排专人给予"一对一"的辅导和帮助。

⑤ 电子版论文提交结束后,馆员还要与各学院提供的数据进行核对,发现问题,及时纠正。

⑥ 研究生涉密论文可以通过技术手段加以控制,图书馆可与作者签订协议,到论文解密时,系统自动对读者开放。

3.4 与各院系、研究生院建立数据接口

校内资源共享是"双一流"建设进程中学校各职能部门的工作重点和未来的努力方向。以北林图书馆为例,资源共享可以有效地提高资源的利用率,可使图书馆与各院系、研究生院业务联系密切,但是至今各方还处于各自为政的局面,资源共享问题始终未能解决。

由于研究生院也要求毕业生上传毕业论文的电子版,研究生们往往搞不清楚研究生院系统和图书馆系统之间的关系,因此他们常常在研究生院系统上交完毕后,就把纸本论文送交图书馆,想从图书馆领到回执。每年收集论文时,这一问题都频繁发生,馆员还要耐心地解释,请研究生在图书馆系统再次提交。分析其中的原因:首先,由于宣传不到位,使研究生耽误了宝贵的时间;其次,由于两个单位的论文提交系统设置不同,因此还需要研究生提交两次内容完全一样的论文,这实际上是资源的浪费。今后,图书馆与研究生院应切实为研究生着想,可以让研究生统一在图书馆系统提交,再由图书馆将数据直接转给研究生院。

图书馆应加强与各院系之间的联系,开放数据服务,加强系统运行的稳定性,不断完善现有的系统功能。图书馆还应扩大学位论文的征集范围,例如,每年院系都会在本科毕业生中评选优秀学士学位论文,建议图书馆也收集这些论文,并由图书馆与各院系联系,及时做好接收工作。

在"双一流"建设中,北林图书馆学位论文建设与服务全面向数字化转型,是对传统学位论文建设与服务模式的历史性突破,也是未来学位论文服务发展的新方向,图书馆应该勇于实践,大胆求证,不断解决各种新问题,迎接新的挑战,为北京林业大学"双一流"建设做出贡献。

参考文献

[1] 张晓林.颠覆数字图书馆的大趋势[J].中国图书馆学报,2009(9):4-11.
[2] 张学宏.论高校图书馆电子版学位论文的保存与管理[J].图书情报工作,2005,49(5):113-115.
[3] 扬帆起航 放飞梦想[N].北林报(616期),2018-07-02(01).

"双一流"背景下我国林业高校科研论文产出与学术影响力分析

董亚杰　马花如

(北京林业大学图书馆,北京 100083)

摘　要：本文以6所林业高校为调查对象,以中国期刊全文数据库、中国科学引文数据库为数据源,采用文献计量和数量统计分析方法对各高校的论文产出数量、来源期刊、学术影响力、优势学科等进行了分析,并提出了加强政策导向,完善学术评价体系,提高林业高校整体科研能力和影响力的建议。

关键词：林业高校;科研评价;科技论文;学术影响力

分类号：G353

Analysis on the Scientific Research Output and Academic Influence of Forestry Universities in China under the Background of "Double First-class"

Dong Yajie　Ma Huaru

(The Library of Beijing Forestry University, Beijing 100083, China)

Abstract: Taking six forestry universities as the survey objects, the Chinese Academic Journal Full-text Database and the Chinese Science Citation Database as the data source, by using the methods of bibliometrics and quantity statistics, this article analyzes the number of papers, the academic influence, dominant disciplines, etc. And puts forward the corresponding suggestions on how to strengthen policy guidance, improve the academic evaluation system, improve the forestry universities overall scientific research ability and influence.

Keywords: forestry universities; research evaluation; scientific papers; academic influence

科技论文的数量和质量是衡量一个国家、地区和机构科技发展能力的重要指标。我国林业高校不仅是培养各种林业人才的教育基地,也是进行科学研究的创新基地,因此,开展对林业高校科技论文的分析与研究,对探索如何提高我国林业高校的教育、科研实力水平和发展现状,实现一流学科建设等具有重要的参考意义。

1 研究方法

1.1 研究机构选择

本文选取目前我国林业教育领域中独立办学的 6 所高校:东北林业大学、北京林业大学、南京林业大学、中南林业科技大学、西南林业大学和浙江农林大学(以下分别简称东林、北林、南林、中南林、西南林和浙江林),其中东林、北林为教育部直属"211 工程"高校,东林、北林、南林三所高校为国家一流学科建设大学。

1.2 数据来源选择

期刊是科研工作中最常利用的文献类型之一,因此本文选取中国期刊全文数据库(CNKI)、中国科学引文数据库作为数据库来源。中国期刊全文数据库收录国内学术期刊一万多种,全文文献总量约 5 000 万篇,是反映我国科技人员科技成果的重要数据库。中文科学引文数据库是目前中国最大最全的引文数据库,因此可以保证收集数据的全面性和统计分析的可靠性。

1.3 数据范围选择

选择 2007—2016 年这 10 年内发表的期刊论文作为分析数据。

2 林业高校论文发表情况分析

6 所林业高校 10 年内共发表论文 108 213 篇,每所高校年均发文 1 803 篇。以 2010 年的统计数据[1]为例,林业高校专任教师人均年发表论文仅 1.7 篇。

在 108 213 篇论文中,以林业高校为第一作者单位发表的论文占论文总数的 82.8%,较中国农业大学高 10.5%,但核心期刊论文仅有 48.9%。较中国农业大学低 9.1%。由此可以看出,林业高校在注重科技论文知识产权的基础上,在核心期刊上发表论文的能力有待提高。

2.1 林业高校论文数量对比分析

从图 1 可以看出,北林和东林发表的论文总数、第一作者论文数、核心期刊论文数均明显高于其他 4 所高校,两校论文数量之和占 6 所高校总量的 48.6%,人均年发表论文数分别为 2.7 篇和 1.9 篇,显示出这两所高校较强的科研论文产出能力。

第一作者论文占论文总数比例最高的是浙江林,达 84.2%,东林以微弱之差位居第二,南林和西南林较低,仅达到了 80% 左右。核心期刊论文占论文总数比例最高的是北林,以 53.1% 位居首位,其次是中南林和南林,均超过了 50%,而浙江林、东林、西南林 3 所高校都在 47% 以下,均未达到 6 所高校的平均水平。

与其他高校相比,中南林的论文总数仅居第四位,却是唯一一所第一作者和核心期刊论文比例超过了平均值的高校,在论文的知识产权和质量上呈现了较好的均衡发展能力。

2.2 林业高校论文与年代发展关系分析

受学校规模、学科专业、科研经费、科研团队水平等因素的影响,各林业高校不仅在论文总

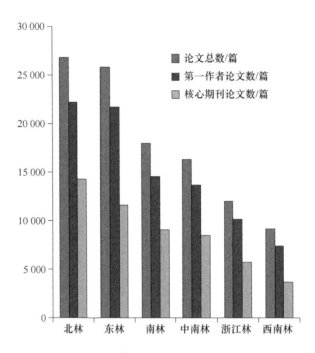

图1 各高校科技论文数量对比图

量上相差较大,年度论文增长率也存在着显著的差异。从图2中依据6所高校各年度平均论文数得出的平均值曲线可以看出,以2010年为分界点,2007—2016这十年间,林业高校论文量总体呈现前期增长明显,后期缓慢下降的发展趋势,与农业高校中发文较多、科研能力较强的西北农林大学、南京农业大学和华南农业大学比较相似[2]。据中国科技信息研究的年度数据统计,2011年,我国作者在国外期刊上发表的论文数量明显增长,但在国内期刊发表的论文却出现了数量和质量的明显下滑[3],出现这种现象的原因除科研经费、职称评定间歇等客观原因外,主要原因是整个高校科研评价体系以及各高校对教师的考核指标中,SCI论文等国外评价指标逐年加强,促使教师把主要精力投入外文期刊论文的写作中,从而造成了中文期刊论文的减少。

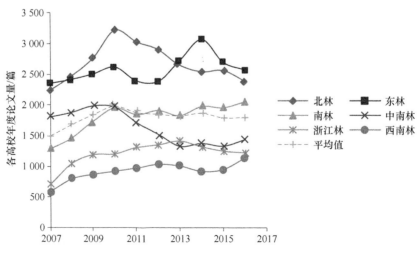

图2 各高校年度论文量曲线图

在 6 所高校的年度论文量曲线图中,南林与林业高校平均值曲线的拟合度最高,尤其在 2010—2013 年,呈现出基本重合的状态。从年度发文数量来看,南林和北林前期增长比较快,且增长速度基本保持一致,在 2010 年达到高峰后,北林呈逐年下降态势,南林虽略有波动,但总体保持增长趋势。东林虽然前期年度论文量增长缓慢,但后期出现了跳跃式增长,连续 4 年超越了北林,跃居林业高校之首,其论文曲线在 2010 年和 2014 年出现了两个显著的峰值。

与中南林前期增长缓慢,后期快速下降的发展趋势相比,浙江林和西南林除个别年份略有波动外,基本呈现逐年增长的趋势,与甘肃农业大学、山西农业大学等农业高校的发展态势比较相似[2]。

2.3 林业高校论文与学科发展关系分析

根据 CNKI 对论文所属学科专题的划分原则,林业高校论文排名前 10 位的学科专题如图 3 所示,位居首位的是森林树种,达六千四百多篇,其次是区域与城乡规划和木材加工,而观赏园艺、森林生物、森林土壤、植物保护等学科论文都在 2 000 篇以上。教育部的最新公布显示,北林的林学、风景园林学,东林的林学、林业工程学和南林的林业工程学都进入了一流学科建设行列,而图 3 中排名前 3 位的专题分属于林学、风景园林和林业工程学科,其中北林的区域与城乡规划论文数量占 6 所高校的 40%,而南林和东林的木材加工论文数量占 6 所高校的 60%,进一步证明了这 3 所林业高校具备建设一流学科的强大科研实力。

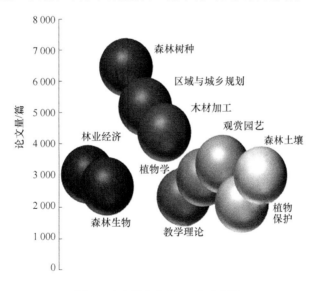

图 3 论文量排名前 10 位专题图

除上述林业专业等传统学科外,林业高校的计算机应用、食品工业、动物学、环境科学、高分子化学、林业经济等其他学科也取得了长足的发展。

3 林业高校论文来源与被引期刊分析

对某一研究领域发文的来源期刊进行考察,有助于了解该研究领域的分布特点及研究成果的层次水平[4]。由于各林业高校都创办有自己的学报,因此林业高校登载论文最多的前 20 种期刊中,六大高校学报都名列其中,其中东北林业大学学报以登载 2 456 篇论文位居首位。

六大学报登载本校论文最多的是中南林,占总论文量的10.1%,最少的是北林,占3.8%。

从表1可以看出,除《林业经济》外,登载论文最多的期刊,其被引论文量排名也较高,排序完全一致的期刊数占50%,说明这些期刊不仅是林业高校展示科研成就的主要平台,在整个林业行业中也具有较高的影响力,受到了业内科研人员的认可。

表1 论文登载量与被引量排名表

期刊名称	论文排名/被引排名
《东北林业大学学报》	1/1
《安徽农业科学》	2/2
《中南林业大学学报》	3/3
《北京林业大学学报》	4/4
《南京林业大学学报》	5/5
《森林工程》	6/6
《林业科学》	7/7
《浙江农林大学学报》	8/8
《林业工程学报》	9/9
《中国林业教育》	10/12
《山西建筑》	11/15
《林业机械与木工设备》	12/14
《家具与室内装饰》	13/10
《生态学报》	14/11
《林业经济》	15/40
《中国农学通报》	16/17
《西北林学院学报》	17/16
《中南林业大学学报(社科)》	18/13
《西南林业大学学报》	19/19
《北方园艺》	20/18

4 林业高校论文学术影响力分析

引文分析法目前已广泛应用于学者评价、科研绩效评价和科技竞争力评价等各个领域[5]。截至2017年11月,林业高校的108 213篇论文中,被引论文有83 544篇,被引率达77.20%,篇均被引7.25次,篇均他引6.66次。从图4各高校引用情况可见,东林的论文总量虽较北林低3.9%,但其未被引论文却较北林高10.4%。南林论文总量比中南林高出10.2%,但被引论文量仅高5.3%。以上现象说明高校的学术影响力,不仅依靠论文数量的增长,也要注重论文质量的提高。

从表2可见,北林的篇均被引、篇均他引、h指数居林业高校之首,显示出其较强的科研能力和水平。而论文被引率最高的中南林,其篇均被引、篇均他引不仅在林业高校位居第二,还超过了华南农大和东北农大等农业类院校。浙江林的论文被引率总体相比虽然不高,但其篇均被引和篇均他引都超过了发文量位于前列的东林和南林,显示了其较强的论文影响力。东林虽然三项被引指标均未达到平均值,但在林业高校被引论文量最多的前20位作者中,东林就占据了7位,其中祖元刚以330篇发表论文和272篇被引论文位居林业高校首位。从被引次数看,单篇引用最高的是北林经济管理学院李宝玉与中国农业科学院合作的论文《中国秸秆

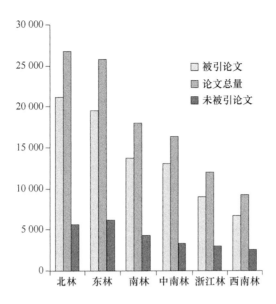

图 4 各高校论文引用情况对比图

资源数量估算》,被引达 476 次。根据引文库统计,6 所高校引用超过 100 次的论文有 115 篇,其中北林最多,西南林最少,各高校被引论文分布比例如图 5 所示。

表 2 各高校被引论文指标表

学校名称	被引率(%)	篇均被引/次	篇均他引/次	h 指数
北林	79.27	8.73	7.78	82
东林	76.20	6.67	6.09	67
南林	76.36	6.95	6.32	63
中南林	79.91	7.42	6.87	62
浙江林	75.57	7.24	6.75	59
西南林	73.60	5.61	4.94	41

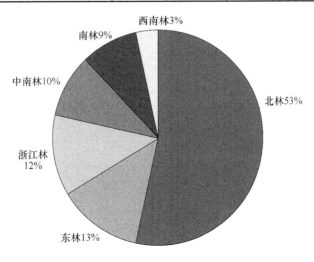

图 5 各高校被引论文比例图

5 结论与分析

综合上述分析可以看出,2007—2016 年,林业高校的中文科技期刊论文呈现前期增长明显,后期缓慢下降的发展趋势,与 SCI 等国外期刊论文的持续增长形成了明显的反差。因此,为更好地增加中文科技论文的产出量,提高林业高校的学术影响力,促进一流学科建设工程的顺利开展和实施,今后需要加强以下几个的方面工作。

① 增加经费支持,提高论文产出能力。2007—2016 年,6 所高校年均论文为 1 800 篇以上,北林最高年均仅约 2 680 篇,不仅与中国农业大学、西北农林科技大学的年均 3 900 篇以上相差较大,与华南农大、华中农大相比,也具有较大的提升空间。

② 调整政策导向,建立合理的评价体系。中文科技论文是我国科研人员进行学术交流的主要载体,但近年来,科研管理部门将 SCI、EI 论文作为考核指标,导致国内大量高质量论文流向国外期刊[6]。因此要建立中外文并举的科研评价制度,改变高校科研评价体系中过分倚重 SCI、EI、ESI 等外文评价指标的现状,以减缓林业高校中文科技论文总体下降趋势。

③ 加强校际合作,共同提升科研水平。受学校师资、科研团队能力、资金投入、评价政策的影响,各林业高校论文产出能力明显不均衡,因此地方林业院校应加强与北林、东林的合作,打破地域界限,通过专业优势互补,联合攻关,打造林业科研联盟平台,强化林业创新,提升林业高校整体科研水平和学术影响力,推动以林业为核心的更多学科进入一流学科建设平台。

参考文献

[1] 国家林业局.中国林业年鉴[M].北京:中国林业出版社,2011.
[2] 林涛.国内农业高校科研产出比较研究[J].图书情报研究,2016(4):89-96.
[3] 中国科学技术信息研究所.2012 年度中国科技论文统计与分析[M].北京:科学技术文献出版社,2013.
[4] 黄林英.基于文献计量的智慧图书馆研究述略[J].图书馆研究与工作,2017(8):61-64.
[5] 叶协杰.我国图书情报学高被引论文热点分析[J].图书情报工作,2007,51(12):138-141.
[6] 杨兆弘.学术论文流向及其影响因素研究[J].图书馆工作与研究,2014(3):76-78,87.

高校作者利用大型学术平台发表高质量科学论文的分析
——以北京林业大学为例

刘彦民

(北京林业大学图书馆,北京 100083)

摘 要:进行数字资源评估研究,探索新的评价方法,重点关注权重较高的评价指标,甄选优质数字资源,提升图书馆文献服务能力,有利于助力学校"双一流"建设。本文挖掘我校作者国际方面整体科学论文产出数据,数据涵盖学校近五年来的高质量论文产出情况,并以科研产出质量评价指标体系为依据,分别从发文数量、引用次数、FWCI、h-index(h5-index)等方面描述、分析说明,重点分析我校在三个大型学术平台,即 Elsevier,Springer,Wiley 的科研表现,研究对象从整体表现到个体表现,学术资源平台从覆盖全面到著名大型数据库,点面结合。本文参照已有的科研评价体系的指标,考虑到获取指标的可行性和准确性,精选有代表性的、重要的指标,通过分析获取的数据,得出我校整体科研规模(国际科学论文发文数量)2012—2016年呈增长趋势,科研质量(FWCI 指标)高于我国平均水平,但是增速不明显,高引用率论文(即引用量前10%的文章)占比为11.9%,低于我国 2012 年的统计数据 13.4%。我校发表于高质量期刊(前10%)上的文章占比为25.8%,远大于高引用率论文占比,在一定程度上说明科研人员在发文环节,利用我校购买的优质资源,更多地选择与其相关度高、匹配度好的数据库期刊作为论文发表的载体。

关键词:数字资源;科研评价;论文产出;引用

The Analysis on the High-quality Scientific Papers Published by the Authors of Universities on the Large Academic Platforms—Take Beijing Forestry University as an Example

Liu Yanmin

(The Library of Beijing Forestry University, Beijing 100083, China)

Abstract: The aim of this paper is to carry out digital resource assessment research, explore new evaluation methods, focus on evaluation indicators with higher weights, select high-quality digital resources, and improve library document service capabilities, thus helping our university to develop "double first-class" disciplines. This paper also excavates the output data of the overall scientific papers published by the authors of our university. The data covers the output of high-quality papers in the past five years and is based on the quality evaluation index system of scientific research output. The system includes the number of publications, the number of citations, FWCI, h-index(h5-index), focusing on the research performance of our university on the three large academic platforms: Elsevier, Springer, Wiley, the object of study is from the overall performance to the individual performance, and the academic resource platform is from all-inclusive platform to large-scale database. Referring to the existing indicators of scientific evaluation system, considering the feasibility and accuracy of obtaining indicators, selecting representative and important indicators, and analyzing the data obtained, we could get the conclusion: the overall scientific research scale of our university (the number of international scientific papers issued) showed an increasing trend from 2012 to 2016, the quality of scientific research (FWCI index) is higher than the average level of FWCI in China, but the growth rate is not obvious, the papers of high citation rate (the high citation rate of papers ranks top 10%) account for 11.9%, which is lower than the average level of 13.4% of China's statistical data in 2012. The articles published in high-quality journals (TOP10%) account for 25.8%, which is higher than the proportion of high-cited papers. To a certain extent, researchers use the high-quality resources purchased by our university to select more database journals with higher correlation and good matching as the carrier for the publication of the paper during the process of publishing articles.

Keywords: digital resources; scientific evaluation; paper output; citation

从图书馆资源建设的角度,为执行学校提出的加快建成林学、风景园林学等世界一流学科的发展战略,图书馆资源建设从新购、续订、推广使用、服务利用、资源评估等环节面临着新的工作任务。做好数字资源评估工作,探索新的评价方法,重点关注权重较高的评价指标,甄选优质数字资源,揭示出我校作者在高质量的期刊及著名出版社科学论文产出的发展态势,要提升图书馆文献服务能力,从而助力学校"双一流"建设,为今后进一步与国内外同类高校进行对比,发现学科发展的优势和差距,更好地为学校制定发展战略提供文献建设方面的参考建议。

1 研究现状

论文作为基础科研成果的重要表现形式以及知识创新程度的重要衡量指标,其数量和质量是高校科研成果评价所关注的重点[1]。顾亮亮等在《基于论文产出的科研机构科研实力分析》中提出,科技论文是科研机构研究成果的重要表现形式之一,是考量科研机构研究能力、创新力及国际影响力的重要度量指标,是管理部门进行科学管理与决策的重要参考依据,还是促进科技交流与合作的重要载体与桥梁[2]。

科学论文产出不仅要统计其数量,更要关注科学论文的质量。评价论文质量的方法有很多,其一,同行评议是较为直接和简易的方法,是指同行专家从专业的角度对论文的创新型、科学性、前沿性、应用性等进行综合价值评估,同行评议是学术评价中比较主要和基本的评价方法,其缺点是选择同行专家的原则难以标准化,覆盖范围不易掌握,耗时耗力,同时举办大规模的学术评估活动的操作难度较大;其二,引证分析能较好地从文献计量学方面衡量科学论文的质量,其中包括引用数量(被引频次)、单位被引频次、高频被引论文等;其三,论文所在期刊的评价因素,即影响因子(IF 指数)数值高低,是否被 SCI、SSCI、A&HCI 收录,该期刊所处 JCR 期刊分区的位置(Q1,Q2,Q3,Q4),这也是评价科学论文质量高低的方法。内蒙古工业大学的柳宜爽等认为,论文评价不仅要"以人评文""以引评文""以刊评文",还要兼顾"以网评文",可以实时、高效、直接地进行科学交流,更加公开透明,更加重视与其他科学交流时产生的影响[3]。王婷等在《中国农业科学院科技论文产出及国际学术影响力分析——基于 Web of Science 数据库》一文中阐述,科技论文被引频次是从使用者的角度来评价研究机构科学水平和科学论文影响力的一个基本指标,并从国际比较、国际机构合作发表、关注论文的国家和机构角度进一步说明论文质量的高低,深入地挖掘论文学科分布,与高被引论文关注的学科比较,提炼出学科优势等方面的数据和结论[4]。徐芳等在《等同论文数(EPN):学术论文质量评估的新指标》中认为,引文数量虽然在一定程度上可以反映学术论文的学术质量,但并不是学术质量高的论文就一定有高的引文数,基于引文数据指标进行论文质量评估具有一定的局限性。从本质上看,引文数量只是读者对学术论文内在质量的选择性反映,该文章提出将学术论文中包含的工作量与学术论文的质量结合起来,通过学术论文所在期刊的接收率,计算出 EPN 指标以及篇均等同论文数和 X 指标,以此对学术论文包含的相对工作量进行估计[5]。中国科学院兰州文献情报中心的齐世杰等以科学论文评价研究综述的方式公开发表观点,从传统文献计量方法、基于网络分析的评价方法、基于 Altmetrics 的评价方法、综合评价方法 4 个方面梳理了论文定量评价方法现状,并探讨了未来发展趋势,认为科技论文影响力评价是科研评价的重要组成部分,评价标准因评价主体、评价需求和评价目的的不同而有所差异,目前尚未形成统一的科技论文影响力评价的指标体系,提出了建议和未来的思路[6]。

对同一研究领域内的论文评价具有可比性,若在对不同学科论文进行评价时,忽视不同学科之间以及相同期刊不同论文之间的差异性,有缺乏科学性之嫌。由于不同学科研究领域间的学术生态圈和研究群体大小、期刊数量、学科交叉渗透程度、引证特征等影响因素的差异,仅以论文发表期刊 IF 值及论文 OC 数量评价跨学科领域论文学术质量和影响力的科学性、公平性已被学术界和管理界质疑[7]。姜春林等在《知识元视角下对学术论文评价研究》一文中,从知识单元的角度,特别是从知识单元创造的组织流程对学术论文评价的实质做了尝试性探讨,从时间和空间角度分别提出了学术论文评价的方法,初步阐释了同行评议和科学计量方法的结合机理[8]。中国社会科学院文献信息中心的张静认为,引文和引文分析对于引用论文和被引论文都有学术评价作用。引文或参考文献在内容上是学术论文的延伸,在形式上是论文不可缺少的一部分,一定程度上反映了作者的科研水平和道德。学术论文中,引用参考文献意味着对所引用文献内容的评价,是一种最科学的评价机制[9]。

由于论文的发表和引用分析已经成为高校的发展质量和知名度的评价指标之一,科学论文的评价分析成为许多机构定期发布的世界大学排名报告的组成部分。世界大学排名是评价各个高校发展成效的重要参照系之一,具有引导教育资源方向的作用,直接关系到大学的可持续发展。《泰晤士报高等教育副刊》世界大学排名(THE, Times Higher Education World University Ranking)中的评价指标体系主要涉及 5 个一级指标和一级指标之下的 13 个二级指标,指标内容涉及高校科学论文产出和利用方面的包括:国际合作论文比,权重为 2.5%,师均学术论文量,权重为 6%,篇均论文引用量,权重为 30%,三项指标权重合计近 40%。

2 研究内容和方法

2.1 研究路线

研究路线如图 1 所示。

图 1 研究路线

2.2 研究内容

2.2.1 指标的选取

北京林业大学 2012—2016 年国际论文整体发文、引用、FWCI、h-index(h5-index)，我校作者 2012—2016 年在 Elsevier，Springer，Wiley 学术平台的科研产出和科研质量指标（论文发文、引用、文章影响力）。

2.2.2 指标的描述和分析

据统计，2008—2012 年，我国发表的科学论文数量以 10% 以上的年均速度快速增长，我国的 FWCI 为 0.75，低于世界平均水平，但是呈现增长趋势。同时，在世界高引用率文章（即引用量前 10% 的文章）方面，增长也是快速的，已经从 2008 年的 7.3% 增加到 2012 年的 13.4%。

（1）北京林业大学（以下简称我校）2012—2016 年国际论文整体发文表现，如图 2 所示。

图 2 我校 2012—2016 年国际论文整体发文表现

注 1：数据来源 Scopus，分析时间为 2018 年 4 月。

注 2：Scopus 是全球最大的同行评议文献摘要和引用数据库，提供跟踪分析可视化研究的智能工具，包括约 6 400 万条记录，数据来源约 21 500 种期刊和五千多家出版社，是 Elsevier 公司旗下的产品。

我校 2012—2016 年累计国际论文整体发文数为 6 162 篇，呈逐年小幅增长趋势。

（2）2012—2016 年我校发表国际论文整体被引用情况，如图 3 所示。

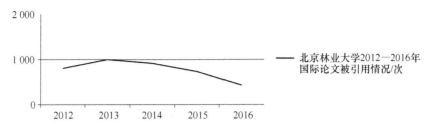

图 3 国际论文整体被引用情况

引文分析以客观数据为基础,在宏观层面具有对学术论文质量进行总体评价的作用,其主要评价指标包括被引频次、影响因子等。

我校 2012—2016 年发表国际论文整体被引总数为 38 714 次,由此计算得出的篇均被引为 6.28 次。

(3) 我校 2012—2016 年国际论文质量指标 FWCI、h5-index、发表的高被引论文(前 10%)与论文总数之比、发表于高质量期刊(前 10%)的论文与论文总数之比的描述,如表 1 所示。

表 1 国际论文质量整体评价

年份 指标	平均值	2012	2013	2014	2015	2016
FWCI	0.82	0.68	0.83	0.82	0.88	0.87
h5-index	56	—	—	—	—	—
高被引论文占比	11.9%	8.5%	11.8%	10.7%	11.4%	11.7%
高质量期刊论文占比	25.8%	16.2%	23.1%	23.5%	30.4%	27%

注 1:数据来源 Scopus,分析时间为 2018 年 4 月。

注 2:FWCI 标准化后的论文影响力,是对象论文的被引次数和相同学科、相同年份、相同类型论文平均被引次数的比值,这种方法是目前国际公认的定量评价科研论文质量的最优方法,当 FWCI≥1 时,论文的质量达到或者超过了世界平均水平;h5-index 被谷歌用来评价一个期刊的影响力(类似影响因子),它表示 5 年内有 h 篇文章被引用超过 h 次。

国际研究报告称中国在科研领域的投入持续增加,科研人数高度稳定,增速超过大多数国家,在科研成果产出量方面保持高位,但是质量较低。我校的 FWCI 从 2012 年的 0.68 提高到 2016 年的 0.87,增速明显但低于世界平均水平,发文及被引篇数及次数有小幅增长但是不明显,其中 2013—2016 年被引频次有下降趋势,高质量论文数量不多。

(4) 我校作者 2012—2016 年国际论文在 Elsevier 学术平台的学术表现及评价如下所述。

2012—2016 年,北京林业大学作者利用 Elsevier 平台对 203 个国家的文章下载了 402 797 次,被下载 1 088 647 次,被引用 13 942 次,在所有出版商提供的数据库中发表数量约占 20%、引用数量占 33%、被引数量占 28%,均居于第一位。

2012—2016 年,我校作者在 Elsevier 上发文 1 121 篇,被引用总数为 13 942 次,篇均被引约 13 次,发文参考来自 Elsevier 的文章 11 000 篇以上,总的引用次数为 45 187 次。

北京林业大学孙润仓教授使用 Elsevier 学术平台的学术表现如下所述。检索时间至 2018 年 5 月,分段及汇总共引用 Elsevier 出版文献 4 692 篇,2005—2012 年的占比在 50% 以上,且分布于多个学科中。

孙润仓教授 2012—2018 年发文数量、被引数、篇均被引、FWCI、h-index、h5-index 情况如图 4 所示。

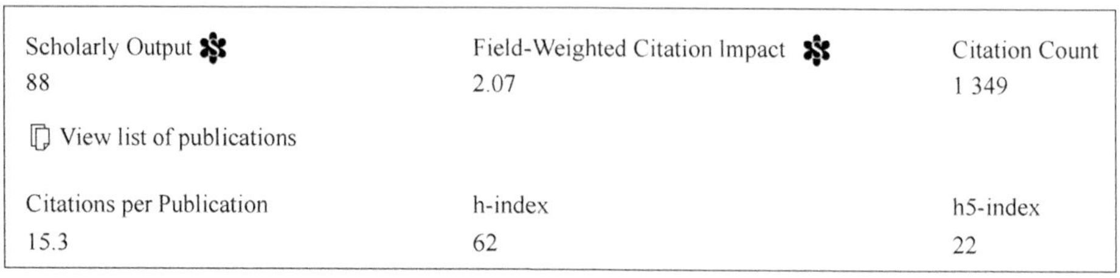

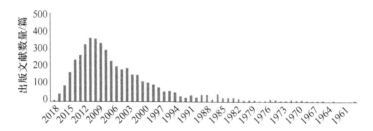

图 4 北京林业大学孙润仓 2012—2018 年学术表现

该作者 1995 年之前,1995—2004 年,2005—2012 年,2013—2018 年,引用 Elsevier 出版文献数量统计如图 5 所示。

图 5 北京林业大学孙润仓引文年代分布

该作者 1995 年之前,1995—2004 年,2005—2012 年,2013—2018 年引用 Elsevier 出版文献时间段占比,如图 6 所示。

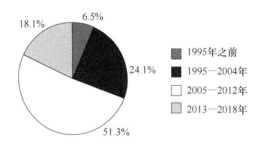

图 6 北京林业大学孙润仓引文所属时间占比

北京林业大学王强教授使用 Elsevier 学术平台的学术表现如下所述。检索时间至 2018 年 5 月,分段及汇总共引用 Elsevier 出版文献 2 130 篇,2005—2012 年的占比在 65% 以上,且分布于多个学科中。

王强教授 2012—2018 年发文数量、被引数、篇均被引、FWCI、h-index、h5-index 情况如图 7 所示。

该作者 1995 年之前,1995—2004 年,2005—2012 年,2013—2018 年引用 Elsevier 出版文献数量统计如图 8 所示。

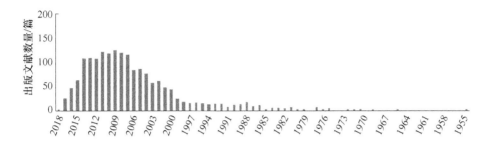

图 7 北京林业大学王强 2012—2018 年学术表现

图 8 北京林业大学王强引文年代分布

该作者 1995 年之前,1995—2004 年,2005—2012 年,2013—2018 年引用 Elsevier 出版文献时间段占比如图 9 所示。

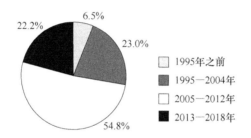

图 9 北京林业大学王强引文所属时间占比

以上统计分析出的数据,可以说明 Elsevier 对我校科学研究起着非常大的作用,原因在于,Elsevier 通过 Elsevier SD,Scopus,Scival 和 Mendeley 等系列产品提供优质内容;在跨学科和新兴学科领域为科研工作流程提供服务;覆盖 130 个国家和地区的学术传播平台,以及约 21 500 种期刊、约 33 000 种图书,涵盖全球同行评议科学技术等论文总数 25% 以上;一段时间内,Elsevier 几乎在涉及的所有学科领域内 FWCI 均占据首位。

根据 Elsevier 公司提供的 2016 年 12 月学科期刊列表统计,所有学科包括 3 884 种期刊(部分期刊属于多个学科,去重后为 2 027 种),分为 23 个学科,各学科期刊中生物化学、遗传学和分子生物学 285 种,农业与生物学 206 种,工程学 251 种,社会科学 248 种,环境化学 157 种,材料科学 177 种,心理学 140 种,计算机科学 148 种,化学 131 种,化学工程 114 种,与我校的特色学科、基础学科匹配度较高,因此,从我校发文、引用、引用分析的数据可以得出,SD 学术平台对我校的科学研究贡献最大。

(5)我校作者 2012—2017 年在 Springer 学术平台的学术表现及评价如下所述。

2012—2017 年在 Springer 发表论文的数量变化如图 10 所示。

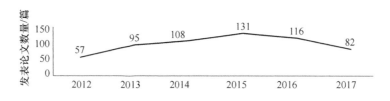

图 10　Springer 学术平台上发文数量

来源：Web of Science (SCIE/SSCI/A&HCI) database, Jan 2012—Sep 2017。

2012 年至 2017 年 9 月，我校作者在 Springer 所属期刊中发文 597 篇，被引用总数为 3 634 次，篇均被引为 6 次，发文引用 Springer 的文章 2 153 篇，我校所有作者发表的国际论文总引用次数约 17 000 次，发文引用 Springer 文章次数占 12.6%。

我校高被引论文 39 篇，其中 12 篇发表于 Springer 所属期刊。

根据 Springer 电子期刊 SLCC 全国集团方案（2015—2017）内容，Springer 每年出版约 2 200 种期刊，其中 60% 以上的期刊被 SCI 和 SSCI 收录，SLCC 集团用户可以访问的品种约为 1 600 种。一些期刊所在学科排名较前，学科期刊中，人文、社会科学和法律 366 种，数学 144 种，工程学 110 种，化学和材料科学 100 种，计算机科学 87 种，生物学、生态学、农业科学等方面期刊较少。我校在 Springer 学术平台上发文、参考、引用等方面均逊色于 SD 学术平台。施普林格·自然于 2015 年由自然出版集团、施普林格科学和商业媒体集团等公司合并而成，未来将为从事科研、教育和出版的机构提供更优质的服务。

(6) 我校作者 2011—2015 年在 Wiley 学术平台的学术表现及评价如下所述。

2011—2015 年，我校在 Wiley 发表的论文的数量如图 11 所示。

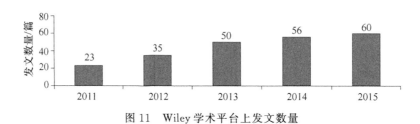

图 11　Wiley 学术平台上发文数量

我校 2011—2015 在各个出版商发表的文章篇均被引次数比较如图 12 所示。

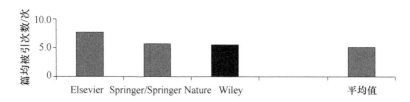

图 12　Wiley 学术平台上发文篇均被引次数

注：本报告中所有数据均指 ISI 数据，即被 SCIE/SSCI/A&HCI 收录的论文数据，统计标准以 Wiley 解释为准。

2011—2015 年我校在 Wiley 学术平台总体发文 224 篇，被引用总数为 1 232 次，篇均被引为 5.5 次。我校引用 Wiley 的篇数显著提升，尤其是在 2015 年，在我校所有引用的参考文献中，Wiley 的引用量位居第三，我校引用的 Wiley 文章变化趋势如图 13 所示。

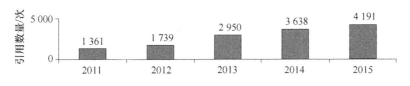

图 13　Wiley 学术平台引用数量

根据 DRAA 电子期刊在线访问提案(2015—2017)内容,Wiley 每年出版约 1 500 种期刊,订购全库期刊约 1 370 种。学科期刊中,生命科学 156 种,社会科学 174 种,商业、金融、经济、财会 167 种,化学 81 种,工程学 57 种,地球与环境科学 60 种,数学与统计学 33 种,高分子与材料学 27 种,物理与天文学 11 种。

引文分析数据以客观数据为基础,客观数据是利用 Scopus、Web of Science(SCIE/SSCI/A&HCI)数据分析工具获取的,因此,得出的结果公开、准确,可以作为考量我校科研水平的指标之一。比较 Elsevier,Springer,Wiley 三个数据库,无论是出版的期刊总数量、可以访问的全文数据库期刊数量,还是各学科期刊分布方面,Elsevier 对我校的文献支持作用最大,其次是 Springer,Wiley 居于第三位。

3　结论

科学论文是科研成果的重要表现形式,也是知识创新观点的具体体现,是考核科研、教学及许多机构成果、业绩的重要衡量指标。因此,在对科研产出成果评价和考核时进行科学论文的统计和分析是必要的。

科学论文发文数量不仅能够说明发文作者的科研能力和科学精神,同时也能反映其所在机构重视和支持科研个体或科研团队开展科学研究活动的程度,国家重视科研领域投入的程度以及科研队伍的稳定、增长态势。引文情况和参考文献的分析十分重要,不仅能体现科研工作者的科研水平和科研道德,也能甄选出高质量的同行、同研究方向的科技工作者,能够选出优质的学术资源,并通过评价、评估环节,推优剔差,实现匹配度高、效果良好的文献支撑、保障资源配置。

我校整体科研规模(国际科学论文发文数量)2012—2016 年呈增长趋势,2012 年为 962 篇,2016 年为 1 439 篇,2017 年为 1 455 篇。我校科研质量(FWCI 指标)高于我国平均水平,我国 2012 年 FWCI 指标为 0.75,2012—2016 年我校平均值为 0.82,但是增速不明显,低于国际平均水平。我校高引用率论文(即引用量前 10%的文章)占比为 11.9%,低于我国 2012 年的统计数据 13.4%。

我校发表于高质量期刊(前 10%)上的文章占比为 25.8%,远大于高引用率论文占比,在一定程度上说明科研人员在发文环节,利用我校购买的优质资源,更多地选择与其相关度高、匹配度好的数据库期刊作为论文发表的载体。

参考文献

[1]　陈慧敏.面向科研资助需求的高校高水平学术论文产出能力评价研究[J].创新与创业教育,2017,8(2):138-142.

[2]　顾亮亮,朱亮,寇远涛,等.基于论文产出的科研机构科研实力分析——以中国农业科学院为例[J].数字图书馆论坛,2017(11):21-27.

[3] 柳宜爽,木仁.学术论文质量评价方法存在的问题及对策研究[J].内蒙古科技与经济,2017(12):143.
[4] 王婷,颜蕴,续玉红,等.中国农业科学院科技论文产出及国际学术影响力分析——基于 Web of Science 数据库[J].中国农业科技导报,2013,15(2):54-63.
[5] 徐芳,刘文斌,李晓轩.等同论文数(EPN):学术论文质量评估的新指标[J].科研管理,2011,32(7):150-156.
[6] 齐世杰,郑军卫.科技论文定量评价方法研究进展[J].情报理论与实践,2017,40(10):140-144.
[7] 鲁玉妙,鞠建伟.SCI论文学术质量指标与评价模型研究[J].科技管理研究,2012(23):71-74.
[8] 姜春林,张立伟,谷丽,等.知识单元视角下学术论文评价研究[J].情报杂志,2014,33(4):29-34.
[9] 张静.引文、引文分析与学术论文评价[J].社会科学管理与评论,2008(1):33-38.

"双一流"形势下矿业类院校图书馆读者服务的研究

刘 军

〔中国矿业大学(北京)图书馆,北京 100083〕

摘 要:"双一流"建设为高校图书馆建设带来了契机,在"双一流"形势下了解矿业类高校图书馆如何更好地为读者提供服务愈加重要。本文对"双一流"形势下我国矿业类高校图书馆的读者需求信息进行了调查,并对我国矿业类高校图书馆的读者服务进行了探讨,提出了相应的发展对策和建议。

关键词:"双一流"建设;矿业类高校图书馆;读者服务;问题;对策

Research on the Service for Readers of Mining University Libraries under the Situation of "Double First-class"

Liu Jun

(The Library of China University of Mining and Technology (Beijing), Beijing 100083, China)

Abstract: The construction of "double first-class" has brought an opportunity for the construction of university libraries. Under the "double first-class" situation, how to better serve the readers of mining university libraries is more and more important. This paper investigates the readers' demand information of China's mining university libraries under the "double first-class" situation, and discusses the reader service of China's mining university libraries, and puts forward corresponding development countermeasures and suggestions.

Keywords: construction of "double first-class"; mining university library; reader service; problem; countermeasures

  国务院发布的《统筹推进世界一流大学和一流学科建设总体方案》中指出,中国将大力支持各类高水平大学和学科的差异化发展,促使其成为世界一流大学和学科,从而促进我国高等教育的发展。"双一流"建设的提出为矿业类高校的发展提供了前所未有的机会,同时也向矿业类高校图书馆的发展提出了更严格的要求。"双一流"形势要求矿业类高校图书馆与时俱进,充分抓住机遇,改进我国矿业类高校图书馆的读者服务质量。通过查看文献发现,关于矿业类高校图书馆读者服务的研究大部分只停留在理论层面上,实际的调研几乎不存在。矿业类高校图书馆读者服务作为一个综合性课题,不能只有理论支撑,必须要用实际的调研结果来证明,还要有现代信息技术的支持,这样才能充分发挥矿业类高校图书馆的作用。

  本研究的理论意义在于完善矿业类高校图书馆读者服务的内容和结构,为矿业类高校图书馆管理者提供理论指导,以便管理者进一步提高读者服务质量。本研究的实践意义在于促进矿业类高校图书馆管理者紧跟"双一流"的建设趋势,摒弃过时的服务理念,与时俱进,改革创新读者服务模式,秉承"以读者为本"的理念,竭尽全力为读者提供优质的服务,完成改善矿业类高校图书馆读者服务的任务,更好地满足矿业类高校的教师、学生和其他读者对文献信息的需求。

1 矿业类高校图书馆读者服务工作的概述

许多学者认识到计算机技术和网络技术给矿业类高校图书馆的信息服务带来了机遇,图书馆界必须适应形势的发展,实现服务的科学化和信息化[1]。鉴于互联网对图书馆的影响,王青春等认为应改进读者服务方式,掌握读者服务技能,拉近读者与馆员的距离[2]。许多人开始探索利用互联网进行图书馆读者服务改革的途径和创新方法。张良图概述了信息时代图书馆读者服务工作改革应遵循的原则[3]。宋琼着重论述了在信息网络环境下,高校图书馆读者服务应注重创新,树立以读者为导向的理论,提高服务意识和服务质量,开展个性化信息服务[4]。总之,随着信息技术和网络手段的不断发展,在"双一流"形势下,矿业类高校图书馆信息服务模式也应与时俱进,实现服务模式的多样化。

2 "双一流"形势下矿业类高校图书馆读者信息需求的理论分析

2.1 读者的学术水平与信息需求

通常情况下,矿业类高校图书馆只对本校师生、教研专家以及本校相关的管理人员开放,并且这些人员的学术水平也不尽相同,有明显的层次性。教师根据学术水平的高低可以分为后勤管理人员、助教、讲师、副教授、教授等,学生根据学术水平的高低可以分为专科生、本科生、硕士生、博士生等。学术水平不同,对信息的需求也不一样,因此,矿业类高校图书馆应根据不同学术层次读者的需求,提供不同的信息服务。

2.2 读者的研究方向与信息需求

除学术水平会制约读者的信息需求外,研究方向也是一个因素。矿业类高校的教学和科研是以一定的学科和专业制度为基础的,不同学科、不同专业的读者有不同的信息需求,这就要求图书馆提供专业化、有针对性的信息服务。虽然大多数读者都一定程度上具有矿业类专业知识,但是他们的研究方向各不相同,差别非常大,有的研究采矿,有的研究通信,使得他们对信息的专业需求不同。图书馆有必要根据不同专业人员的需求提供不同的信息服务。

3 "双一流"形势下我国矿业类高校图书馆服务仍存在的问题

本文通过对我国几所矿业类高校图书馆服务的网络调查和研究,集合读者对文献信息的需求,发现我国矿业类高校图书馆在读者服务方面存在以下不足之处:第一,服务范围太狭窄,只为满足本校师生的需求;第二,图书馆服务人员的综合素质较低,在读者信息服务方面缺乏主动性,图书馆信息资源和服务宣传不足;第三,个性化服务项目存在问题,读者的信息素养不足以充分利用图书馆资源。

3.1 高校图书馆只对本校师生开放

在随机调查的十五所矿业类高校图书馆中,仅有三所院校开通了电子资源校外访问服务,说明图书馆在传统服务模式下,服务范围狭窄,一般只对本单位、本地区或本行业的人员开放。我国各大矿业类高校图书馆虽然拥有丰富且专业的信息资源,但由于图书馆的规模、地理位置、馆藏资源等原因,只为学校的学生、教师、教职工提供服务,而没有为广大群众提供服务,资源也没有被合理利用。高校图书馆之间缺乏交流,图书馆资源无法共享,导致信息资源的重复率高,利用率低。在这种情况下,只有将网络作为资源价值的枢纽,才能突破图书馆地域、人口和规模的限制,实现图书馆资源的共享。因此,挖掘高校图书馆资源,拓宽服务对象,实现资源共享势在必行。

3.2 高校图书馆服务人员综合素质偏低

本文调查了我国矿业类高校图书馆的服务现状,重点分析了矿业类高校图书馆的服务人员,结果显示,图书馆服务人员不能清楚地了解读者的学术水平和信息需求,不能满足用户的专业和信息需求。正如陈兴燕统计的数字所示,高校图书馆的官方馆员平均大约有40人,但是高校图书馆的临时馆员数量惊人,平均超过61人,有些高校的图书馆临时馆员超过200人[5]。图书馆服务人员的学历一般不高,一半以上的员工是专科毕业生,图书馆专业本科生或专业人才较少。当今时代需要矿业类高校图书馆追求创新并实施必要的改革,而这些任务要由图书馆服务人员来完成。图书馆服务人员和管理人员是广大读者和图书馆丰富图书资源之间的重要枢纽,是图书馆的核心部分。然而,图书馆服务人员整体素质偏低,这主要是由于以前对这方面的重视程度较低,图书馆管理学发展较晚。新时期,就图书馆服务而言,服务人员的学历低、专业缺乏,严重制约了创新和改革的实施,制约着图书馆适应新的发展趋势。

3.3 高校图书馆的信息资源和信息服务的宣传力度不够

矿业类高校图书馆与其他图书馆不同之处在于拥有丰富的矿业类专业信息资源,还可以为读者提供矿业类信息服务,这一点却被社会忽视。此外,许多学生和教师对图书馆提供的资源和服务不够了解,造成这种情况的原因是图书馆没有充分宣传其服务项目。目前常用的宣传方法有图书馆主页、校报、文献检索课、读者培训课、讲座等,这些方法是不够的,因为很少有读者能够接触到它们。因此,图书馆需要利用互联网技术和通信技术的大平台进行宣传。

3.4 高校图书馆的信息服务缺乏主动意识

通常矿业类高校图书馆的矿业类情报人员没有深入了解学校的各个院系,也没有开展调研活动,不清楚读者的需求,不能为矿业类高校的人员及时地提供其所需资料。一直以来,他们只是被动地等着科研人员来找资源,等着学生来图书馆借书,这种服务已经不能满足科研过程中的信息需求,更谈不上服务人员能够根据读者的不同需求,及时主动地提供其需要的信息。矿业类高校图书馆信息人员缺乏信息技术知识、图书馆专业服务意识、工作积极性和主动性。为了进一步完善读者服务体系,矿业类高校图书馆必须改变"以馆藏为中心"的文献资源现状,摒弃"看门人"服务模式,采取主动服务模式。当然,主动服务模式必须有针对性,基于理解读者的认知需求、信息需求,才能实现服务的有针对性。改变"以藏书为主"的被动型服务模式,并采取"以读者为本"的主动型服务模式,是顺应时代潮流发展的做法。

3.5 高校图书馆的个性化信息服务中的问题

我国矿业类高校图书馆虽然十分重视特色服务和个性化服务的发展,但各矿业类高校图书馆只开展了其中一项或两项,特色服务和个性化服务的规模不够,服务模板数量不足,服务模式严重缺乏创意。熊武进指出,图书馆服务内容使图书馆具有社会文化教育机构和社会信息服务机构的特征[6]。现在多数的读者对信息的需求已经不仅仅是文献的传递服务和简单的学术研究信息,在内容上,读者希望获得更综合性的信息,在形态上,希望获得文字和音像、多媒体相结合的信息。但是,我国大部分矿业类高校图书馆未完成这一突破,还只是提供最传统的资源收集和检索服务,不够重视视频检索这一特色服务下读者对多媒体信息的需求。

3.6 读者自身的信息素养不高,不能充分利用资源

许多读者对挖掘信息资源的方法并不熟悉,由于自身条件的限制,无法充分利用数字化的方法挖掘信息资源。随着计算机和网络通信技术的不断进步,一些数字化矿业类信息资源不断出现,传统的信息检索方式不能满足人们的需要,更完善的数据库和网络电子资源的检索途径也不断出现,检索方法变得多种多样,这是一个好的发展趋势,但是,一些读者由于自身条件的限制,无法充分利用数字化矿业类信息资源。例如,一些读者信息素养不高,获取信息的能力较差,当需要使用新数据库和新检索方式时会感到无从下手。由于外语水平的限制,一些读者无法充分利用许多重要的、专业的外文信息资源,间接造成信息资源的浪费。

4 "双一流"形势下我国矿业类高校图书馆服务的发展对策和建议

4.1 "双一流"形势下矿业类高校图书馆服务的发展对策

4.1.1 拓宽服务范围,实现矿业类高校图书馆社会化

目前,越来越多的学者和专家提倡矿业类高校图书馆的社会化。图书馆图书信息资源不仅要由高校享有,更要让公众有机会获取高校图书馆的信息和文献[7]。事实上,我国只有5%的高校图书馆能够为校外人员提供服务,而其余学校只向本校教师和学生开放信息服务,对公众的呼吁置若罔闻[8],在这5%的高校图书馆中,矿业类高校图书馆的数量更少。然而,在发达国家,矿业类高校图书馆高度开放,致力于公共信息服务。张立彬介绍了美国高校图书馆为促进社会化所采取的一些具体措施[9]。

4.1.2 加强馆员素质培养,引进高层次人才

美国图书馆学专家迈克尔认为"训练有素且知识渊博的图书馆员和其他图书馆员""图书馆资源""提供使用的馆藏数量的检索系统"是图书馆的三大资源,他认为这三大资源所占的比重分别为75%、20%和5%[10],换句话说,图书馆所扮演的角色有75%是由图书馆员决定的。因此,训练有素、知识渊博的图书馆员在图书馆信息服务中发挥着关键作用。

4.1.3 坚持"以读者为本",加强特色信息服务

发展特色信息服务项目,必须坚持"以读者为本"的服务原则,满足不同读者的不同需求。根据读者提出的职业、兴趣、偏好等具体要求为读者提供信息服务,能够满足读者的信息内容需求,摒弃了传统的方式,由"人找信息"转变成"信息找人"。

4.1.4 设置特色馆藏,开展特色服务

根据高校的特点,在原有馆藏的基础上,建立具有高校特色的核心馆藏体系。在原有馆藏文献保障体系的基础上,将其开发整合成既具有矿业类院校特色又可以用于本校教学、科研及矿业开采的数据库。同时,高校需要大力支持图书馆,加大对图书馆经费的投入,帮助图书馆建立丰富的虚拟馆藏资源。目前,矿业类高校图书馆信息服务必须重视帮助用户进行有效的信息查询,为此,矿业类高校图书馆需要扩展和拓展传统信息服务,创建特色信息服务。

4.2 "双一流"形势下矿业类高校图书馆读者服务的建议

矿业类高校图书馆可以创造新的信息共享空间,共享图书馆资源和网络资源,增加图书馆资源宣传手段,加强宣传力度,引导读者利用图书馆,增加图书馆之间的资源合作,实现图书馆资源的共享。此外,图书馆应建立校外访问资源服务模式,提高图书馆服务人员素质,强调主动服务的理念和意识,创建新的读者服务模式,更好地提高矿业类高校图书馆在"双一流"形势下的读者服务水平。

5 结论

矿业类高校图书馆的信息服务模式多种多样,包括传统服务模式和与矿业相关的服务模式,这些服务模式都是为了使矿业类高校图书馆的信息资源更好地发挥其价值,为教师、学生、管理人员和公众服务,为教学、科研和矿业开采服务。在"双一流"建设的大趋势下,矿业类高校图书馆必须顺应发展形势,抓住机遇,坚持"以读者为本"的原则,以为读者提供优质服务为目标,充分利用矿业类高校图书馆的价值,发挥其在实际服务中的作用,使我国矿业类高校图书馆读者服务工作更加完善。

参考文献

[1] 杨君.关于医学院校图书馆信息服务工作的发展趋势[J].前沿,2003(12):193-194.
[2] 王青春,周娟,牛晓芳,穆晓倩,等.如何做好医学高校图书馆读者服务[J].内蒙古科技与经济,2012(14):109-112.
[3] 张良图,张智慧.信息时代图书馆读者服务工作的变革[J].图书馆学研究,2003(2):73-75.
[4] 宋琼.论信息网络环境下高校图书馆读者服务创新之根本[J].现代情报,2008,28(4):85-86.
[5] 陈兴燕.网络环境下高校图书馆读者服务工作探析[J].黔南民族师范学院学报,2006,26(2):80-80.
[6] 熊武金.网络环境下高校图书馆读者服务工作探析[J].内江科学,2011(3):80.
[7] 万文娟.中外高校图书馆信息服务社会化比较研究[J].图书馆学研究,2009(2):73-76.
[8] 马路,王杰贞,赵琼瑶.新时期医药院校图书馆医学信息服务新思路[J].中华医学高校图书馆杂志,2001(4):57-58.
[9] 连丽红,吴治蓉.网络环境下医学高校图书馆服务的特点[J].现代生物医学进展,2008,8(6):1198-1200.
[10] 袁琳.应用PRA方法调研美国医学图书馆[J].中华医学图书情报杂志,2003,12(4):55-56.

文献资源保障

关于军队院校图书馆数字资源加工与建设实施社会化保障的思考

许 嘉

(国防大学教研保障中心图书馆,北京 100091)

摘 要:本文旨在对新形势下军队院校图书馆数字资源加工与建设进行一些探析和思考,分途径解析了各类社会化保障的特征及实施的可能性,军队院校图书馆在持续进步的技术环境与院校教学模式下,更应不断更新服务理念,接纳先进模式,提升服务能力,在数字资源建设中适度引入社会化保障,通过进一步构建符合军校信息需求变化特点的信息资源体系,更好地完成军队新形势下的院校教学科研保障任务。

关键词:军队院校;数字图书馆;资源建设;社会化保障

分类号:G258.94

Research on Local System for Digital Resources Construction in Military Academy Libraries

Xu Jia

(The Library of National Defense University, Beijing 100091, China)

Abstract: With the major trend and background of military academies' education and teaching reform, the libraries of these academies shall also change and adjust their target and focal point at their resource establishments, this article will also explore the service mode and management method for the military academy library characteristic resources, and suggest a few corresponding measures and improving methods.

Keywords: military academy; digital library; resource construction; local system

数字文献信息资源是网络环境下图书馆文献信息资源建设的重要组成部分,是构建图书馆文献信息保障体系的重要环节,常见的数字文献资源主要包括图书、期刊、论文、视频、特色文献及互联网整合资源等。数字文献便捷且不易丢失,更不受限于纸本的唯一性,只需利用网络就可实现多人同时检索使用,使读者在第一时间得到所需的知识服务,真正实现文献资料为读者准确、迅速更新信息的功能。

军队院校数字资源面向军队、面向战场,主要是为教学科研服务,主要反映军事学科知识体系和内容,关切各院校重点建设学科,追踪时事热点和学术动态,其特点主要包括专业性强、针对性强且部分资源尤其是灰色文献信息等具有一定涉密性,主要为军校用户服务。军队院校图书馆按照"军种特色鲜明、资源保障有力"的思路,着眼于院校信息化建设需要,为向教学科研提供信息服务保障,全面加强资源建设,尤其是数字文献信息资源的建设与应用。

1 军队院校图书馆数字资源加工及建设的现状

相对于面向社会公众开放的公共图书馆,军队院校图书馆的读者服务具有一定的特殊性,更需要注重军事、政治、思想等与军事学科相关的理论性的图书和文献,并能够紧跟学科理论发展、前沿信息相关资源的更新速度,近年来,上级单位通过规划建设,对军校图书馆自主建设特色信息资源,尤其是数字资源给予了大量的政策和经费支持,目前有一些院校已开展了自主加工数字化资源工作,军队院校图书馆自主数字化加工的主要优势在于,能够有针对性地选择学科重点资料、特色文献、训练教材、会议论文和其他稀缺特色资源等进行深层次的数字化加工,军队院校图书馆注重专业特色和数字资源类型的全面,紧紧围绕学科专业建设、科研学术研究和人才培养的需求展开。

当然,任何一个军队院校图书馆都无法仅依靠自身力量和建设来满足所有读者的需求,各院校在全军院校图书馆联席会的指导下,开展自主数字化加工的业务,并本着统筹规划的原则有序地对不同类型文献资源进行分工和共享。

军队院校图书馆一般性的自主文献加工选择主要符合以下标准特征:第一,要紧贴教学科研,符合各学科专业领域的发展方向,内容类型丰富全面,具有专业性、前瞻性、时效性;第二,数据更新与院校间的共建共享要做到及时有效,根据不同研究领域读者最新的需求情况推送文献资源;第三,通过部门间、院校间的分工和协作,尽量满足各类型读者阶段性、临时性的数字资源需求,符合军队院校人才培养的需求,着眼于军队院校信息化建设需要。

但是,一方面由于军队院校所需的数字资源专业分类较细、种类繁多,自主数字化加工的资源数据库与已建立成型的数据库内容重叠,由此造成检索不便或资源冗杂的问题,另一方面,随着图书馆数字资源建设的发展,更多的资源种类加入自主加工与共享的行列中来,自主加工范围也在逐渐扩大,而各院校目前的资源建设形式还没有完全统一,在数字资源格式、目次编目标准、元数据编目项目和规范上都有不同程度的区别,数字图书馆网站架构分类和用户使用习惯的差异也可能造成已有的丰富资源无法被用户正确检索和使用,反而容易造成资源的浪费并影响数字平台知识服务质量。

2 制约军队院校图书馆自主加工数字资源的要素分析

军队院校图书馆自主加工数字资源时存在瓶颈与制约的原因是多方面的,既有模式上的缺陷,也有认识上的不足和实践中的不力,主要体现在以下三个方面。

2.1 对社会化保障的认识及观念有待更新

在传统的军队院校图书馆数字资源加工中,通过社会化保障来实现的难度非常大,其原因主要有两点,第一,需要进行数字加工的资源规模较小,使用一些传统简易的加工手段也能完成数字资源的建设需求,同时文献种类又非常丰富,属于不易归纳、统筹和管理的资源,这类资源在与外包公司的合作洽谈中难以在分类和价格上进行界定并达成一致;第二,有较高利用价值、需要数字化加工的文献资源有很多都包含不同程度的涉密信息,在军内都需要严格控制使用权限和传播范围,更遑论送交地方去进行数字资源的加工处理,从这一点来说就完全杜绝了通过外包或其他形式的社会化保障来实现的可能性。

但事实上,随着数字图书馆的发展和电子文献的广泛应用,近年来军队院校图书馆极大地拓展了文献数字加工的范围,数以万计的公开出版发行文献都已纳入数字资源建设的行列,涉密材料和敏感材料与之相比所占比例极小,若仍然固守观念停滞不前,则最终将制约自身的发展。

2.2 自主加工实力有限,无法维持长期稳定

自主加工数字资源首先需要具备一定的设备和人员规模,对人力和物力的消耗都比较大,加工周期也相对较长,且属于一个需要长期建设发展的项目,出于以上因素的限制,多家有数字化加工需求的院校在进行考察后无法开展自主加工工作。

近年来,军队院校已开展自主数字化加工的图书馆也遭受了不同程度的压力,受编制体制改革调整的影响,多家院校图书馆的部门结构、人员调配均产生了相应的变化,加之军队对聘用地方人员相关制度的规定,地方人员无法长期稳定地留在固定岗位工作,导致自主加工流程中岗位的熟练度难以维持在一个稳定水平,甚至出现岗位人员的空缺、断层。同时,加工设备的老化也不可避免地造成了效率的下降和质量的波动,导致加工任务持续积压的问题愈演愈烈。

在人员、设备、规模均遭受压力的前提下,图书馆还担负着网站定期发布数字资源、院校间合作共享等任务,对加工数量、质量和发布、共享的时效性都提出了极高的要求,长此以往,现有的自主加工能力必将无法满足上述需求。

2.3 读者对数字文献持续增长的需求与现有资源规模的矛盾

各类军队院校中不同专业、不同类型的读者的需求是复杂多样的,随着更多年轻的读者、教研人员的加入,越来越多的读者开始倾向于使用便捷的数字资源,对图书馆提供的数字资源种类和数量都提出了较高要求,然而,自主数字资源加工对图书馆的人力、物力消耗大,人事管理、人员管控、薪金纠纷、设备更替、更新速度、任务积压、岗位分配、用工模式等各方面都在不断遭遇新挑战和新问题,仅仅依靠自主加工,已无法满足军队院校读者使用和教学科研保障日益增长的需求。

3 军队院校图书馆数字资源加工实施社会化保障的可行性分析

目前,与军队院校图书馆传统的自主数字化加工能力相比,社会上的数字化加工公司具有不可小觑的优势,除成熟的加工流程与先进的加工方案外,在硬件设备、资金投入、人员流动等方面都可以保持长期稳定,并且会随着设备技术的更新而进一步发展。在此基础上,地方公司数字化加工产品的数据格式、操作系统也相对成熟稳定,如果将其运用到军队院校间的共建共享中,则可以大大提高格式的统一度与兼容度,避免信息冗杂,更有利于院校间的共享合作与资源利用。

军队院校图书馆若要打破传统的数字资源建设壁垒,将社会化保障融入数字资源建设的工作中来,则应依照自身的实际情况和需求特点,对以下几种途径进行分析。

3.1 与出版社协议购买电子版

购买电子版权为当下各类地方公司和图书馆普遍倾向的做法,其优势在于采编部门实现

该途径的合理与顺畅,虽不能达到与纸质书同步的更新速率,但相较于需要批量进行数字化加工的做法更加方便快捷。但是,对于学科专业性资源需求较强的军队院校图书馆,能够购买电子版权的资源种类非常有限,此外,成本昂贵的电子版图书还对下载次数和使用方式有着严格的限制,在数字图书馆网站发布使用都要限制读者权限和使用频次,更遑论院校间的共享使用。

3.2 由劳务派遣公司的工作人员到馆进行数字化加工工作

在军内开展的各项业务中,与专业的劳务派遣公司合作这一途径并不罕见,很多军队院校图书馆都与劳务派遣公司有着不同程度的合作,其优势在于派遣的工作人员不受军队聘用人员在聘年限时长的制约,可以长期进行工作,这样就保证了人员的稳定性、技能的熟练性与加工流程的完整度,同时,劳务派遣公司对工作人员的效率、产品质量标准等细节问题的把控有着严格的规范,这也避免了图书馆管理岗位在人员工资结算、人事管理等方面消耗大量精力,在遇到待加工资源临时性的增长或短缺时,外派人员相较于自主聘用人员具有更高的灵活性,可以依据资源数量与任务时限的要求进行调整切换。

这一社会化保障途径的劣势在于,劳务派遣公司只能委派工作人员前来加工,而加工设备须由单位自主提供,在这一前提下,计算机的使用不当与外置存储设备的使用风险便大大提高了,除了防范失泄密情况发生的风险,还需考虑工作人员对计算机及扫描设备的操作习惯和效率强度可能会带来严重的负荷或损耗,而已经处于老化状态的设备无法满足工作人员的操作需求,这也为加工效率和财务支出分配增加了很大压力。

3.3 与专业数字化加工公司合作

与专业数字化加工公司合作这一途径最大的优势就是高效与稳定,只要通过与专业的数字资源加工公司达成合作项目,接收可直接发布使用的成品或数据库文件,就可以满足绝大部分数字资源建设的需求,更好地完成本馆的工作项目。同时,借助专业公司的新型设备与技术对资源进行高品质的数字加工,能将绝大部分的管理成本与精力从琐碎的流程中解放,极大地减轻人员与管理岗位的压力,与购买电子版权或劳务派遣相比,其成本投入也相对较低,此外,成熟先进的加工技术流程也有利于资源格式的规范统一,能使院校间的共建共享与数据库兼容更为便捷流畅。

制约与数字加工公司合作的因素在于财务规范方面的相关要求,同时也需要与公司明确合作加工的方式、范围、周期与质量标准,否则资源发布与共享的及时性将会受到影响,此外,对知识产权保护与运输安全进行保障的相关问题也必须得到重视。

3.4 其他类型的科技手段、设备或合作方式的支持

与传统社会化保障的合作方式不同,新型军民合作的服务理念与实施方法都更为灵活且具有针对性,也更注重军队信息的保密安全问题,本文通过对数家专业公司进行相关电话咨询得知,与军队院校合作时往往会使用一些特殊的技术手段或服务方式,如同时提供人员上门与设备租赁,图书馆仅需提供计算机硬盘自留,最大限度地保证资源的安全,或是提供设备的技术支持甚至方案流程的设计与长期保障,这些服务模式的转型不仅是加工信息资源建设的一大进步,也是未来军队院校图书馆社会化保障可供参考的发展方向。

4 军队院校图书馆数字资源加工实施社会化保障应遵循的原则

无论军队院校图书馆在数字资源建设中最终纳入怎样的社会化保障方式,都必须遵循以下原则。

4.1 坚持建设原则

在开展社会化保障数字资源建设过程中,应严格遵循和充分利用行业标准规范,集中精力建设数字化文献资源,并加强数字资源整合检索功能,供不同类型读者使用。同时,各院校图书馆应从自身实际情况出发,对重点学科和重点专业的中外文书刊进行采集和数字化加工,对具有优势的重点学科进行特色分析和读者调研,实现整体协调发展。

4.2 用户中心原则

面向用户需求开展数字资源建设的社会化保障。在全面调研分析用户需求的基础上,整合现有资源,紧密围绕教学活动开展融入式服务,建立相关专题的文献阅览服务,适应院校调整改革,推进信息服务创新。

4.3 共建共享原则

实施社会化保障会大大促进资源数据格式的统一兼容,通过院校间积极有效的沟通和共建共享,扩充军队院校图书馆之间的交流与合作,将有利于最大限度地发挥文献信息服务功能,为军队院校优化学科专业结构、调整教育培训层次提供强有力的数字文献信息资源保障。

4.4 知识产权保护原则

严守纪律和准绳,军队院校图书馆应加强对数字文献资源知识产权的保护,如添加保密水印,设定仅限教学与科研阅读使用的访问权限,并在网络技术上加强保护,不允许用户复制与下载,严格设定访问权限并进行权责声明等,保护知识产权是尊重创造性劳动和激励创新的一项基本制度,是建设法治国家和诚信社会的重要内容。

5 军队院校图书馆数字资源加工与建设实施社会化保障的前景

习近平主席深刻指出:"军事院校的鲜明特点是姓军为战,要深入研究把握联合作战指挥人才培养规律,解决制约我军能打仗、打胜仗的突出短板。"还指出,"面对军事斗争准备的鲜活实践,院校教育必须与时俱进,坚持面向战场、面向部队,围绕实战搞教学、着眼打赢育人才,使培养的学员符合部队建设和未来战争的需要,向着部队、实战、未来贴近再贴近。"

为了符合下一步军队院校改革提出的新要求,教学模式将随之发生深刻变化,而军队院校图书馆作为保障军校教学科研的重要信息支柱单位,也必须遵循教育规律、把握时代要求,做出相应调整,在信息资源建设上不断更新服务理念,接纳先进模式,提升服务能力,在数字资源建设中适度引入社会化保障,进一步构建符合军校信息需求变化特点的信息资源体系,并结合需求变化、发挥自身优势,通过特色数字资源的构建发挥图书馆信息导航员的角色作用,更好地保障不断变化的教研人员的学术需求和资源需求,更好地完成军队新形势下的院校教学科研保障任务。

浅析高校图书馆中文图书采购的质量控制机制

王 昕 张丰智 冯 菁

(北京林业大学图书馆,北京 100083)

摘 要:图书采购是高校图书馆的一项基础性工作,也是一项重要工作。高校图书馆馆藏图书质量的好坏,受到采购图书质量的直接影响,与此同时,图书馆的读者服务工作也会受到影响。为保证高校图书馆中文图书采购质量和降低采购支出,本文首先分析了高校图书馆建立中文图书采购质量控制机制的必要性,然后就如何创建科学合理的图书采购质量控制机制,进行了多方面的分析,以供参考。

关键词:高校图书馆;中文图书;采购;质量控制;机制

The Quality Control Mechanism of Chinese Book Purchase in University Libraries

Wang Xin Zhang Fengzhi Feng Jing

(The library of Beijing Forestry University,Beijing 100083,China)

Abstract: Book purchasing is a basic and important work in university libraries. The quality of library collection is directly affected by the quality of books purchased, and the service for library readers is also affected. In order to ensure the quality of Chinese books in university library and reduce the cost of purchasing, this paper analyzed the necessity of establishing the quality control mechanism of Chinese book purchase in university libraries in China, and then analyzed how to develop a scientific and reasonable quality control mechanism of book purchase for conference.

Keywords: university library; Chinese books; purchase; quality control; mechanism

随着教育体制的不断改革,高等院校的管理体制也在发生变化。很多高等院校通过重组与合并,逐渐在扩大办学规模,同时也对图书馆的建设、图书馆的藏书规模提出了更高的要求。在教育部的要求下,本科院校的图书馆藏书数量,每个学生平均要达到一百册,每年采购新书的数量应做到每个学生四册。因此,很多高等院校为了达到教育部规定的藏书指标,也在追加投资,希望可以增加本校的藏书数量。为了适应网络时代的大环境,保证高校图书馆的藏书质量,用更加科学合理的结构满足读者的阅读要求,创建优质的中文图书采购质量控制机制成为一个关键性的问题。

1 高校图书馆建立中文图书采购质量控制机制的必要性

本文从以下几个方面分析我国高校中文图书采购工作存在的问题和挑战[1-6]以及中文图

书采购质量控制机制的必要性。

1.1 国内中文图书出版的现状和挑战

根据社会信息交流的流程分析,图书馆的采购需要以图书出版为前提,也就是说图书的出版是高校图书馆采购的上游环节。国内图书出版的实际情况,在一定程度上会对高校图书馆的采购质量造成影响。当前,很多图书出版机构发行的图书质量参差不齐,给高校图书馆的选择造成困难。一般情况下,很多高校为了适应本校的教学研究需求,希望能够找到适合本校的图书文献资料,但全国目前有上百家出版社,每年的图书出版品种可以达到十几万类,庞大的出版数量,让高品位、高质量的图书变得难以辨认。除此之外,表面看似繁荣的出版行业,其背后也有很多的隐患在逐渐显现,例如,很多出版社为了追求高额的经济利益,不重视出版图书的质量,出现缺页、错别字、倒页等问题,也存在图书内容的粗制滥造,印刷质量低下,很多学术类的图书卖得并不畅通,盛行一些假书、伪造书。更为严重的是,一些出版社的教材重复现象比较严重,为图书馆的文献采购的选择工作带来了困难。

1.2 图书发行商的复杂性

随着教育文化市场的不断改革,图书的发行逐渐改变了以往单一的计划经济模式,经营方式更加灵活多样。图书发行行业的队伍逐渐壮大,很多民营商店、个体书店也加入进来,让图书发行市场变得更加活跃。大部分的图书市场,被一些"二渠道"的书店以价格优惠、服务良好的优势占领。随着当今的图书市场竞争日益激烈,图书的发行市场也变得比较活跃,对高校来说,如何选择优秀的图书发行商,变成一个非常重要的环节,需要有专业精准的目光。

1.3 高校图书馆的采购人员专业素质的挑战

高校图书馆的中文图书采购,是一项事关图书馆采购质量的重要内容,对中文图书采购人员的素质提出了很多要求。图书采购人员除要具备扎实的专业素养外,还要有非常高的敬业精神,通过不断学习来提升自身的知识水平,拓宽知识广度。但是,当前很多的高校图书馆采购人员,并不具备系统科学的理论与专业知识,在采购专业文献时,不能对其价值进行全方位的评定,使得高校图书馆的采购工作质量受到影响。因此,为了适应新形势下的图书文献采集工作,需要提升中文图书采购人员的综合素质,这也是文献采购工作的一项关键内容。

1.4 图书采购采访环节脱离读者实际需求的盲目性倾向

目前,由于很多高校招生出现了社会化现象,使得以前的教育模式与教育体制被打破,采访人员与读者需求之间的交流出现困难,出现的问题主要表现在两个方面:第一,部分图书采购员在采访环节不能依照原有的计划来采购,不符合采访原则;第二,很多采购人员的知识掌握具有单一性,需要图书馆同时调配几个人去完成,这与时代的发展需求不符。此外,一些高校图书馆为了迎合教育部门规定的教育指标,在图书采购的采访环节具有盲目性,片面地追求图书的数量,脱离了读者的实际阅读需求,入藏读书的利用状况被忽略,虽然图书馆采购的图书数量很多,但是读者很难找到自己需要的图书。

综上所述,我国高校图书采购工作存在影响采购质量的重要问题,为实现图书采购的目标,有必要创建科学有效的高校图书馆中文图书采购质量控制机制。

2 创建科学合理的图书采购质量控制机制的相关策略

为实现高校图书馆中文图书采购的目标,建议从以下五个方面探索创建中文图书采购质量控制机制。

2.1 依据严谨的采购原则,制订图书馆的图书采购计划

高校图书馆应从自身的具体情况出发,依据严谨的采购原则,做好中长期的发展规划,并根据图书馆的文献购置经费,安排合理的采购方案,最好在每个年度的年初,制订年度购书计划,在每个年度末期做出文献采集分析报告。对于文献采购的基础性工作,采购人员应根据质量优先、择优采购的原则,根据馆藏需求与读者的需要来实施。满足读者的需求是每个图书馆的最终执行满足目标,若购进的图书不能有效地满足读者需求,那么图书的采购就失去了它的实际作用。每个图书馆都有与众不同的特点,要根据自身的特征来制定合理的复本量。高校的图书采购工作要具有针对性,根据采购原则与采购方针进行采购工作,并循序渐进地实施下去,避免出现随意性与盲目性。

2.2 采用招标采购的方式选择图书供应商

高校图书馆的中文采购,需要选择合适的图书供应商。目前图书采购具有很多种选择方式,其中招标采购就是一种选择图书供应商的有效方式。利用招标模式,能够充分发挥市场经济的激励机制,并能以高质量的服务水平,满足读者的不同需求,同时能够让图书馆的固定经费发挥最大的效用,最好采用邀请招标的方式,保证参与投标的供应商,能够满足高校图书馆的中文图书采购需求。

实施招标采购,对中标的供应商而言,会使其更加积极地对自身的服务质量、科技水平进行提升,并根据图书馆的不同需求,附加不同的服务。例如,很多中标供应商会编制电子版的数据,提供电子版的采购数量,给自己出版的书贴上防盗磁条或者打印特殊的条形码,设置别具特色的书标,还有些为高校图书馆提供新书上架服务,这些方式为高校图书馆的入库、藏书等环节提供了便利。当然,图书馆的采购人员还要做好投标方的综合实力、服务水平、信誉等方面的调查研究工作,尽量选择那些服务质量高、信誉良好且资金雄厚的图书供应商来合作。

2.3 适应读者需求,加强图书采购人员与读者之间的沟通

很多高校图书馆会安排图书采购人员进行图书采访工作,来满足读者的不同需求,有效地提高图书馆的图书文献利用率。高校图书馆的读者基本上是教师与学生,采购人员要多对学校的学科、重点学科、课程设置、专业设置情况进行了解,了解不同专业的学生一般都需要哪些方面的图书,并且要熟知读者的类型与层次结构、阅读倾向,加强图书采购人员与读者之间的沟通,再进行有针对性的图书采购。此外,高校图书馆的图书采购人员还要拓宽渠道,与流通阅览部门的人员多联系,并采用多种形式来开展图书需求调查工作,例如,图书馆可以在图书馆网页上,专门设置一个读者推荐的新书栏目,并利用图书供应商的网页,让读者自行选择推荐的图书,还可以在图书馆的窗口位置,创建读者意见簿,随时收集读者的反馈意见,做到让每一本图书都有自身的利用价值。

2.4 有效提高图书馆采购人员的综合素质

当前的信息化时代新背景,向图书馆的采购人员提出了更多的要求,采购人员需要具备高素质的工作能力,全面的知识结构,并用积极的心理状态适应新形势的不断变化。随着社会的不断发展,产生了很多新兴的学科,也衍生出了很多的新兴行业,面对知识结构的不断更新换代,读者对图书文献的需求也逐渐呈现多样化的趋势。因此,图书采购员不仅要掌握计算机的各种操作手法,还要具备相关的英语阅读能力,要对图书馆的学情、学报有所了解,用专业知识与较强的综合能力制定科学的采访策略,要具有敏锐的眼光,能在浩瀚的图书中发现具有阅读价值的新书。可见,为适应采购工作需要,应有效加强对图书采购人员的业务培训,图书采购人员也要积极学习,提高自身综合素质,增强工作适应能力。

2.5 采用灵活多样的图书采购方式

以往很多高校都是选择纸质订单的方式,从新华书店采购需要的图书,采购的环节复杂,时间也比较长,出订单直至新书到达图书馆需要半年的时间,这种周期性较强且时效性较差的图书采购方式,不能满足读者的阅读需求。当前信息技术的发展、网络的盛行使高校的图书采购方式变得灵活多样,其中最常用、最基本的一种采购方式,就是利用图书供应商发过来的电子版订单进行选书,这样不仅能够有效地对每一本书的详细内容有所了解,如价格、出版时间、书名、作者、开本等,还能及时提供电子版的编目数据与加工服务,再加上图书到货的速度快,有效地提高了图书采购部门的工作效率。对于那些实效性要求较强的图书,可以采用"现采"的方式,利用网上订购、直接与出版社联系等方式,解决高校图书馆急于补充馆藏的图书数量问题。

3 总结

综上所述,高校图书馆的中文图书采购是一项重要的基础工作,当前中文图书采购中存在着采购质量低的问题。为了保证高校图书馆的中文图书的采购质量,科学合理地利用图书的采购经费,各个高校图书馆应该进行深入的调查研究,创建科学有效的图书采购质量控制机制。在图书馆藏的建设中,充分利用中文图书采访的环节,采用招标采购的方式,利用市场竞争的激励机制,有效地节约图书采购的经费,提高高校图书馆的馆藏质量,实现更高水平的读者服务。

参考文献

[1] 陈戈如.高校图书馆图书招标采购风险管理与控制[J].情报探索,2015(10):82-85.
[2] 胡敏.高校图书馆图书招标采购工作的思考[J].情报探索,2015(2):98-100.
[3] 许强.政府招标采购模式下高校图书采购实践[J].农业网络信息,2016(9):110-112.
[4] 黄雪梅.高校图书馆图书招标采购工作质量控制分析研究[J].课程教育研究,2015(31):225-226.
[5] 何艳.浅谈高职院校图书馆图书采购质量的控制[J].佳木斯职业学院学报,2014(11).
[6] 刘亚芹,刘传玺,张宁林.试论高校图书馆图书招标采购工作质量控制[J].图书馆工作与研究,2014(1):60-62.

基于学科资源配置的数字资源评价研究

赵 平

(北京林业大学图书馆,北京 100083)

摘 要:本文从数字资源的专业学科配置入手,以我校典型外文全文期刊数据库的使用统计数据为基础,参照出版商设定的学科分类,对我校外文全文期刊数据库的使用情况进行学科评价,并对核心期刊进行分析;同时通过 ESI 的期刊学科分类,对数据库的学科期刊保障情况进行分析,结合本校教师发文情况,对数据库的质量、效益进行评价,以期拓展和深化数字资源评价领域,并为数字资源更大程度地符合用户需要提供实证依据和参考价值。

关键词:学科配置;数字资源;文献保障率;评价

分类号:G251

Research on Evaluation of Digital Resources Based on Subject Resource Distribution

Zhao Ping

(The Library of Beijing Forestry University, Beijing 100083, China)

Abstract: Based on the statistical data of the typical foreign language full-text periodical database and the subject classification set by the publisher, this research evaluates the usage of the foreign language full-text periodical database and analyzes the core periodicals. Through the ESI discipline classification, analysis of the database for the guarantee of academic journals, combined with the situation of the school's teachers, the quality of the database, benefit evaluation. The purpose is to expand and deepen the field of digital resources evaluation, and to provide empirical basis and reference value for digital resources to meet the needs of users to a greater extent.

Keywords: subject resource distribution; digital resources; literature guarantee rate; evaluation

随着信息技术的飞速发展以及网络适用范围的不断扩大,越来越多的高校用户选择通过数字资源进行信息检索和获取。但是,高校图书馆数字资源经费的增长远远满足不了用户对文献资源的多样性需求,加上数字资源每年的续费和涨幅逐渐提高,如何对高校图书馆的电子资源使用情况进行评价,并根据评价结果对高校图书馆电子资源的发展进行改进与优化,是亟待解决的问题。在传统的馆藏资源评估体系中,评估的主要目的是支持图书馆建设馆藏资源的决策,而随着数字资源数量的不断增加,服务范围不断扩大,数字资源服务将灵活地扩展至所有可能出现的网络服务终端,馆藏资源的概念将被淡化。因此,数字资源评估体系将以满足各种用户对各种资源的认知程度为目的,最大化地满足用户的信息需求,并建立一种开放性的评估新体系。

目前,对于数字资源及其服务效果的评估,我国图书馆界还没有一个权威统一的数字资源评价系统和标准,已有的评价指标体系研究成果的可操作性差且实用性不大,根据文献检索从专业学科角度对数字资源进行分析评价的研究也较少。因此,本文结合本馆特色和实际需要,从学科配置角度对数字资源进行分析评价与研究具有一定的创新性和实际参考价值。

1 研究内容和方法

目前国内的各个厂商的全文数据库的使用统计没有统一标准,而国外的数据库大多执行 counter 标准,统一规定了用户使用报告的种类及其内容和格式,以便进行各数据库之间的比较分析。《counter 实施规范》(第 1 版)中规范了 7 种使用报告格式,涵盖电子期刊和数据库,对报告内容、格式以及传递要求都有详细说明。因此本研究以我校使用量最大的三种外文全文期刊数据库 Elsevier ScienceDirect(以下简称为 SD)、Springer、Wiley 2015 年和 2016 年的使用统计数据为基础,参照出版商设定的学科分类,对我校这三种全文期刊数据库的使用情况进行学科评价,并对使用量较高的期刊进行分析,同时通过 ESI 的统一期刊学科分类,对这三种数据库的学科期刊保障情况进行分析,结合本校教师发文情况,对数据库的质量、效益进行评价。

2 研究结果

2.1 按学科分类的数据库使用量

将 SD、Springer、Wiley 三个数据库平台的使用量统计数据与出版商提供的期刊分类进行综合分析,得到各个数据库的学科使用量情况,如表 1、表 2、表 3 所示(鉴于篇幅,只列出了使用量排在前十的学科)。不同出版商的期刊学科及学科分类的定位更尊重期刊本身的定位和出版方向,因此各个数据库的学科分类是从期刊出版的角度进行划分的,这一定义方式也是其他非出版商的机构不容易做到的。

表 1　Springer 数据库 2015—2016 年学科使用量

学科分类	2015 年	2016 年	变化
Biomedical and Life Science	40 427	51 745	↑
Earth and Environmental Science	8 412	12 204	↑
Chemistry and Materials Science	5 651	8 431	↑
Engineering	1 281	1 245	↓
Medicine	1 104	1 888	↑
Behavioral Science and Psychology	976	693	↓
Computer Science	594	787	↑
Social Science	582	713	↑
Education	454	724	↑
Economics and Finance	379	550	↑

表 2 Wiley 数据库 2015—2016 年学科使用量

2015 年		2016 年	
学科分类	全文下载量	学科分类	全文下载量
Life Science	20 157	Life Science	40 173
Chemistry	2 487	Physical Sciences & Engineering	7 173
Earth and Environmental Science	2 207	Earth, Space & Environmental Science	5 686
Polymers and Materials Science	2 020	其他	4 466
其他	1 933	Chemistry	4 034
Engineering	1 014	Agriculture, Aquaculture & Food Science	3 183
Medical	812	Psychology	1 628
Psychology	764	Social & Behavioral Sciences	1 350
Social Science	666	Business, Economics, Finance & Accounting	1 063
Business, Economics, Finance and Accounting	658	Medicine	933

注：学科分类中的"其他"表示的是开放获取、刊名更改或者停止出版的期刊。

表 3 SD 数据库 2015—2016 年学科使用量

学科分类	2015 年	2016 年	变化
Agricultural and Biological Sciences	42 724	60 909	↑
Environmental Science	29 252	40 458	↑
Biochemistry, Genetics and Molecular Biology	21 418	24 020	↑
Chemical Engineering	12 809	13 333	↑
Materials Science	8 214	11 407	↑
Earth and Planetary Sciences	5 412	7 717	↑
OA	3 782	5 730	↑
Engineering	3 183	3 205	↑
Energy	2 977	4 093	↑
Social Science	2 922	3 168	↑

从表格可以看出，生命科学、环境科学和化学与材料科学是我校使用量最大的三个学科，这与我校理工为主、院系重点专业的配置是吻合的。通过两年的使用量变化也可以看出，医学、社会科学、心理学、经济与金融、商业管理、数学统计等学科的使用量是增加的，说明本校社科和经管等专业的用户逐渐增加，这些学科正在不断完善和成熟。其中值得注意的是，开放存取（OA，Open Access）的期刊使用量也很大，这部分期刊的文献可以免费下载，不受用户 IP、权限限制，也是用户比较喜欢的文献类型。

2.2 学科保障率分析

鉴于各个数据库的学科分类不完全相同，虽然可以从学科命名上看出有些学科的分类大体相似，但进行不同数据库的学科使用量比较时，还需要找到统一的依据。

本文利用基础科学指标（ESI，Essential Science Indicators）作为三个数据库的学科使用量的统一依据，由于在 ESI 数据库中，每种期刊只会被分入一个学科，因此所收录的期刊都会对应唯一的一个学科分类。

从表 4 可以看出,按照 ESI 的学科分类,已经将三个数据库中的大部分期刊收录其中,从期刊使用量也可以看出,ESI 收录的期刊包含了各个数据库的大部分使用情况。农业科学、生物与生物化学、化学、工程、环境科学、材料科学、分子生物学与遗传学、动植物学等是我校用户使用量较多的学科,这与我校的专业配置和重点学科是相对应的。根据表 5 中按 ESI 学科分类的数据库学科保障率可以看出,三个数据库所包含的期刊对学科分类的总保障率为 36.61%,其中 SD、Wiley、Springer 的学科保障率分别为 14.17%、11.75%、10.69%。从学科来看,保障率较高的学科是环境科学与生态学、分子生物与遗传学、神经系统学与行为学、微生物学、经济与商业、生物与生物化学,保障率在 45% 以上,基本满足了以上学科对外文期刊文献资源的需求。

表 4　三个数据库按 ESI 学科分类的期刊使用量和期刊种数

ESI 学科分类	Springer 期刊使用量	Springer 期刊种数	Wiley 期刊使用量	Wiley 期刊种数	SD 期刊使用量	SD 期刊种数
Agricultural sciences	8 602	38	3 522	40	33 245	45
Biology & biochemistry	3 483	63	2 426	48	20 447	85
Chemistry	1 934	61	6 367	81	15 577	98
Clinical medicine	1 050	161	621	240	921	298
Computer science	819	63	131	19	964	79
Economics & business	934	51	1 210	122	2 834	94
Engineering	1 251	88	412	53	17 962	151
Environment/ecology	15 481	65	19 976	60	30 333	47
Geosciences	2 887	55	1 664	47	6 958	67
Immunology	107	13	94	19	235	37
Materials science	3 670	45	3 446	25	9 322	57
Mathematics	516	56	134	24	176	46
Microbiology	875	21	602	12	670	25
Molecular biology & genetics	4 023	56	564	44	6 229	50
Multidisciplinary	598	4	137	1	46	2
Neuroscience & behavior	286	45	221	38	488	76
Pharmacology & toxicology	273	26	236	27	1 131	49
Physics	315	29	59	13	794	53
Plant & animal science	27 350	106	22 465	103	22 513	71
Psychiatry/psychology	760	58	1 744	106	94	66
Social sciences, general	1 390	119	1 575	221	6 893	123
Space science	6	4	10	6	14	7
总计	76 610	1 227	67 616	1 349	177 846	1 626

表 5 按 ESI 学科分类的数据库学科保障率

学科名称	ESI	Springer	Wiley	SD	学科保障率(%)
Environment/ecology	340	65	60	47	50.59
Molecular biology & genetics	298	56	44	50	50.34
Neuroscience & behavior	329	45	38	76	48.33
Microbiology	121	21	12	25	47.93
Economics & business	560	51	122	94	47.68
Biology & biochemistry	420	63	48	85	46.67
Chemistry	526	61	81	98	45.63
Immunology	160	13	19	37	43.13
Geosciences	409	55	47	67	41.32
Computer science	392	63	19	79	41.07
Pharmacology & toxicology	269	26	27	49	37.92
Psychiatry/psychology	620	58	106	66	37.10
Clinical medicine	1 890	161	240	298	36.98
Agricultural sciences	336	38	40	45	36.61
Materials science	353	45	25	57	35.98
Plant & animal science	780	106	103	71	35.90
Engineering	841	88	53	151	34.72
Space science	54	4	6	7	31.48
Physics	308	29	13	53	30.84
Mathematics	486	56	24	46	25.93
Social sciences, general	1 940	119	221	123	23.87
Multidisciplinary	46	4	1	2	15.22
总计	11 478	1 227	1 349	1 626	36.61
数据库保障率	—	10.69	11.75	14.17	—

2.3 期刊单篇使用量分析

本文通过分析三个数据库的年期刊使用量,列出了各个数据库使用量最高的前十名期刊情况,如表 6 所示。从表格中可以看出,各个数据库使用量在前十名的期刊均为数据库中的核心期刊,期刊所属学科大多在生命科学、环境科学、化学和材料科学领域。然而,使用量高的期刊其影响因子并不一定是最高的,大部分期刊的影响因子在 3~5 左右,单本期刊的全年下载量均在千篇以上,前十名的期刊使用总量占数据库全部使用量的 20% 以上,是我校用户的关注热点期刊。

表 6　各个数据库使用量前十名的期刊

Springer			Wiley			SD		
期刊名称	ISSN	影响因子	期刊名称	ISSN	影响因子	期刊名称	ISSN	影响因子
Plant and Soil	0032-079X	2.969	New Phytologist	0028-646X	7.210	Bioresource Technology	0960-8524	4.917
Plant Cell Reports	0721-7714	3.088	The Plant Journal	0960-7412	5.468	Forest Ecology and Management	0378-1127	2.826
Planta	0032-0935	3.239	Global Change Biology	1354-1013	8.444	Carbohydrate Polymers	0144-8617	4.219
Plant Cell, Tissue and Organ Culture (PCTOC)	0167-6857	2.390	Plant, Cell & Environment	0140-7791	6.169	Industrial Crops and Products	0926-6690	3.449
Plant Molecular Biology	0167-4412	3.905	Journal of Applied Polymer Science	0021-8995	1.866	Chemical Engineering Journal	1385-8947	5.310
Oecologia	0029-8549	2.902	Molecular Ecology	0962-1083	5.947	Carbohydrate Polymers	0144-8617	4.219
Wood Science and Technology	0043-7719	1.642	Ecology Letters	1461-023X	10.772	Science of The Total Environment	0048-9697	3.976
Tree Genetics & Genomes	1614-2942	2.132	Advanced Materials	0935-9648	18.960	Water Research	0043-1354	5.991
Cellulose	0969-0239	3.195	Ecology	0012-9658	4.733	Soil Biology and Biochemistry	0038-0717	4.152
Trees	0931-1890	1.706	Angewandte Chemie International Edition	1433-7851	11.709	Landscape and Urban Planning	0169-2046	3.654

2.4　我校 SCI 发文情况的期刊分析

我校每年的 SCI 发文量大约在 700～800 篇。通过分析发文期刊可以看出,我校发表文章所在的期刊大多数被 ESI 期刊分类收录,发文量大的期刊分别属于化学、材料科学、生命科学、化学工程、林学、环境科学等学科专业,如表 7 所示,其中影响因子最高为 5.267,最低为 0.658。期刊所在的数据库有 SD、Springer、ACS、Nature、RSC 数据库,而更多期刊属于开放获取的出版社网站,说明我校用户发表期刊文献的渠道不局限于商业数据库,很多专业的、出版社的、开放性的期刊也是我校用户发文时关注的热点。

表 7　我校 SCI 发文量较多的前十名期刊

期刊名称	发文数	影响因子	学科分类
Rsc Advances	31	3.289	化学
Scientific Reports	26	5.228	自然科学
Bioresources	25	1.334	材料科学
Plos One	19	3.057	生物
Phytotaxa	16	1.087	生物
Desalination and Water Treatment	14	1.272	化学工程
Bioresource Technology	13	4.917	生物工程
Frontiers in Plant Science	12	4.495	生物
Forests	11	1.583	林学
Journal of Forestry Research	11	0.658	林学

3 讨论

本研究通过分析 Springer、Wiley、SD 数据库的期刊使用报告,得出了我校用户按学科分类的具体使用情况,并通过 ESI 的统一学科分类标准,对各个学科的文献保障率进行了分析,同时根据单篇下载量最高的期刊、我校 SCI 发文情况等,分析了我校用户在使用外文期刊数据库时的学科偏向以及发文导向。

根据本文的研究结果,结合我校具体情况,提出以下几点建议。

① 外文数据库的用户多为我校教师和研究生,从使用量来看,生命科学、材料科学、环境科学、生物化学等学科为我校用户的高关注热点学科,应定期跟踪数据库使用情况,掌握我校用户的使用规律。同时,社会科学、经济与管理、心理学等学科的使用量呈现快速增长态势,要关注这些学科的专业走向,提供更好的文献资源服务与学科建设。要以学科建设为导向,加强外文资源建设,多收集院系教师和研究生的意见和建议,加强与院系、学科之间的联系。

② 加强对核心期刊的保障和跟踪。这些使用量超高的期刊既是我校用户在查询文献、寻找课题创新点、进行课题研究时关注的热点期刊,也是我校用户发文的热点期刊。除商业数据库的外文文献外,还要多关注开放获取、出版机构的专业期刊,这也是扩大我校外文文献资源的另一新颖渠道。

参考文献

[1] COUNTER. COUNTER Codes of Practice[EB/OL]. http://www.projectcounter.org/code_practice.html.
[2] 韩新月,吕淑萍.国内外数字图书馆评价研究与实践进展比较分析[J].数字图书馆论坛,2011(7):2-7.
[3] 李仁德.基于信度检验的高校图书馆数字资源与学科专业适用性评估方法[J].图书馆论坛,2012,32(2):23-28.
[4] 马晓亭.大学图书馆数字资源采购评估指标体系研究[J].现代情报,2010,30(10):92-94.
[5] 索传军.数字馆藏评价与绩效分析[M].北京:北京图书馆出版社,2007.
[6] 覃凤兰,杨江平.图书馆数字资源评价研究综述[J].图书馆,2014(1):69-73.
[7] 唐琼,吴钢,谭明君.图书馆数字资源选择标准体系权重的确立研究——读者与馆员的双重视角[J].图书情报知识,2011(3):26-34.
[8] 王鑫.图书馆联盟绩效评估研究[D].天津:天津工业大学,2007.
[9] 郑春花,姜仁珍,马晶.基于农业学科资源配置的数字资源质量评价研究[J].农业图书情报学刊,2013,25(9):23-25.
[10] 周庆红.基于学科领域文献配置分析的数字资源质量评价[J].新世纪图书馆,2011(8):33-36.

服务拓展与创新

高校图书馆创客空间的生态系统分析与模式构建

黄 蓉

(南京林业大学图书馆,南京 210037)

摘 要:本文对照生态系统特性,就高校图书馆创客空间的构成要素和功能进行了相应的生态分析,指出高校图书馆创客空间同样具有生态系统的多样性、均衡性、开放性,同样能通过物质的循环、信息的传递以及自我的修复实现持续稳定的发展。高校图书馆创客空间的构建应以生态的观念,以人为本,协调组织好各方人力、物力,形成各成员要素相互制约、相互促进,能激发学生创新意识和提高学生创新能力,发展持续良好的高校图书馆创客空间生态系统。

关键词:创客;创客空间;生态系统;高校图书馆

分类号:G258.6

Ecological System Analysis and Model Construction of the Makerspace in University Libraries

Huang Rong

(The Library of Nanjing Forestry University, Jiangsu Nanjing 210037, China)

Abstract: According to the characteristics of the ecosystem, this paper analyzes the components and functions of the makerspace of university libraries, and points out that the makerspace of university libraries also has the diversity, equilibrium and openness of the ecosystem. It can also achieve continuous and stable development through the circulation of matter, the transmission of information, and the repair of itself. With the concept of ecology and people-oriented idea, we should coordinate and organize the manpower and material resources, make all the parts restrict each other, promote each other, to form a sustainable developing university library makerspace, where students' awareness of innovation can be stimulated, and students' ability to innovate are to be improved.

Keywords: maker; makerspace; ecosystem; university library

在高校图书馆构建创客空间是当今形势发展的需要,随着数字制造技术快速发展和网络信息技术日趋成熟,个人制造成为可能,创客和创客空间应运而生,在社会上形成蓬勃发展之势。在科技发展的转折飞跃时期,国内外许多高校图书馆为配合学校教学发展和社会需要,适时改变了自己的服务理念和模式,在为学校师生提供海量知识和信息的同时,开辟出新的空间为学校创新人才的培养提供支持和协助,为创客们的创新活动提供场地和资源,以此激发学生们的创新热情和意识,培养和提高他们的创新能力。

1 创客和创客空间的概念

1.1 创客

创客(Maker)一词源于欧美的 DIY 文化和"车库精神",创客杂志(Maker Magazine)创始人 Dale Dougherty 将创客定义为能把具有一定技术难度和挑战的创意变为现实的人,而连线杂志(Wired Magazine)的前主编 Chris Anderson 则认为创客是不以营利为目标、基于个人的兴趣和爱好进行创新和实践的人[1]。根据创客自身的发展阶段,Dougherty 将创客分为入门创客、协作创客和职业创客。国内学者刘志迎等则根据创客的创新内容将创客分为研发型创客、工程型创客、创业型创客和金融型创客[2]。可见,创客既可以是创意者、制造者,也可以是设计者和投资者。

1.2 创客空间

创客空间(Makerspace)即创客们聚集在一起进行交流创新的场所,创客空间一词最早出现于创客杂志,其中指出创客空间就是一个真实存在的物理空间,一个开放交流的实验室、工作室、机械加工室等[3],美国旧金山创客空间创建者 Mitch Altman 也认为创客空间是人们通过采取类似"黑客行为(Hacking)"来探索他们所喜好的东西,且能得到社区成员极力支持的实体空间。"黑客行为"是指意在最大程度提升自身能力,且愿意分享成果的行为。Kera D 则认为创客空间并不是某种正式的组织与机构,而是一系列与开源软硬件、数据、信息等要素密切相关的共享技术、治理过程与价值观念[2]。可见创客空间既是一个物理空间,也是一个网上虚拟平台,它的实质就是为创客们提供交流创新的渠道、实现创意的技术手段、展示作品的平台、知识创新的信息库等。总之,创客和创客空间既是具体的人和事物,也是一种文化和价值取向,它反映了当今社会的发展水平和人们自身的发展需要,是时代发展的产物,也是推动社会发展的新动力。

2 创客空间的构成要素分析

创客空间的主体是创客,创客要将自己的创意变为现实,就要有相关的指导者、组织者和辅助人员,同时,一定的设备、工具、资源和场地等也是必不可少的,因此首先需要厘清创客空间的各构成要素及其相互关系,构建一个协调、良性发展的创客空间系统,以最大限度地发挥创客空间的功能和作用。

2.1 创客空间的主体:创客

根据国内外学者对创客的定义,归纳起来,创客应具有以下特质:具有对某种知识和技能的兴趣和爱好;具有积极的创新意识和热情;有一定的学习和解决问题的能力,能挑战一定的创新实践难度;具有与他人沟通交流的能力;具有乐于分享成果,帮助他人的愿望和品德。创客作为创客空间的主体,其自身的兴趣爱好和知识结构决定着创客空间其他要素的取舍和组成,因此创客是创客空间的灵魂,决定着创客空间的功能和作用。创客的沟通能力与活跃度也影响着创客空间的功能发挥,没有创客的积极参与和相互交流,创客空间也就成了摆设,不可能成为创新空间。此外,如果创客的成果不能得到很好的展示,创客们无法从他人的作品中得到灵感和启发,创客们的创新活动得不到快速提升,创客空间也无法快速发展。因此构建创客空间的首要任务就是对创客进行精准定位,再据此对创客空间的构建进行布局和规划。

2.2 创客空间的协同人员

2.2.1 指导人员

高校图书馆的创客空间,其主体是大学生,为引导和鼓励学生进行创新活动,势必需要相关的专业教师和人士对学生的创新进行指导,以明确创新活动的目标、方法和需要掌握的知识点,使学生们在创新活动中得到相关技能的培训和提高。

2.2.2 组织人员

高校图书馆创客空间的运行涉及图书馆和学校的方方面面,因此需要相应的组织者进行有关人力、财力和物力的配置,如怎样结合学校的学科建设需要、学校的师资力量、各院系实验室的建设情况、图书馆自身的资源馆藏情况、图书馆馆舍规划情况以及图书馆员的业务能力水平等进行多方位的考量和规划,组织构建一个适合本校情况的图书馆创客空间,协调各方力量,保障图书馆创客空间得以顺利运作。

2.2.3 辅助人员

在创客空间的日常运作中,需要相关人员对设备和工具等进行管理和维护,对创客在使用相关仪器设备时进行指导和帮助,对创客空间场所的使用进行管理和安排,辅助学生进行相关创新活动和体验,使其正确利用和获取各种馆藏资源,为他们提供必要的场地、设备和平台进行创意沟通和交流以及创意成果展示。

2.3 创客空间的资源设施

2.3.1 馆藏和信息资源

高校图书馆开办创客空间具有其得天独厚的资源保障,大量的纸质馆藏资源以及网络信息资源和数据库是大学生创客们进行创新活动的知识源泉和信息来源,可让学生们即刻接触到科技前沿和最新的创意热点,同时也能使其利用系统的馆藏资源进行深入的学习和研究。

2.3.2 设备仪器配置

创客创新提倡的是自己动手的实践精神,因此相关的设备、仪器、工具等是创客空间必备的资源设施配置,怎样配,配什么,要根据创客的需要和创客空间的发展方向而定,如应用于工程电子方面的仪器设备包括激光切割机,3D打印机,数控机床等生产工具和设备,对于喜好多媒体创意的学生可提供电钢琴、摄像机等录播器材和设备。

2.3.3 空间场地和平台

创客空间需要实际的物理空间作为创客们进行创新实践和交流的场所,如一个具体的工作室、实验室等,同时还需要一定的建筑配套设施以保证活动的正常进行,如在制造空间时,除了要考虑正常的水电供应,还要考虑通风、除尘、降噪等设施的配备,对于录播空间则要考虑灯光、音效、隔音等问题。除了物理空间,网上交流和展示平台也是创客空间的组成部分,利用社交平台或自建的网络平台有助于各种宣传、交流和学习活动,增强创客空间的影响力和功能发挥效果。

3 创客空间的生态系统分析

创客空间各要素间的相互协调、合作互补的关系构成了一个可持续发展、不断生长的类生态系统。简单地说,生物与环境形成的一个不可分割的整体就叫作生态系统,生态系统的各组成部分通过能量流动、物质循环、信息传递来相互影响、制约和供给,最终形成一个平衡、开放、可自我修复的生物多样性体系[4]。对照生态学的生态系统定义,高校图书馆创客空间具有生态系统的生态特性和功能。

3.1 创客空间的生态组成

生态系统的组成成分是生物和非生物的物质和能量,生物中有生产者、消费者和分解者[5]。创客空间的创客和协同人员构成了创客空间生态系统的生物群落,他们借助设备、仪器等非生物物质和知识信息资源作为物质和能量进行创新,创作生产出新的作品展示在社交平台,推向大众,形成生产消费链,同时也供其他创客们学习、借鉴和交流,解析形成新的知识点。

3.2 创客空间的知识能量流动

知识、信息和创意等意识流形成创客空间的能量,创客们在创客空间中通过讨论、交流、学习、观摩、体验等活动,传递吸收各种信息资源,通过头脑风暴的能量传递,充实着创客们的创新理念,提升着创客们的创新能力。促进知识的传授、信息的共享、创意的交流是创客空间的主要功能和作用。

3.3 创客空间的物质循环

创客空间的物质基础设施、各种实验制作器材以及供学习交流使用的多媒体设备等都可重复使用,可在不同的人群中循环往复使用,创客们在创新活动中制造的新工具等也可为其他或后来的创客们提供物质便利,形成创客空间的物质循环。

3.4 创客空间的生物多样性

对照生态系统的生物多样性,创客空间的生物多样性即创客空间的人员多样性,包括创客和各类创客协同人员,如指导者、组织者和管理者,而由于学识、兴趣、专长、身份等因素的不同,形成不同类别的创客,对创客空间有着不同的期许、要求和影响,所有创客空间的参与者相互影响、制约,形成一个稳定、平衡的生态系统。

3.5 创客空间的自我修复和持续发展

生态系统具有适应环境的开放性,针对外界的变化会产生自适应机制,创客空间也能通过各种平台的信息传递及时进行自身调整,如针对不同的政策和社会需求,及时调整创客空间的发展目标和空间功能,根据创客的需求进行物质资源的配备调整等,创客空间的各方面都可在内外条件发生变化的情况下,自动进行调整和适应,从而实现自我修复和持续发展。

4 高校图书馆创客空间的生态模式构建

4.1 构建创客子空间,形成高校图书馆创客空间的多样性

高校图书馆创客空间的主体是在校学生,应根据学生的兴趣爱好、专业特长,学校的教学规划以及社会的需求和学生的就业需求构建一些有特色的创客子空间。子空间的划分有利于资源的相对集中和管理,活动的组织和安排等,同时子空间的多样性也使其相互间具有一定程度的互补性,对创客空间的平衡和稳定发展具有一定的促进作用。

4.1.1 基于兴趣爱好的体验创客空间

当今社会各种高科技、新产品层出不穷,学生在校园里接受系统知识教育的同时也需紧跟时代潮流,尽可能多地接触各种前沿科技和文化思潮,如VR阅读体验、3D打印体验、多媒体视听体验等,以拓展自己的视野和思路,为专业的学习和创意的开发打下基础。

4.1.2 基于专业学习的实践创客空间

专业的学习,最终是要让学生获得某领域、某学科的知识和技能,使其在进入社会后有能力承担相关工作,因此实践是专业学习的重要环节。尽管各院系都有自己的专业实验室,但图书馆的实践创客空间可根据不同专业的特点,同时构建具有不同设置的创客空间,如趋向于设计的设计实践创客空间,趋向于工程的制造实践创客空间,趋向于经济的金融投资模拟创客空间等以供全校师生使用。

4.1.3 基于项目教学的课题创客空间

项目教学就是通过项目或课题的建立和完成来培养学生发现问题、分析问题、解决问题的能力,学生在课题研究和项目完成中需要综合运用所学的各方面知识和技能,课题创客空间可有针对性地为学生提供相应的资源和设施,组织人力和物力,保证其每一阶段的任务顺利完成,形成一套相对稳定的程式化服务。

4.1.4 基于就业需求的创业创客空间

创业创客空间是学生创业的孵化器,为学生进入社会就业做准备,因此创业创客空间的特色就是紧密联系社会,一方面为学生寻找创业的项目和机会,另一方面也将学生的创新成果积极推向社会,寻求社会的支持和认可,为此,面向社会的交流平台打造是创业创客空间的主要构建内容。

4.2 协调创客空间的人员配置和信息传递渠道,构建创客空间的自我修复机制

4.2.1 创客空间的人员配置

创客空间的人员组成除创客外还有创客指导者、组织者、管理者、辅助人员等,他们共同构成了创客空间生态系统的生物群落,生物群落成员间的相互关系决定着生态系统的存亡、完整

的生物链是构建一个健康的生态系统的必要条件,创客空间人员间的相互关系就像生态系统中的生物链一样,既有交叉又有层次,互补互助,各司其职,共同促进创客空间生态系统的稳定发展。因此,各成员的选聘、职责定位都应有相应的要求和规划,使其在工作上既能上下衔接,又能相互配合协作,共同促进创客空间的工作顺利有序地进行。

4.2.2 创客空间的信息传递

创客空间的信息传递主要是指创客空间作为一个生态系统对系统外和系统内的信息感应和传递。一个生态系统必须随时根据外部环境的变化做出内部调整来进行自我修复,以保证系统与环境的融合。在创客空间内部必须具有完善的信息传播渠道,以保证信息在各成员间的传递畅通无阻,能及时做出调整,以避免损失和错误的发生,更好地满足学校、创客和社会的发展需求。例如,在国家"大众创业,万众创新"的政策下[6],积极开展学生创业创新活动;结合学校注重学生动手能力培养的方案,适当增加实践创客空间的设备、仪器、工具的购置;针对在创客空间使用过程中出现的问题,通过协调沟通,制定严格的规章制度,以杜绝类似事件的再次发生,恢复创客空间生态系统的正常运行和功能发挥。

4.3 深化拓展物资信息资源建设,构建创客空间生态系统的资源循环体系

创客空间生态系统资源包括各种设施设备、物理空间场地、网络平台、信息等软硬件资源,资源的建设是构建创客空间的基础性工作。

4.3.1 创客空间物质资源的建设

创客空间首先要具备具体物理空间以承载创客们的交流、制造、学习、展示等活动,因此创客空间实际包含着各种类型的物理子空间,如学习查新室、交流讨论室、制作实践室、作品陈列室、多媒体编辑室、音视频录播室、高科技体验室等。在不同的物理子空间应配置不同的设备器材,如在学习查新室配置联网的计算机,在讨论交流室配置投影仪等,在制作实践室配置3D打印机、激光切割机、数控机床等制作工具,在音视频录播室配置摄像机、录音器材、音响设备等。

4.3.2 创客空间信息资源的建设

信息是创客进行创新活动时必备的资源,创客们需要从网上浏览收集最新的科技动态、相关的学科知识要点以及相关领域的发展需求状态等,以确定创新活动的目标、方式方法以及所需技术等,因此创客空间在充分利用高校图书馆现有各种信息资源的同时,还需结合不同空间类型的构建需要,在网上挖掘更多有特色的信息数据资源。除了知名的大数据库,如中国知网、万方数据库、超星期刊、Web of Science、Nature、Springer Link、Wiley Online Journal 等,还可根据需要收集购置一些专业型和学习型数据库,如中国林业信息网、新东方多媒体学习库、IT在线学习平台、"知识视界"教学与知识素质培养总库、百链云图书馆等,以及图书馆自建的数据库如本校的博硕、优秀本科论文数据库,创客空间自己建设的作品展示和学习创新创意交流平台等。

总之,创新是一种人的能动性发挥,创新活动是以人为主体的活动,因此创客空间的构建应将生态的观念贯彻始终,以人为本,组织协调好空间各构成要素的关系,使其各尽其能,互通互助,共生共存,共同构筑一个平衡、多样、开放、稳定、持续发展的生态型创客空间。

参考文献

[1] 王佑镁,钱凯丽,华佳钰,等.触摸真实的学习:迈向一种新的创客教育文化——国内外创客教育研究述评[J].电化教育研究,2017,286(2):34-43.

[2] 曾明星,宁小浩."四场一中心"创客学习空间模型及构建——基于企业创新过程的视角[J].远程教育杂志,2016,235(4):25-34.

[3] 张红利,曹芬芳.国内外典型图书馆创客空间实践研究和启示[J].图书馆学研究,2015(22):9-16.

[4] 360百科.生态系统功能[EB/OL].(2018-09-07)[2018-09-30].https://baike.so.com/doc/4142570-4342262.html.

[5] 360百科.生态系统[EB/OL].(2018-09-24)[2018-09-30].https://baike.so.com/doc/2197078-2324693.html.

[6] 邱进友.众创空间:图书馆未来空间设置的方向[J].图书与情报,2015(5):78-80.

中华优秀传统文化与大学生思想政治教育的融合研究
——以南京林业大学图书馆为例

朱丽娟

（南京林业大学图书馆，南京 210037）

摘　要：高校图书馆作为传播先进文化的组织与场所，有责任对中华优秀传统文化进行弘扬与传播。同时，增强当代大学生在中华传统文化学习中的学习和探索问题的能力，提升大学生继承和发扬中华优秀传统文化的责任感和使命感，是刻不容缓的事情。因此，优秀的传统文化要通过什么样的途径和方法，有效地融合到高校的思想政治教育和图书馆文化内涵建设中，也是新时代背景下图书馆建设中非常值得研究的创新性课题。

关键词：传统文化；图书馆；创新；思想政治教育

Research on the Integration of Chinese Excellent Traditional Culture and College Students' Ideological Quality
—Take Nanjing Forestry University Library as an Example

Zhu Lijuan

(The Library of Nanjing Forestry University, Jiangsu Nanjing 210037, China)

Abstract：As an organization and place to spread advanced culture, university library is duty-bound to carry forward and spread excellent traditional Chinese culture. At the same time, how to enhance the ability of contemporary college students to learn and explore problems in the study of Chinese traditional culture, so that college students can inherit and carry forward the sense of responsibility and sense of mission of Chinese excellent traditional culture, which is an urgent task at present. Therefore, what kind of approaches and methods should be adopted to effectively integrate the excellent traditional culture into the ideological and political education of colleges and universities and the cultural construction of libraries, which is also an innovative new topic worth studying under the background of new era.

Keywords：traditional culture；library；innovation；ideological politics

　　习近平总书记指出："中华优秀传统文化是我们最深厚的文化软实力，也是中国特色社会主义植根的文化沃土。"2017年2月8日，中共中央办公厅、国务院办公厅印发的《关于实施中

---

① 本文系南京林业大学党委宣传部"党建与思想政治教育研究"课题立项项目阶段性成果。

华优秀传统文化传承发展工程的意见》明确提出,当下传统文化的传承需要创新传承体系。中华优秀传统文化蕴含着丰富的人格修养方法,如何将中华优秀传统文化与大学生思想素质教育进行有效的融合,是当前思想政治教育的重要内容,也是高校图书馆文化内涵建设的新课题。

1 当代大学生对中华优秀传统文化的认知现状

1.1 调研情况

本课题通过调查问卷,对南京高校 500 名在校大学生进行问卷、随机和实地调研,内容主要涉及大学生对传统文化的认知和认可度,大学生以何种方式了解到传统文化,大学生可接受传统文化的内容和途径,是否愿意传承和传播传统文化,传统文化对大学生思想政治教育的影响等,以了解当代大学生对中华优秀传统文化的认知现状,探讨现状中存在的问题,并进行思考与反思。调查结果显示,80%的大学生对传统文化的存在价值持有肯定的态度,20%的人认为可有可无或没有价值。

1.2 大学生对中华传统文化的态度

首先,当代大学生对中华传统文化的认识显得简单、抽象和片面化。由于学生在学校接触的文化课程大多是公共选修课,授课模式大多是"通识+概论",忽略了对经典原著的阅读与理解,尤其缺乏对中华传统文化课程的学习,导致学生对传统文化的理解较为简单、片面和肤浅,更谈不上更深层次地学习和领悟中华传统文化的精神内涵和外延。

其次,部分学生对中华传统文化的认识显得被动和机械化。很多学生把大量的课余时间用在各级各类证书考取或者其他休闲娱乐等方面,目前很多高校缺乏形式多样的传统文化的学习课程,有少数学生对中华传统文化的认识存在着明显的功利化、实用化。有些社会培训机构对国学的宣传和热捧如火如荼,但学习者多数是为了一些培训证书和资质证明。大学生对中华优秀传统文化的学习产生了偏差,有些人学习的目的并非是自身内在人格的修养与提升。

2 当前高校传统文化教育现状存在的问题

2.1 高校缺乏对中华传统文化的重视与传播途径

当前,我国部分高校思想政治教育采用公共必修课的形式,教育教学形式过于单调。如何有效地将中华优秀传统文化进行弘扬和传播,同时与大学生形势政策课或政治学习相结合,是值得研究和思考的问题,实践证明,利用各类讲座和多种形式的交流将传统文化融入课程与活动中,让学生们接触到传统文化并愿意参与践行是有效的途径,如南京林业大学图书馆不定期开展的优秀传统文化人文社科类讲座,学生社团"汉服社"在南京林业大学新图书馆举办的"二十四节气雅集""茶香琴韵"等社团活动。

2.2 高校缺乏对中华优秀传统文化的挖掘与提炼

中华传统文化的特征是伦理型文化,注重道德品质的修养,其中爱国主义、诚信品质、宽容品质、孝道思想等在大学生群体中都是值得提倡和学习的。因此,把中华优秀传统文化融入当代大学生思想政治教育中,对于大学生塑造优良品德,陶冶高尚情操,提升道德境界,树立完善人格,具有不可忽视的重大价值。

2.3 高校缺乏一批具有传统文化内涵的教师队伍

目前部分高校传统文化师资力量薄弱,质量和数量不能满足当前对传统文化课程的教学要求,例如,北京理工大学从事传统文化课程教学的教师占学校教师数量的0.5%,清华大学人文社科学院的中华语言文学系,教师总量仅占0.8%,北京林业大学、北京航空航天大学等理工类院校基本没有与传统文化教学相关的院系。高校在传统文化专业教师的师资配备上还有一定的空间和缺口,当前高校图书馆更是缺乏了解如何传承、传播传统文化的工作人员和教师。

3 传承中华优秀传统文化精髓,创新大学生思想政治教育新途径

3.1 重视校园文化环境建设,融入传统文化教育

高校要以校园文化建设为契机,让传统文化有效地融入学校的教学育人和科研环境中。在校园文化建设中可借助各种先进的多媒体传播手段,如大学生网上论坛、微博、微信公众号、网络视频、校园媒体、校报、大学生杂志等,通过通俗易懂、生动活泼的宣传海报、微电影、文献阅读、文化作品等,引导当代大学生关注和学习中华传统文化,提升学生的思想道德修养水平,帮助当代学生树立正确的人生观、价值观和世界观,同时积极探索有效途径让传统文化融入当前的教育教学环境中。各高校还可根据学校特色和文化特征,深入挖掘符合自身特点和需求的传统文化教育亮点,形成高校传统文化教育南北各有特色,百花齐放的局面。例如,南京林业大学图书馆2018年举办的读书节活动,以"展卷闻书香,灵启鸿鹄志"为主题,打造书香校园、人文校园,策划了数十项丰富多彩的活动,读书节期间,图书馆精心挑选100种中外文史哲经典名著,集中展示推介,并组织"阅读分享会",吸引全校数百位研究生参与其中,"印象南林——邮你邮我"图书馆明信片与书签设计比赛鼓励广大师生拿起画笔,画出美丽的校园景色,记录快乐的图书馆生活,得到青年学子们的热烈追捧,为不断提升全校师生的人文素养,读书节组委会还精心挑选、免费放映9部精品影片,共有近400人到场观看,"人文大讲堂"活动邀请国内知名学者、专家到我校举办讲座十余场,以增强南林的人文气息,培养师生阅读兴趣,提高广大读者的阅读品味与鉴赏能力。

3.2 发掘传统文化经典,贴近当代大学生思想政治教育

当前大学生思想政治教育工作必须符合我国目前的国情和文化特点,应着重从大学生实际需求和生活出发。

首先,中华优秀传统文化有助于大学生养成自律精神、提高自身素质。其次,中华优秀传统文化与当代大学生思想政治教育相融合有助于大学生树立正确的世界观、人生观、价值观。再次,中华优秀传统文化有助于高校学生提升爱国主义情感。当前要让大学生的民族自尊心、自信心和自豪感被充分激发出来,就需要对大学生进行系列的传统文化教育,探索积极有效的方法措施。例如,南京林业大学图书馆组织师生和直属党支部,观看《榜样》《厉害了,我的国》

《红海行动》《"迎国庆品经典"爱国电影展播活动》等,并通过微信、微博、QQ群,电子显示屏、《信息与读者》杂志等多种方式进行宣传和推广,把学习榜样事迹、传承榜样力量作为推进"两学一做"学习教育常态化、制度化的重要内容,不断引导广大师生、党员和图书馆工作人员努力把这些榜样力量和精神落实到具体工作中,奋发有为,努力进取。

3.3 加强教师队伍建设,提高教育水平,带动思想政治教育与传统文化教育

高校教师和辅导员以及图书馆教师要充分认识中华优秀传统文化的旺盛生命力,学会运用中华优秀传统文化蕴含的先进理念、丰富思想和有效方法推进教育教学研究。由于高校教师本身来自不同的专业背景,很少能够把传统文化与思想政治教育有效地融合在一起,对学生思政创新性地开展工作。因此,高校辅导员队伍和图书馆教师群体自身的修养与传统文化学习也需要提高和加强,要以教师职业道德标准严格地要求自己,充分发挥示范作用。

3.4 利用各种社会实践平台,体悟传统文化的魅力

高校可充分运用各种社会实践平台,把传统文化教育与大学生的社会实践活动紧密结合起来,使学生在实践中了解社会、服务社会。例如,南京林业大学"美丽中国行"暑期社会实践活动,在南京林业大学图书馆不定期地组织一些专家学者举办讲座和文化交流活动,邀请我国唯一一位"世界玫瑰大师奖"获得者、中国月季协会副会长王国良教授,在图书馆报告厅举办《一花千年——中国月季玫瑰和蔷薇的前世今生》学术报告。同时联合研究生院、团委、学生处、马克思主义学院、风景园林院等以多种形式联合举办以下传统文化进校园系列活动:邀请华夏茶书院院长、资深茶学专家程龙伟举办了"聆听一场花开的声音"茶文化和传统插花交流活动,邀请中国文字研究专家田再农老师举办了"汉字的文化"讲座,邀请南京中医药大学国医堂李永老师进行"中医健康养生"讲座,邀请南京金石传拓社举办了"非遗恒久远,技艺永流传"传拓讲座等。这些活动丰富了学生的大学生活,弘扬和传播了中华民族的优秀传统文化,对建立文化自信、提高当代大学生综合素质起到了积极的推动作用。

3.5 运用多种云媒体,开辟思想政治教育新途径

多种形式的传播途径已成为当前高校思想政治工作和图书馆文化建设的新渠道。高校图书馆应与时俱进,运用现代多媒体技术和多种渠道,如微博、微信、QQ、期刊等平台开辟思想政治教育和校园文化建设的新途径,以多种形式宣传和传播中华优秀传统文化,如非遗文化、古籍修复、古诗词、中华传统古乐、国画、书法、对联、猜灯谜等内容,同时在传统节日开展传统文化欣赏活动,促进当代大学生对中华优秀传统文化的了解和兴趣的提高。

同时还可通过开设各种传统文化选修课程,如古琴欣赏课,茶道选修课,中华传统插花课程,中华香文化课程,中华书法课程等,邀请国内专家举办有关传统文化知识的专题讲座,开展以传统文化为主题的演讲比赛、读书会,在高校积极有效地开展中华优秀传统文化教育,并积极探索思想政治教育新途径,创新教育形式,将中华优秀传统文化与当代大学生思想政治教育有效融合,如南林樱花盛时举办的"樱花盛开,香约而来"传统香文化讲座,组织观看"江苏省改革开放四十周年展","春和景明"南京林业大学图书馆廉洁文化书法摄影展,南京林业大学教师读书协会等,南京林业大学图书馆关注中华传统文化,搭建了广阔的读书交流平台,用贴近时代的方式引导师生广泛参与阅读、诵读、品读和竞读,提高师生审美水平和文化内涵,在全校营造浓厚的读书氛围。

中华优秀传统文化具有极强的生命力,图书馆是师生学习研究活动的重要场所,未来应解放思想,与时俱进,不断创新,积极探索校园文化建设的新途径和新方法,将中华优秀传统文化与当代大学生思想政治教育进行有效的融合,为促进学校"双一流"和百强高校建设不断努力。

参考文献

[1] 范前锋.习近平总书记的文化自信观[J].学习月刊,2018.
[2] 曹应旺.坚定中国自信反对历史虚无主义[J].毛泽东邓小平理论研究,2018(1).
[3] 史成虎.习近平新时代中国特色社会主义思想的创新源泉[J].长白学刊,2018(3).
[4] 张婷婷.浅谈中国传统文化与高校大学生思想政治教育的融合[J].教育教学论坛,2016(27):65-66.
[5] 叶国英,曹顺仙.探求思想的力量[M].北京:北京理工大学出版社,2012.
[6] 王全权,唐旭.认识与探索:高校思想政治理论课学生优秀论文集[M].合肥:合肥工业大学出版社,2010.
[7] 曹顺仙,薛桂波.思想文化新论[M].北京:北京理工大学出版社,2012.
[8] 于林林.中华传统文化对大学生思想政治教育的重要影响[J].文教资料,2010(15).
[9] 刘川生.大学生思想政治教育实效性探究[M].北京:北京师范大学出版社,2009.
[10] 陈福,方益权,牟德刚.大学生思想政治教育论[M].杭州:浙江大学出版社,2008.
[11] 韩聪钰,贾利军.传统文化课程体系建设与大学生思想政治教育——基于北京地区高校的调查分析[J].北京教育,2012,09(616):46-48.
[12] 王邦乐.弘扬传统文化 坚定文化自信[J].中学政史地(初中适用),2018.

数据引领服务
——西北农林科技大学图书馆 K 类图书借阅排行分析

高 丽

(西北农林科技大学图书馆,杨凌 712100)

摘 要:本文针对西北农林科技大学图书馆近三年来 K 类图书借阅排在前十位图书进行统计分析,侧重分析其高借阅量形成的原因,探讨提升借阅率、改进流通服务的有效方法。

关键词:图书借阅榜;阅读倾向;图书魅力;媒体导向;文创产品

Data Leading Service—Analysis on the Lending Rank of k-class Books in the Library of Northwest A&F University

Gao Li

(The Library of Northwest A&F University, Shaanxi Yangling 712100, China)

Abstract: Based on the statistical analysis of the top ten K-class books lent in the library of Northwest A&F University in the past three years, this paper focuses on analyzing the reasons for the formation of high loan rate so as to explore effective ways to improve book loan rate and book loan service.

Keywords: book loan list; reading tendency; the charm of books; media orientation; cultural and creative product

  图书是图书馆最基本的文献资源,若要充分发挥图书资源的价值,离不开对读者的分析研究,主要是了解读者的阅读倾向和文献信息需求的规律特点[1]。研究读者群的阅读倾向和需求,通过改进流通服务,建立图书馆与读者之间的紧密联系,能够提高图书的借阅率,推动优质图书的阅读推广,创设良好的校园阅读环境,提升读者群整体的阅读素养和文化素养。鉴此,本文通过对西北农林科技大学图书馆 K 类(历史地理)图书 2015 年至 2018 年 4 月借阅排行榜的数据分析,从中思考探究提高图书借阅率、提升流通服务的有效方法。

1 K 类图书借阅排行榜分析

1.1 数据来源

  本文数据来源于西北农林科技大学图书馆汇文管理系统的中文纸质图书借阅排行,图书按照《中国图书馆分类法》进行分类,数据统计利用 Excel 进行整理,对 2015 年 1 月至 2018 年 4 月累计读者 K 类(历史地理)借阅排行榜前十位图书进行统计分析。

1.2 数据统计

截至2018年4月底,我馆K类图书共计25 159种,总册数计68 795册,借阅排行榜前十位的图书统计及排名如下所述。

1.3 数据分析

1.3.1 数据分析归纳

表1列出的2015年至2018年4月我馆K类图书借阅排名前十位的图书数据,按借阅次数(一种图书在某段时间内所有复本借阅次数之和)排行,参考图书复本数和借阅比率(一种图书借阅次数与其复本数之比)。

表1 2015—2018年K类图书借阅排行榜前十位

排位	图书题名	责任者	出版社	出版时间	ISBN	索书号	复本	借阅次数	借阅比率
1	《万历十五年》	〔美〕黄仁宇著	生活·读书·新知三联书店	2008	978-7-108-03014-6	K248.307/H852	11	198	18.00
2	《苏东坡传》	林语堂著	湖南文艺出版社	2012	978-7-5404-5202-5	K825.6/L593H	10	162	16.20
3	《假如给我三天光明》	〔美〕海伦·凯勒著	译林出版社	2011	978-7-5447-2102-8	K837.127=533/K135/(1)	5	91	18.20
4	《一问一世界》	杨澜,朱冰著	江苏人民出版社	2011	978-7-214-06882-8	K825.42=7/Y224	8	76	9.50
5	《史蒂夫·乔布斯传》	〔美〕沃尔特·艾萨克森著	中信出版社	2011	978-7-5086-3006-9	K837.125.38/A142	8	75	9.38
6	《鱼羊野史(第1卷)》	高晓松作品	湖南文艺出版社	2014	978-7-5404-6620-6	K204.5/G247/(1)	6	73	12.17
7	《万历十五年(增订纪念本)》	〔美〕黄仁宇著	中华书局	2006	7-101-05203-7	K248.307/H852A	4	68	17.00
8	《老梁故事汇之老梁谈名流》	梁宏达著	北京理工大学出版社	2014	978-7-5640-9258-0	K811/L382	4	64	16.00
9	《蒙曼说唐·武则天》	蒙曼著	广西师范大学出版社	2008	978-7-5633-7080-1	K827.42/M251	10	63	6.30
10	《今生就这样开始:三毛传》	王臣著	湖南文艺出版社	2012	978-7-5404-5804-1	K825.6/W187	4	63	15.75

由表1数据可见,借阅排行榜前十位的K类图书主要是历史类和人物传记类,其中,历史类图书有《万历十五年》《万历十五年(增订纪念本)》《鱼羊野史(第1卷)》三本,人物传记类图书有七本上榜,分别是《苏东坡传》《假如给我三天光明》《一问一世界》《史蒂夫·乔布斯传》《老梁故事汇之老梁谈名流》《蒙曼说唐·武则天》《今生就这样开始:三毛传》。

1.3.2 读者阅读倾向分析

由图1可以看出,高居榜首的历史类图书是《万历十五年》,无论是三联书店出品的《万历十五年》,还是中华书局出版的《万历十五年(增订纪念本)》,都是美籍华裔作家黄仁宇先生的作品,实为一本书的两个版本。两本书的借阅次数分别是198次和68次,相较其他图书借阅比率高出很多,分别是18.00和17.00,虽然两本分开来统计数据,但丝毫不影响其领先优势。《万历十五年》采用纪传体的铺叙方式,以大历史观来看待明朝历史,从技术的角度分析历史,书中叙事通俗、优美,精辟的解析尤其令人惊叹。《鱼羊野史》是高晓松2013年在东方卫视做的《晓松说——历史上的今天》节目的文字版,以高晓松的角度重新解读历史事件,内容丰富、深入浅出、幽默风趣。由此说明,我校大学生读者群对历史图书的阅读倾向不是严肃,而是通俗,这与农林高校读者群课外阅读的特点一致,阅读历史图书不为研究历史,只为了解历史。

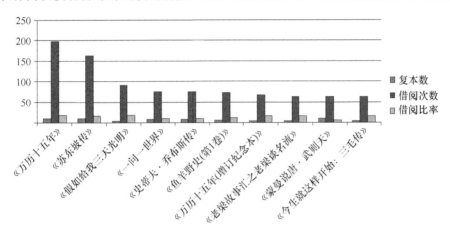

图1 2015—2018年K类图书借阅排行榜前十名

借阅排行榜前十名的数据中,K类图书借阅以人物传记为最,以七本的优势占据榜单,占70%。传记图书主要指根据各种书面的、口述的回忆、调查材料编写人物传记性著作的图书,它的基本要求是纪实性。《假如给我三天光明》《一问一世界》属于自传,能让读者看到一个不为人知的、血肉丰满的传主。《苏东坡传》《史蒂夫·乔布斯传》《蒙曼说唐·武则天》《今生就这样开始:三毛传》属于评传,是一种研究性传记,是将作者的人生和作品结合起来进行描述,是一种深层次的灵魂对话。而《老梁故事汇之老梁谈名流》属于传奇,是平凡生活中的一抹亮色,通俗易懂,趣味横生。无论是我国的文化名人苏轼、一代女皇武则天、作家三毛、媒体人杨澜,还是美国作家海伦·凯勒、"苹果教父"史蒂夫·乔布斯,他们都有着不平凡的生命,令人敬佩。七部传记作品中借阅次数和借阅比率最高的是《苏东坡传》,该书复本为10本,借阅次数为162次,借阅比率为16.20,《假如给我三天光明》位居第二,复本为5本,借阅次数为91次,借阅比率为18.00,数据的领先足见读者对才华横溢的苏东坡的敬仰,对励志坚强的海伦·凯勒的赞赏,也体现出读者希望从传记人物身上汲取营养和力量的心理需求。

综合分析,我馆K类图书累计借阅排行榜行榜前十位的图书,有一个鲜明的共同特点,即视角新颖、通俗易懂、励志进取,这正是我校大学生读者群课外阅读K类图书的阅读倾向。

2 K类图书借阅榜高借阅量原因分析

2.1 图书作品方面

2.1.1 作家魅力

位居图书借阅排行榜前十名的上榜图书的作者中,每一位作家都是极具实力和影响力的。以林语堂先生为例,他是我国第一位以英文书写扬名海外的中国作家,曾于1940年、1950年、1975年三度获得诺贝尔文学奖提名,是极具魅力的人物。此外,音乐才子高晓松,以"大历史观"享誉华人学界的黄仁宇先生,被称为"中国的华莱士"的优质女性典范杨澜,著名历史学者蒙曼,学富五车的媒体评论人梁宏达,当代畅销书作家王臣,阳光智慧的海伦·凯勒,美国著名的传记作家沃尔特·艾萨克森,这些作家自身的魅力能够自然地吸引读者的阅读选择。

2.1.2 作品魅力

作家们笔下的人物个个魅力十足。一千多年来历代都有许多仰慕者的苏东坡,诗词、散文、书画,动笔收笔皆挥洒自如,才情、风骨都卓尔不群。林语堂先生称苏东坡"一生如一阵清风拂过"[2],确乎如此。再者,武则天、真实悲情的三毛、励志美丽的杨澜、热爱生活的海伦·凯勒、计算机业界的标志性人物史蒂夫·乔布斯,都可谓传奇的人物、充满魅力的生命。

不同作家笔下的文字具有不同的风格,不同的味道。下面以借阅排行榜第一位的《万历十五年》和第二位的《苏东坡传》为例进行分析。

黄仁宇的《万历十五年》自出版以来一直出现在各类人文社科书榜上,成为中外很多高校推介的人文素质读本。该书在叙事上采用纪传体的铺叙方式,力图使历史专题的研究大众化,讲述历史的语言通俗、优美、流畅,可读性强。黄仁宇的写作方法被归入历史写作的另类,也因此被称为"历史学界的琼瑶"。最吸引读者的应当是黄仁宇历史研究中寄托的对现实的深切关怀,对中国读者而言,《万历十五年》有一种强烈的现实针对性。该书中文版本的责任编辑傅璇琮也曾表示:"这本书的撰写,确实拓新了我们看待历史、观察社会的眼光。"[3]

林语堂先生的文章是极有感染力的,读懂先生的文字,必是触动心弦的彻悟,他那积极快乐的人生观,通达逍遥。正如王兆胜先生所说:"我一直在想,林语堂的作品给了我一次新的生命,他把我从黑暗的深渊里解放出来,从而获得了新的支点、视角、思想方法,也获得了快乐的源泉。"[4]

2.2 读者心理成长需求方面

阅读历史书具有现实意义,读史使人明智,当下的我们需要以史为鉴。对高校读者而言,通过历史,可以在前人的肩膀上,运用自己的现代知识丰富当下生活的意义,学会客观地看待问题,从而运用历史知识增长智慧,把视野放远,学会所谓的历史地看待问题。

传记图书也是最好的励志书,历史上许多伟大的人物,在确定自己的人生目标时,都曾经从传记文学中获取营养和动力。优秀的传记作品,具有其他书籍无法替代的认识价值和教育功能。传记中是鲜活的人物,很多人有重大建树,充满人格感染力,值得高校读者走近他们。传记图书能够帮助读者了解传主的奋斗史、心灵史,同时可以激励和鼓舞读者。

著名传记作家理查德·霍姆斯曾说:"传记是照射出我们自身热望和焦虑的镜子。同时也是最能体现人性,引发读者共鸣的图书。"

2.3 媒体影响力方面

上榜的十种图书在各大图书网站榜单中都有身影,尤其是《万历十五年》和《苏东坡传》。当下新媒体时代的信息多元化,使高校读者能够及时便捷地从当当、卓越、亚马逊这些图书网站获取源源不断的图书信息,从豆瓣读书、京东等网站了解最新的图书速递,以及了解各高校的阅读榜单,新书资讯很快就被读者捕捉到并传播开来。在媒体大环境下,影响无处不在,无论高校读者是否需要这些阅读资源,它们都会如影随形。

高校读者群心理的不成熟,使其在面对蜂拥而至的信息时,为了与身边的读者群有共同的话题,不可避免地出现从众行为。所谓从众心理,就是个体在团体中,常常不知不觉地受到团体的压力,从而在知觉、判断、信仰以及行为上表现出来的与团体多数人相一致的心理现象[5]。客观来讲,媒体的图书推荐海量且迅速,新鲜且有吸引力,但是所推荐的书籍不一定适合每一位读者,而且推荐的图书只是某一类图书的代表性作品,并不能以一概全。从众心理有积极和消极两个方面的作用,它们取决于图书品质的高低和读者阅读理解的深浅程度,因此倡导读者不可盲目从众,应选择适合自己的优质图书,深度阅读,培养成熟的阅读视角。

3 流通服务改进方法

3.1 积极主动服务,提高服务质量

图书馆第一定律"书是为了用的"指明了图书馆工作的出发点和目的,图书馆的主要职能是使馆藏图书资源得到充分的利用,为书找读者,让读者爱上书。新媒体时代,图书馆更应充分关注和利用读者数据,分析读者的阅读倾向,探究有效提升服务的方式方法。根据我馆K类图书借阅排行榜的分析,可以清晰地看到流通服务的努力方向,应积极围绕读者的阅读倾向调整K类图书的馆藏建设,收录读者喜爱的优秀作家的优质图书作品,做好图书推荐服务工作,提升纸质图书文献的流通率。

3.2 关注影响读者阅读倾向的因素

为高校读者服务,需要始终抱有学习的态度,拓宽视野,关注并了解高校读者生活、学习等方面的影响因素,包括媒体环境信息变化,文化中国建设,高校校园文化推进以及高校读者学习、考试、交往、求职、心理等方面的阅读需求。

例如,参阅亚马逊中国2018年度图书排行榜导读,可以发现《看见》跃居榜单之首,这本柴静的自传性作品自2018年1月1日出版后,就受到广泛关注并持续热销。在文化中国建设的大环境下,央视承办的《中国诗词大会》《朗读者》《经典咏流传》等节目及相关图书的发行,都是极其深厚的文化大餐,值得收录图书文献并提供给高校读者们。

3.3 加强阅读辅导中的美育

图书馆的阅读辅导服务直接影响文献的利用,辅导方法主要是引导读者有目的地阅读图书,克服阅读中存在的盲目性或不健康倾向,这项工作可以与美育结合起来,提升效果。美育

在人的全面发展中有着重要的作用,用现实生活中的美好事物以及反映在艺术作品中的先进人物的思想感情和活动来感染读者,对人的情感、思想、意志和性格有着广泛而深刻的影响,可以丰富人的精神生活,有利于促进人的个性的和谐发展[6]。因此,图书馆可以在阅读辅导时,通过多种途径选择并推荐优秀健康的图书作品,对广大读者进行美的教育,帮助读者从图书资料中汲取有益的营养,提升读者阅读素质。

3.4 开发图书馆文创产品

图书馆文创产品是一种新事物、新现象。在第24届北京国际图书博览会上,四川省图书馆的"杜甫与熊猫"软萌可爱,湖南省图书馆的"陶童"外形古朴、内涵丰富,让人耳目一新。目前,国家图书馆已然成为国内图书馆领域文创产品开发的先行者和开拓者,其最大优势在"书"——馆藏三千七百多万册(件)典籍,于是利用研究我国京剧早期行头与脸谱的珍贵馆藏古籍《庆赏升平》,设计了一整套彩绘戏曲人物图谱,并以此为创意原型创造了状元、公主、哪吒等卡通形象,衍生出公交卡、书签等数十类文化创意产品,深受读者喜爱。

文创产品相当于一个传统文化的智能教育平台,开发文创产品,能让人们看到图书馆除了"书"以外的不同面貌。我馆在提升文献资源利用率方面,不妨从所处地域的特点和馆藏特色入手,结合借阅排行榜的书单,大胆尝试开发文创产品,拉近与读者的距离,引导读者阅读文化经典,提升读者阅读热情,推进文化阅读深度。

4 结语

图书馆是人类思维的产物,是为人的发展服务的,要提高图书馆的服务质量和图书利用率,就要研究读者的需求和读者的发展。本文通过对我馆2015年1月至2018年4月K类图书借阅榜前十位图书的分析,研究读者的阅读倾向,积极探究高借阅量图书受读者青睐的原因,并思考改进流通服务的有效途径。总之,数据引领服务,对图书和读者的分析研究只是方法,最终的目标在于为读者提供全面发展的服务。

参考文献

[1] 吴慰慈,董焱.图书馆学概论[M].北京:北京图书馆出版社,2002.
[2] 林语堂.苏东坡传[M].南京:江苏人民出版社,2014.
[3] 黄仁宇.万历十五年[M].上海:生活·读书·新知三联书店,2008.
[4] 王兆胜.闲话林语堂[M].北京:中国人民大学出版社,2016.
[5] 时蓉华.社会心理学[M].上海:上海人民出版社,1986.
[6] 徐引篪,霍国庆.现代图书馆学理论[M].北京:北京图书馆出版社,2000.

高校图书馆校友服务 SWOT 分析
——以中南林业科技大学图书馆为例

吴旭艳　叶盛荣

(中南林业科技大学图书馆，长沙 410004)

摘　要：中南林业科技大学图书馆抓住建校 60 周年庆典之机，积极开展校友服务。本文在调查分析国内外高校图书馆校友服务现状的基础上，用 SWOT 分析法对我馆校友服务的内部优势和劣势以及面临的外部机遇和挑战进行了探讨，并提出相应的校友服务具体策略。
关键词：高校图书馆；校友服务；SWOT 分析法

SWOT Analysis of University Library Alumni Service
—Taking the Library of Central South University of Forestry and Technology as an Example

Wu Xuyan　Ye Shengrong

(The Library of Central South University of Forestry and Technology, Hunan Changsha 410004, China)

Abstract: The library of Central South University of Forestry and Technology seized the opportunity of the celebration of the 60th anniversary of the university to actively develop alumni services. Based on the investigation and analysis of the status quo of alumni service in university libraries at home and abroad, this paper discusses the internal advantages and disadvantages of alumni service in our library, as well as the external opportunities and challenges it faces with SWOT analysis method, and puts forward the corresponding specific strategies for alumni service.
Key words: university library; alumni services; the SWOT analysis method

　　校友是高校可持续发展过程中不可或缺的宝贵资源，他们对母校有着深厚的"血缘情感"，对母校有着寻求智力支持、信息支持和情感支持等需要[1]。高校图书馆顺应服务社会化大趋势，主动开展校友服务，为校友提供特色化、个性化的信息支持，对加强校友与母校的联系，维系和强化校友和母校之间的感情，培育校友资源，乃至提升高校的社会评价水平都是极其重要的。

　　2018 年是中南林业科技大学建校 60 周年，校庆期间，众多校友纷纷重返母校。中南林业科技大学图书馆（以下简称"我馆"）作为沟通学校与校友的信息资源提供者，应从自身实际出发，探索有效的校友服务模式与策略，满足校友终身学习和发展的需要，实现高校图书馆社会效益和文化效益的最大化。

1　高校图书馆校友服务现状

　　国外高校历来重视校友服务，将校友视为学校面向社会的一个窗口、学校的品牌和无形资产,校友捐赠也是各高校办学经费的重要来源。各大世界著名学府把支持校友在社会上健康成长和不断发展,看作学校的重要任务[2]。美国大学与科研图书馆协会制定的《大学图书馆标准》明确规定:"作为大学的学术、教学机关,图书馆应为学生在校能够学有所成、离校能够终生学习提供服务,帮助用户掌握获取信息、评估信息和使用信息的正确方法。"[3] 国外高校图书馆校友服务的经验丰富且具有借鉴意义。国内高校近年来服务社会化倾向日趋明显,认识到向校友提供信息服务,是高校图书馆社会化服务中符合"最小努力原则"且具有深远影响的一种服务形式,在服务方式与内容方面进行了积极探索[4]。通过对国内外已开展校友服务的高校图书馆进行调查分析[5],本文总结出以下经验。

1.1　校友身份认证管理

多数高校图书馆采取办理校友卡的方式,对认证校友提供入馆阅览、借阅书籍等信息服务。校友卡通常可作为校友阅览证,校友可在馆内阅读以及使用馆内设施和大部分资源。若需要资料外借的服务,通常需要进一步申请校友借阅证或开通借阅资格。部分高校规划建设了统一身份认证的信息门户平台,通过保留毕业生在校期间的个人信息,使校友在校外能随时随地享受母校图书馆的在线信息服务。

1.2　校友服务项目

一般来说,阅读服务、借书服务、校友电子资源服务是图书馆校友服务的三大主要形式[6]。多数高校图书馆依据自身实际情况,有选择地提供各种服务项目,包括信息咨询、信息通报、馆藏查询、入馆阅览、图书外借、设备使用等基本服务项目,同时在外借数量、期限、种类,超期提醒与召回等具体服务内容上,校友与在校师生有所不同。部分有条件的高校图书馆还向校友提供预订影音室、研讨室等信息共享空间服务,以及RSS订阅、数字资源检索、开放网络学习平台、代查代检、文献传递、定题/专题服务、科技查新等深层次服务项目,服务收费各校情况不同。

1.3　校友对数字资源的使用权限及方式

高校图书馆数据库通常具有学科丰富、资源质量有保障、资源类型多样的特点,但由于商业数据库的使用权限,校友远程登录图书馆所购买的数据库资源是有限制的。高校图书馆必须在保证校内师生使用的基础上,对校友谨慎开放数据库,一般来说,只对拥有数字资源服务权限的校友提供数字资源服务,各高校图书馆主要采用以下几种方式提供服务。

1.3.1　提供数字资源使用权限

利用虚拟专用网(VPN,Virtual Private Network)技术开通数据库远程访问服务,向校友提供获得授权的数据库资源;通过高校建设的统一身份认证的信息门户平台,校友使用账号及密码登录,随时随地获取高校图书馆所购买的大部分数字资源,与在校师生权限一致。

1.3.2　部分开放数字资源

提供自建数据库,将本校特色资源提供给校友;由数据商提供的校友版数据库;提供经过整理的开放存取(OA,Open Access)资源目录,向校友提供可免费获取且有较高学术价值的数字资源;向校友提供一些学科专家精选出来的高质量、可信、免费的网络资源,规避数据库知识产权纠纷。

1.3.3　申请临时使用数字资源

校友通过有效证件到图书馆办理临时阅览证,进入图书馆,利用馆内公共计算机终端访问数据库,进行信息检索或业务办理;图书馆接受现场或网络申请,为有需要的校友提供 24 小时内有效的免费网络账号。

1.4 校友服务收费情况

大部分高校图书馆可提供免费信息咨询、馆藏查询及入馆阅览。图书外借等服务需办理校友证时,按各馆规定收取工本费、年服务费或押金。代查代检、文献传递、科技查新、定题/专题服务等深层次信息服务,则需要收取相应费用,各馆收费标准有所不同。

2 SWOT 分析法

SWOT 分析法是基于内、外部竞争环境和竞争条件的态势分析,其中 S(Strengths)代表优势,W(Weaknesses)代表劣势,O(Opportunities)代表机会,T(Threats)代表威胁。SWOT 分析法通过调查并列举研究对象的主要内部优势和劣势,以及外部的机会和威胁等,对研究对象所处的环境进行全面系统的评价和分析,然后交叉对比内外因素,形成"扬长"策略和"避短"策略的矩阵,把资源和行动聚集在是自身强项和有最多机会的地方,制定相应的发展战略、规划以及具体策略等[7]。

20 世纪 80 年代以后出版或发表的很多图书馆战略规划指南、专著、论文,都推荐 SWOT 作为战略规划中的环境分析工具,很多图书馆在制定战略规划时也借鉴或直接采用 SWOT 框架[8]。通过考察馆舍、资源及其可获得性、员工组织状态、图书馆利用程度、技术及其变化、特藏(特殊资产)、经济状况与经费来源等来判断图书馆内部的优势与劣势,通过考察经济、社会趋势、技术、用户群体及用户需求等来判断图书馆面临的外部机遇与威胁,SWOT 分析法能帮助图书馆确认需求、发现问题,最终科学地制定出相应的发展战略。

3 中南林业科技大学图书馆校友服务的 SWOT 分析

3.1 优势分析

3.1.1 馆藏资源丰富且有学科针对性

经过几代中南林人的积累,我馆形成了多学科、多载体形式、多语种、多出版类型的立体馆藏结构,资源数量充足、种类齐全、学术性强,其中纸本藏书 180 万册,电子图书 85.17 万册,电子期刊 33.96 万册,学位论文 714.18 万册,国内外数据库 134 个。2015 年以来,我馆本着"结合学校传统、突出学科特色"的原则筹建"绿色文库"特藏库,收藏校友文献资料。在满足本科学生基本资源需求的基础上,根据专业建设及院系教师需求,引进 SCI 数据库、Wiley 在线期刊外文全文数据库、EBSCO 数据库、PQDT 学位论文数据库、Elsevier Science Direct 全文数据库等外文数据库。我馆还自建油茶系列数据库等专题馆藏,并建了生态学、林学、生物学、风景园林学、林业工程、土木工程六个一级学科的学科服务平台。我馆具有学科针对性、系统性的海量馆藏资源与校友的文献信息需求具有一致性,可保障校友文献信息服务的顺利开展。

3.1.2 基础设施及信息化建设日趋完善

我馆分东、西两馆,建筑总面积 4.3 万平方米,阅览座位 4 528 个,建筑格局开放,环境友好且人性化,为群体学习、协同合作和个性化学习提供功能强大的学习中心;清大新洋自动化管理系统的应用,实现了从采编到借阅、咨询等业务环节的自动化、网络化、数字化;大流通和自助借还服务系统的采用,节省人力,方便读者。随着高校信息化建设的逐步完善,从2013级学生开始,我校为每一位毕业生保存了在校期间的个人相关信息,为图书馆进行校友统一身份认证和统一权限管理提供了便利。日趋完善的空间设施与信息化技术相融合,使我馆文献信息处理能力、读者接待能力、读者服务水平大大提高,可以为校友服务提供更强大的支持。

3.1.3 人才及用户服务能力优势

我馆现有职工95人,其中博士1人,硕士18人,本科35人,占馆员总数的63.9%,除图书情报专业外,还有计算机、法律、林业、生物、园林、土木、外语等专业的人才,优秀而富有经验的员工为校友服务提供了智力保障。为适应信息化社会,我馆积极调整职能定位,不断探索用户服务功能,已开展了图书借阅、馆藏查询、参考咨询、文献传递、馆际互借、查收查引、专题/定题服务、学科分析、科技查新等服务。"互联网+"环境下,我馆利用官方网站、微信平台、QQ群、移动图书馆等新媒体渠道为读者提供个性化资源推送和全天候信息服务。

3.2 劣势分析

3.2.1 图书馆资源建设经费不足

近年来学校向我馆投入的经费逐年增加,但图书资源建设经费投入不稳定,仍存在较大不足,生均图书总数尚未达到教育部评估指标80册的要求,数字资源增长较缓慢。开展校友服务必将增加一定规模的用户数量,管理成本、文献资源购置经费等也将增加,造成额外的经费压力。

3.2.2 用户服务观念与方式因循守旧

我馆在服务对象社会化方面探索不足,缺乏主动为校友服务的意识与动力。大部分馆员仍然满足于为本校师生服务,没有意识到把服务延伸到社会,挖掘校友信息服务需求、支持校友终身发展的重要意义。此外,馆员年龄老化,人才队伍建设出现断层,年轻的图书情报专业人才缺乏,为师生提供深层次的信息参考咨询和学科服务的骨干馆员力量不足。

3.2.3 未建立系统的校友服务体系

目前,我馆校友服务工作主要由馆办公室、阅读推广部、信息开发与建设部的工作人员承担,未指派专人或成立组织负责相关事务及日常工作,组织机构尚不完善,未建立校友服务的相关规章制度,明确校友身份认定、权利与义务等相关细则。图书馆主页、微信等信息发布平台上未设置校友服务栏目或服务入口。较少通过我校网站或图书馆网站、微信平台等推送校友服务的相关信息,宣传不到位。没有通过读者反馈、网站点击率和数据库使用量的统计对校友服务质量进行监管,缺乏有效的校友服务评价机制。校友办作为我校专门负责校友联络与服务的工作机构已成立多年,但图书馆与校友办之间缺乏联系与合作,没有做到资源共享。

3.3 机会分析

3.3.1 服务社会化趋势和终生学习型社会的需求

高校图书馆开展社会化服务是发展的必然趋势,校友服务便是最佳切入点,可以用较小的努力获得较大的效益,从而推动高校图书馆社会服务全面、深入地开展[4]。同时,知识经济和终生学习型社会的发展,要求高校图书馆利用资源和人才优势,主动为校友在社会上的健康成长和不断发展提供系统化、专业性的信息支持。

3.3.2 校友用户寻求母校信息支持和情感支持的需要

校友毕业后从事科研或继续深造,所需的资料专业性和专指性都很强,在社会上难以获取或花费较高。校友对母校图书馆有着天然的情感,熟悉图书馆馆藏,能遵守图书馆的规章制度,有一定的信息意识和技能[1]。根据校友用户的特点及其文献信息需求与我校馆藏学科专业的一致性,为校友提供以电子期刊、外文资料、母校自建数据库和专题数据库为主的文献资料,有力回应其情感需求和文献信息需求,能更有效地维系校友与母校之间的情感。

3.3.3 建校60周年庆典

中南林业科技大学建校60周年庆典更是一个好的契机,60年来,我校作为一所办学特色鲜明的多科性教学研究型大学,先后为国家培养了约19万名高级专门人才。校庆期间,图书馆为远归的校友开展信息服务,是母校送给学子们的一份特殊"礼物",对增强校友归属感和学校凝聚力具有重要意义。校友也是高校面向社会的一个窗口,我馆主动做好校友服务和宣传工作,向社会展示出作为学校信息中心的专业能力和潜在价值,可扩大自身的社会影响力。

3.4 威胁分析

3.4.1 互联网信息发布与获取方式的改变

随着互联网的普及与OA运动的兴起,国际学术界、出版界、图书情报界利用互联网为用户免费提供学术信息和研究成果的全文服务。开放获取期刊(OA Journals)、开放获取仓储(OA Repository)、电子预印本(E-print)、开放获取搜索引擎(OA Search Engine)等多种类型的资源,均可在网上免费获取。部分出版商、网络服务商等原始信息生产者,可以通过网络直接为用户提供信息检索与传递服务。由于信息来源渠道多样且便捷,大部分校友逐渐习惯通过网络获取所需要的文献资源,使得高校图书馆掌握的信息优势受到极大影响。

3.4.2 数字资源使用权限问题

数字资源的使用涉及知识产权保护问题。通常来说,商业领域购买数据资源的购价比教育领域普遍要高,数据库商对校外访问数据库的权限和用户并发数进行限制。高校图书馆只拥有数据库的访问权,通常只对在校师生用户开通远程电子资源访问。在不额外付费的条件下,很多数据库商不允许校友远程使用其数据库,为校友使用母校图书馆已购买的数字资源造成了很多不便[5]。

4 中南林业科技大学图书馆开展校友服务战略分析与具体策略

通过SWOT分析法对我馆所处的内部条件和外部环境进行分析,制定我馆开展校友服务的战略决策,决定依托我馆以林为主、富有特色、多学科协调发展的资源优势与日趋完善的信息网络技术,增强核心竞争优势,打造属于自己的信息服务品牌,为广大校友提供高质量的信息服务。

4.1 建立校友服务长效机制

为确保校友服务规范、有效、深入地开展,第一,应加快校友服务队伍建设,指派专人或部门负责日常工作,使校友工作"事有所管,责有所依";第二,制定详细且便于操作的规章制度,明确校友身份认证方法,服务的内容与规则、责任与义务等;第三,主动出击,积极寻求学校校友会的支持,更全面地掌握校友资源,自觉开发并创造性推动双方合作开展校友活动,以提高图书馆关注度和美誉度,争取学校经费支持,促进我馆校友服务的可持续发展。

4.2 打造校友服务信息交流窗口

第一,在图书馆主页一级页面上设立"校友专栏",介绍校友可在图书馆内享受的各种服务及规章制度,提供图书馆最新资源、学术讲座、校友活动等信息通报,设立校友留言、校友调查、校友捐赠等栏目,增加校友与母校图书馆的情感粘合度,"校友专栏"还可友情链接到学校网站首页校友信息栏。第二,利用微博、微信公众号、QQ群等网络社交工具,建立移动版"校友专栏",在线推介校友服务,与校友进行咨询、答疑等线上互动活动,建立与校友的信息交流窗口,维系与校友之间的沟通与联系。第三,做好校庆期间图书馆的校友接待工作,增强全体馆员"在支持学校教学与科研的同时,服务于师生和校友"的服务意识,安排学生馆长团队值守图书馆大厅,负责迎宾、接受咨询、进行相关答疑以及其他服务,引导校友和嘉宾入馆参观,宣传图书馆现有校友服务,进行校友问卷调查,或通过与校友面对面交谈、座谈等方式,征集校友对图书馆的需求及建议,通过信息交流的良性互动,提高校友对母校图书馆的关注度。

4.3 提供以数字资源为主的信息服务

校友身处天南海北,一般来说很难享受到母校提供的阅览及借阅图书等服务。在数字网络环境下,图书馆可以突破时空限制,从传统的线下服务模式走向利用计算机网络进行的在线服务模式,向校友提供以数字资源为主的信息服务。图书馆应加大本校特色数据库的开发,开放存取、机构存储等免费资源的归类整理以及获取数据库资源的授权。为避免法律纠纷,在深入了解知识产权的相关规定的情况下,高校图书馆应积极与数据库供应商洽谈,协商授权用户的界定问题,争取在不增加经费的情况下,对校友用户实行有效限定和部分资源开放。同时,图书馆有责任提示使用者不能批量下载、用于商业用途或私自将登录账号和密码转让他人使用等法律细则。

根据我馆实际情况,必须量力而行,循序渐进,有步骤、有计划、有限度地逐步开放校友用户VPN数据资源远程访问服务,向校友提供获得授权的数据库资源,具体做法包括:第一,对保存了在校期间的个人相关信息的2013级及以后的毕业生提供VPN账号,并在毕业时颁发的阅读证书上提供VPN使用指南,告知校友访问母校数据资源的方式,访问数据库种类和应遵守的合理使用规定;第二,对2013级以前的毕业生做好校友身份认证,向提出申请的、有需要的校友提供VPN账号,供其远程访问母校图书馆数字资源;第三,在即将毕业的在校学生中做好推广工作,宣传我馆为毕业生提供的数字资源远程访问服务,鼓励学生走入社会后继续使用VPN账号登录母校图书馆获取数字资源,为其终身发展注入源源不断的活力。

4.4 打造本馆特色馆藏,创立校友服务品牌

在专业性、系统性、学科完备性较强的馆藏资源优势基础上,依托本校专业特色,积极开发特色数据库,创立以林为主,多学科结合的服务品牌。除了已建成的油茶系列特色数据库和六

个一级学科的学科服务平台之外,积极规划和建设中南林机构知识库。收录本校的数字文献资产,并将纸本文献数字化,利用机构知识库平台有效管理、保存和传播我校的教学科研成果。在林业类文献资源收藏方面,争取形成完整的林业类文献资源体系。同时,我馆设立"绿色文库",收集了大量校友的专著、手稿、论文等资料,作为重要的补充途径,丰富了我馆特色馆藏,揭示了我校学术研究的历史进程及校友成果贡献。我馆通过加大特色馆藏的数字化建设,免费为图书馆各类型读者提供丰富的数字资源,具有免费获取、时效性强、学术性强、开放程度高等特点,为学术研究和交流提供了良好的平台,也可以保障校友文献信息服务的顺利开展。

4.5 创新服务内容,构建全方位校友服务体系

全方位校友服务体系应包括信息咨询、阅览与借阅服务、方便获取数字资源、个性化定制服务、提供网络学习平台等[9]。我馆可借助已开展的服务内容,为校友开展个性化学科服务,提供文献传递、馆际互借、查收引、专题/定题服务、学科分析、科技查新、决策支持、数据支持以及科研态势分析、竞争情报分析等分析报告,从而为校友构建终身学习与科研支持服务体系。对于校友使用深层次参考咨询服务,应制定规范合理的收费标准,对某些项目实行有偿服务,根据劳动的消耗和实际服务效果收取适当费用,缓解管理成本的压力。

5 结语

在资源存取数字化和服务方式网络化的信息社会中,高校图书馆要转变观念、开拓创新,顺应服务社会化大趋势,结合本馆实际情况开展和推进校友服务工作,积极构建全方位的校友终身服务体系,支持校友的终身发展,充分发挥文献信息资源优势和桥梁纽带作用,为培育校友资源、开发利用校友资源做好服务工作。

参考文献

[1] 刘景义.高校图书馆支持校友终身发展的必要性和可行性[J].图书馆界,2009(2):71-73.
[2] 姜全红.关于高校校友资源开发的思考[J].江苏高教,2006(5):47-49.
[3] 方芳.数字环境下美国高校图书馆校友服务调查与启示[J].高校图书馆工作,2018,38(4):71-75.
[4] 余侠.论最小努力原则在高校图书馆开展校友服务的具体策略[J].图书馆工作与研究,2013(7):19-23.
[5] 曹娟.基于SWOT分析的大学图书馆校友用户服务探微——以太原理工大学图书馆为例[J].晋图学刊,2013(Z1):52-56.
[6] 王亚平.香港地区高校图书馆校友服务调查分析[J].图书情报工作,2016,60(5):45-50.
[7] 陈冠年.SWOT分析术在图书馆的应用[J].(台湾)中国图书馆学会会报.
[8] 于良芝,陆秀萍,付德金.SWOT与图书馆的科学规划:应用反思[J].国家图书馆学刊,2009,18(2):17-22.
[9] 李金芳,车慧,钟文娟.美国高校图书馆校友服务的典型案例研究及对我国的启示[J].情报资料工作,2012(4):85-89.

高校图书馆向中小学开放服务实证分析

张丰智　冯　菁　王　昕

(北京林业大学图书馆,北京 100083)

摘　要：本文从时代要求和高校图书馆自身发展相结合的角度出发,从大量调研数据入手,分析整理出中小学对高校图书馆的实际需求,同时结合高校图书馆的自身优势,探索高校图书馆向中小学进行文献服务及阅读推广的有效途径,为高校图书馆向中小学开放服务提供理论和实践依据。

关键词：高校图书馆;中小学开放服务;服务模式

The Practice and Exploration of University Library's Opening Service to Primary and Middle Schools

Zhang Fengzhi　Feng Jing　Wang Xin

(The Library of Beijing Forestry University, Beijing 100083, China)

Abstract: From the perspective of the requirements of the trend and the development of university libraries, this paper starts with a large amount of research data, analyzes the actual needs of college libraries in primary and middle schools, and combines the advantages of college libraries. This paper states effective ways of university libraries' document service and reading promotion in primary and middle schools. Finally, the paper provides theoretical and practical suggestions of university libraries' open services in primary and middle schools.

Keywords: university library; opening service to primary and middle schools; service model

近年来,高校图书馆巨大的文献资源存量与社会上的文献信息需求供需矛盾,引发了人们对高校图书馆面向社会开放的急切期盼,中小学对高校图书馆开放服务的呼声也日益增加,高校的附属中学、附属小学对图书馆的需求更是迫切。

2015 年"世界阅读日",北京市教育委员会高教处联合北京高校图书馆工作委员会,组织了"北京高校图书馆面向中小学开放活动"。同年,北京市教育委员会和北京地区高校图书馆工作委员会也联合发布了《关于倡议北京高校图书馆面向北京中小学设立参观开放日工作的通知》,推进北京高校服务中小学进程,提高北京高校图书馆服务社会能力。各高校图书馆纷纷响应这一号召,积极行动起来,2016 年,面向中小学生开放的高校图书馆增至 56 所,其中包括清华大学、北京大学等多所知名学府,拉开了高校图书馆为中小学服务的序幕。

对中小学生来说,社会环境的飞速变化,使他们对外界事物的好奇心更加强烈,对知识的需求也在不断增加,仅靠课堂学到的知识无法满足这种需求,他们也需要有广博的知识储备才能成为栋梁之材。中小学读者对高校图书馆的需求是非常迫切的。

1 高校图书馆向中小学开放具有现实意义

1.1 高校图书馆服务中小学功在当下,利在千秋

引领中小学读者走进大学图书馆,感受大学文化,有利于培养学生的良好阅读习惯,满足学生的阅读需求,提高学生的创新意识和实践能力,激发学生的学习和探索兴趣,助推中小学生发明创造,为青少年未来学术成长打下基础。

1.2 提升高校图书馆文献的利用率

促进资源共享,能使高校图书馆资源优势得到更充分的发挥,有益于全社会热爱读书的人,能更好地满足当代社会对高校图书馆的需求,满足中小学读者日益增长的对知识的渴求。

1.3 促进高校图书馆的公益性和共享性

图书馆是获取知识的重要场所,由于社会上各类读者都有需求,因此,面向社会开放,让社会各领域的读者都有机会前来借阅、自学及查询所需的信息,能体现高校图书馆文献信息服务的公益性和共享性。

1.4 提升高校影响力

加强高校向中小学开放,引领中小学读者走进阅读殿堂,感受大学文化,有利于激发中小学生的学习和探索兴趣,营造书香校园氛围,有利于践行社会主义核心价值观,弘扬中华优秀传统文化。

1.5 高校图书馆实现价值的重要路径

服务社会功能是高校图书馆的使命所在,是实现价值的重要路径。中小学作为高校图书馆的服务对象之一,有其独特的群体特征,中小学的阅读推广服务工作与高校师生读者的服务工作一样具有现实紧迫感。

中小学读者通过走进高校图书馆,多读书、读好书,建立健康的学习习惯,培养和奠定良好的自主探索素质,必将产生深远的影响。

2 国内外高校图书馆开放服务现状

2.1 国外高校图书馆对中小学开放现状

国外高校图书馆面向社会和中小学开放的尺度较大。美国高校图书馆在社会服务方面发展相对成熟,如社会服务对象方面,重视游客和校友,合作项目方面,注重校际合作、与社会机构的合作,学习支持服务方面,注重远程学习和终身学习,特殊群体服务方面,关注中小学读者,关注残疾人服务、女性服务等,均可供我国高校图书馆开展社会服务参考。

高校针对少年儿童的服务项目发展较好的有斯坦福大学图书馆的 Cardinal Kids Club、加州大学戴维斯图书馆的优秀儿童发展中心以及加州大学伯克利分校图书馆的 4-H(four-leaf)

计划,这些项目一般服务于18岁以下的少年儿童,并邀请父母和社会志愿者加入。项目向青少年儿童提供在线学习资源,使他们学会利用高校图书馆的知识和资源,内容涉及青少年发展的各个方面,如机器人模型、网页设计等。这些项目强调从乐趣中学习新技能,树立青少年的自信心和责任感,帮助他们健康成长。

除美国外,日本、英国、意大利和德国的高校图书馆社会服务也比较成熟。目前,我国教育管理机构、高校图书馆界也在积极探索,努力为中小学生提供服务。

2.2 我国高校图书馆对中小学开放现状

目前,高校图书馆为中小学服务主要集中在针对中小学生的图书馆开放日。高校图书馆开放日分为平时开放日和主题开放日,平时开放日采取集体预约方式,在固定时间内面向中小学开放,主题开放日是指各高校图书馆根据自身建设特色,打造适合中小学生参加的主题活动。但从目前的情况来看,有些高校这项活动的效果并不理想,甚至有二十多家高校图书馆一年内的接待量为零,更多的高校图书馆只是在世界读书日或相关纪念日会有中小学读者到访,这种"冷场"局面的出现与预期效果相差甚远,目前高校图书馆面向中小学开放服务的局面还有待深化,也未形成系统化的服务体系。此外,还有一些高校图书馆帮助中小学图书室的图书进行加工编目,有些高校图书馆帮助中小学购书。北京林业大学图书馆近年来在这方面进行了一些大胆、深入、开创性的尝试,取得了一定的效果。

3 中小学对高校图书馆的需求分析

我馆对北京林业大学附属小学(以下简称"林大附小")全校6个年级进行问卷调查,获取中小学读者的阅读范围、阅读兴趣、需求程度等数据,在此基础上进行实证分析,归纳整理出中小学读者的文献需求规律。

3.1 80%的小学生对阅读有浓厚兴趣

调查问卷显示,从一年级到六年级,非常喜欢阅读和一般喜欢阅读的小学生共占80%以上,如图1所示,随着年级的升高,喜欢阅读的比例在逐渐增加,这和小学生越来越多地认识了汉字,以及对各类知识产生兴趣、广泛涉猎有一定关系。

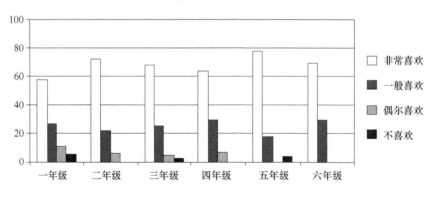

图1 小学生阅读喜爱程度

3.2 80%的小学生每天课外阅读时间在半小时以上

对小学生读者每天花费多长时间在课外阅读上的调查显示，80%的学生都能达到半个小时或一个小时的阅读时间，随着年级的升高，学生们的阅读时间不断增加，如图2所示，说明学生有良好的阅读习惯和浓厚的阅读兴趣。

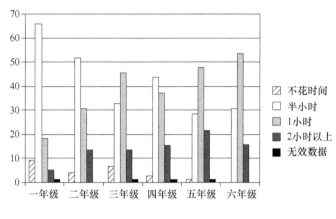

图 2　课外阅读时间

3.3 60%的小学生主要通过纸质图书阅读课外读物

调查问卷还关注学生对文献的载体形式的需求，60%的小学生主要通过纸质图书阅读课外读物，如图3所示，但随着年级的升高，小学生能够熟练应用计算机、阅读器、手机等电子产品，其阅读习惯发生了变化，从单纯的阅读纸质图书变为两者结合阅读。电子书籍有效节约了成本，提高了效率，方便携带，便于随时随地阅读。

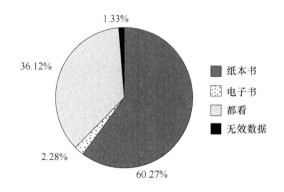

图 3　小学生阅读载体意向图

3.4 小学生阅读涉猎广泛

小学生读者阅读内容广泛，各年级对各类型图书均有涉猎，如图4和图5所示。

数据分析得出，小学生的课外阅读面比较广，涉及内容也比较丰富，主要集中在小说和散文，其次是军事、艺术、综合性图书、教育体育。

高年级学生课外阅读的内容更加广泛，除了喜欢小说和散文，还增加了对科普知识、政治军事以及人物传记等方面的阅读，而工业、农业等专业类书籍的阅读比例较小。

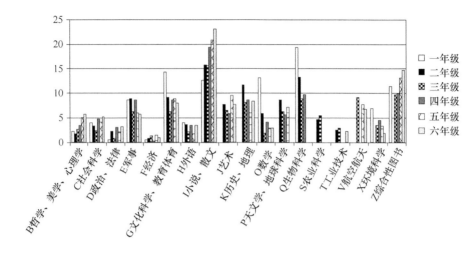

图4 小学生阅读书籍类型(按年级)

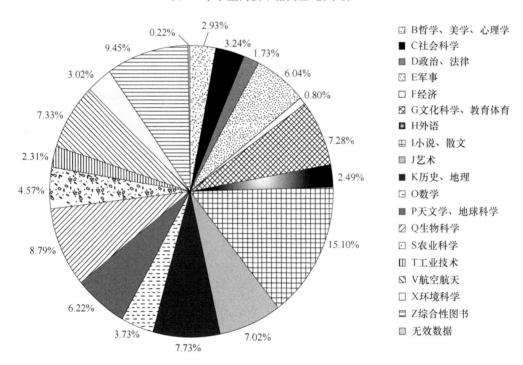

图5 小学生阅读书籍类型(按中图法分类)

3.5 几乎100%的小学生认为高校图书馆对其帮助很大

小学生普遍认为高校图书馆对其课外阅读和学习的影响很大,接近100%的读者认为帮助很大或有所帮助,如图6所示。

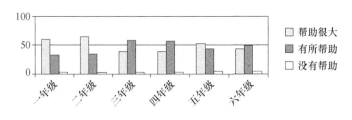

图 6　高校图书馆对学习的帮助

4　高校图书馆的优势及服务举措

高校图书馆文献资源丰富,学科齐全,古今中外珍品荟萃,是对中小学生进行科学启蒙和传统文化熏陶的启蒙地。

4.1　馆藏资源丰富,专业人才多,环境优美

高校图书馆拥有丰富的纸质资源和电子资源,文献的储备量大,馆藏资源的专业性、学术性强,为专业人才传递信息,为科学研究服务,无论是基础设施还是网络资源都很完善,应用性更强,是中小学读者广泛涉猎的最佳启蒙地。高校图书馆的人才结构一般都是由具有图书馆学、情报学等专业学科知识的人员队伍构成的,可以为中小学读者提供更加专业的搜集、整理、储存和传递信息的服务。从环境优势看,一般高校硬件设施都比较完善,读书环境安静优雅,而中小学由于场地、人力、财力等多方面因素,一般都不会设立大型的图书馆。

4.2　对中小学服务举措

通过对中小学生的需求分析,根据高校图书馆的馆藏资源现状和对中小学服务能力的评估,针对中小学生的阅读特点,有针对性地制定文献采访策略、服务措施,并对各项措施和服务进行阶段性的监督和反馈,及时做出有效的调整和总结,探讨出有针对性的、可行的高校图书馆服务中小学的创新模式。

4.2.1　有针对性地进行馆藏建设,设置特殊书架,购置适宜图书

图书馆与林大附小师生共同开展适合小学生阅读的馆藏建设:一是附小教师定期向图书馆推荐适合小学生阅读的书单,二是组织附小教师参加针对少年儿童的图书博览会,三是接受读者的各类推荐。图书馆先后采购了《写给儿童的中国历史》《小小牛顿》《神奇的科学》等近600种适合小学生阅读的图书。

考虑到小学生的身高特点,图书馆还专门为小学生设置了特殊的书架,更方便其取放图书。

4.2.2　办理借阅证,享受和大学生一样的待遇

图书馆为四年级以上学生办理了图书馆借阅证,开通部分借阅权限,有针对性地设立专架并配置馆藏,全天候接待小学生读者。

4.2.3 设立开放日,把中小学读者引进知识的殿堂

图书馆通过开放日、科普教育、讲座、展览、读书会、演讲会、朗诵会、新书推荐、影视观摩等活动,促进阅读推广工作,建立灵活多样的开放服务体系,打造没有围墙的图书馆,开发潜在读者群,推动中小学生的阅读,架起高校图书馆与中小学读者之间的桥梁,营造中小学"好读书、读好书"的良好氛围。

通过带领小学生分批分组参观图书馆,为小学生讲解图书分类法、图书存放布局、图书借还规则、图书馆规章制度等相关问题,积极开展让小学生走进图书馆品读书香、感受文化的"图书馆文化之旅"。

4.2.4 举办主题活动

图书馆与林大附小一起举办"浸润书香、悦享童年"馆校共建阅读活动,借此活动,读者相互交换图书,交流读书心得,评选阅读之星,实现好书传递,好书漂流,让读者体验和享受阅读的快乐与幸福。这正是阅读节所倡导的,每一本书如果多一个读者,它所蕴含的智慧就能多一次传播;每一个读者如果多读一本书,他所能触摸的世界也随之广阔。阅读节点燃了读者的阅读热情,陶冶了读者的情操,拓宽了读者的视野。在高校图书馆的引领和支持下,林大附小的校园书香更浓。

5 结论与建议

在对中小学开展服务时,要注重推荐优选书目,引导阅读,可以运用多种阅读推广策略,开展丰富多彩、形式多样的阅读活动,如开设读书会、演讲、讲座,提高读者阅读水平,还可举办文化展览,培养小学生读者的综合素养。与大学生相比,小学生的阅读资源相对匮乏,阅读推广的效果相对显著。

图书馆可以通过多方合作,如图书馆之间的合作,图书馆与中小学的合作,拓宽活动思路,丰富活动形式,面向更多的人群提供知识服务,让更多的人走进高校图书馆。

图书馆要培养学习型馆员,加强服务团队建设,在业务实践中不断挖掘新元素,以小学生自主型阅读为基础,开创馆员导航式阅读。图书馆应以优质、平等、专业的阅读服务引导中小学读者学会阅读,热爱阅读,从阅读中获益。

图书馆要建立可行的服务模式,并纳入本馆服务体系之中,同时将这些服务措施、经验、成果在同行中进行推广,为同行开展中小学服务提供参考。

参考文献

[1] 刘军军.高校图书馆社会化服务初探——以对中小学开放服务研究为例[J].辽宁工业大学学报(社会科学版),2013(6):40-41.
[2] 郑辰.福州市少儿图书馆的儿童阅读推广活动研究[D].合肥:安徽大学,2013.
[3] 刘长海.小学生阅读的中美差异及其启示[J].教育科学研究,2014(7):74-78.
[4] 陆晓红.我国公共图书馆儿童阅读推广模式研究[D].天津:南开大学,2014.
[5] 吴银燕.中英公共图书馆儿童服务比较研究[D].湘潭:湘潭大学,2015.
[6] 刘慧敏.面向中小学生服务:高校图书馆社会化服务的拓展点[J].现代情报,2013(4):140-142.

高校图书馆社会化服务探索

冯 菁　张丰智　王 昕

（北京林业大学图书馆，北京 100083）

摘　要：高校图书馆面向社会开放服务是时代的需要，也是高校图书馆自身发展的趋势。本文介绍了北京林业大学图书馆对小学生服务的各项措施，统计分析了开展服务以来小学生利用图书馆资源的情况，从而为高校图书馆社会化服务的推进和发展起到展示作用。
关键词：高校图书馆；小学生；服务策略；借阅
分类号：G252

Study on Opening Service of University Library

Feng Jing　Zhang Fengzhi　Wang Xin

(The Library of Beijing Forestry University, Beijing 100083, China)

Abstract: The opening of services of university library is times demand and the trend for development. The article introduces service measures taken by the library of Beijing Forestry University for primary school students, and makes statistical analysis of the utilization of library resources by readers of primary school since the service was carried out. The research plays a display role in promoting and developing the socialized service of university libraries.
Keywords: university library; primary school; service measures; socialized service

2015年12月，教育部适时修订并发布了新的《普通高等学校图书馆规程》，其中第37条规定"图书馆应在保证校内服务和正常工作秩序的前提下，发挥资源和专业服务的优势，开展面向社会用户的服务"[1]，但国内高校图书馆社会服务现状却不尽如人意，很多高校图书馆都无法做到面向社会开放，在一些高校，社会读者甚至无法进入大学校园。

1 高校图书馆社会服务现状

1.1 国外高校图书馆社会服务现状

纵观国外高校图书馆，一些发达国家的高校图书馆的社会服务做得比较早且比较好。在德国，高校图书馆也是所在地区的公共图书馆，图书馆校内服务占60%，社会服务占40%[2]；在意大利，读者凭身份证件（如身份证、驾驶证、医疗卡、学生证、护照等）就可以进入高校图书馆[3]；俄罗斯高校图书馆也已经将服务延伸到了很多家庭；美国图书馆协会（ALA）成员馆有94%对社会免费开放，出入时不需要出示任何身份证明[4]，坚持"向一切愿意来图书馆学习的人开放"[5];日本高校图书馆社会服务在20世纪90年代已经逐渐普及,普及率达97%[3],其图书馆全部资源与设施都向公众免费开放[6]。

1.2 北京高校图书馆社会服务现状

2015年,曾有研究人员对北京高校图书馆社会服务情况进行了调研,调研对象包括北京地区三分之二的普通本科高校,调查统计结果如表1所示[7]。

表1 图书馆社会服务对象的调查统计

序号	社会服务对象	面向此类服务对象开放的图书馆数量/个	所占比率(%)
1	协作单位	31	50.82
2	校友	32	52.46
3	本校职工家属	31	50.82
4	其他高校师生	46	75.41
5	中小学生	15	24.59
6	企事业单位科研人员	20	32.79
7	政府、科研院所人员	21	34.43
8	社会其他人员	23	37.70
9	没有社会服务	5	8.20

在接受调查的高校图书馆中,有75.41%开展了面向"其他高校师生"的社会服务,笔者认为这是受中国高等教育文献保障系统(CALIS)、北京地区高校图书馆文献资源保障体系(BALIS)的馆际互借和原文传递的影响,有超过一半的图书馆开展了面向"校友""本校职工家属""协作单位"的服务,有三分之一的图书馆开展了针对企事业单位、政府和科研院所以及社会其他人员的服务,有5个高校图书馆没有开展社会服务。从表中可以看出,能够为中小学生提供服务的高校图书馆非常少,可见北京高校图书馆对中小学生提供服务方面还没有得到重视,而北京林业大学图书馆却在这方面进行了一些开创性的尝试工作。

2 高校图书馆向小学生开放的必要性

2.1 小学生阅读现状及强烈需求

2016年,北京林业大学图书馆联合北京林业大学附属小学(以下简称"林大附小"),对在校小学生阅读情况做了一次全面的问卷调查,本次调查采用发放书面调查表的形式,本次调查的对象是林大附小一年级至六年级的在校学生,共发放调查表526份,问卷得到了林大附小师生的广泛重视,每个班的学生都认真填写,发出的问卷全部收回。

统计显示从一年级到六年级,非常喜欢阅读和一般喜欢阅读的孩子共占80%以上,随着年级的升高,喜欢阅读的比例在逐渐增加,这和小学生越来越多地认识了汉字是有一定关系的,认字越多,越能更清楚地读懂书里的意思,找到读书的乐趣。80%的附小学生都能达到半小时或一小时的阅读时间,随着年级的升高,学生们的阅读时间是不断增长的,可见林大附小学生有良好的阅读习惯和浓厚的阅读兴趣。

林大附小的学生课外阅读现状是良好的,学生们非常热爱阅读,大多数学生每天能坚持半小时至一小时的阅读时间,每个学期多数学生能达到十本以上的阅读量。著名教育学家苏霍姆林斯说过:"让学生变聪明的方法不是补课,不是增加作业量,而是阅读,阅读,再阅读。"可见阅读对小学生成长的巨大作用。

2.2 高校图书馆的资源优势

目前,我国有些小学内部设立的图书室,一般都是资源不足,设施不完善,很难满足读者需求[8]。

高校是培养现代化建设人才的基地,从馆藏资源方面看,它拥有着丰富的纸质资源和电子资源,文献的储备量是巨大的,馆藏资源的专业性、学术性更强。从人才优势方面看,高校图书馆的人才结构一般都是由具有图书馆学、情报学等专业学科知识的人员队伍构成的,他们可以为读者提供更加专业的搜集、整理、存储和传递信息的服务。从环境优势看,高校在交通上一般都是比较便利的,硬件设施都比较完善,读书环境优雅。读者对象也相对单一,一般只限于在校学生和教师。以北京林业大学图书馆为例,北京林业大学图书馆拥有资源丰富、学科齐全的馆藏体系,到2017年年底,纸质文献140余万册,电子图书181余万册,近年来大量引进国内外著名数据库百余个,这些都是小学所无法比拟的。

3 北京林业大学图书馆为小学生服务的措施

3.1 组织参观图书馆及设立开放日

我馆每年组织三年级以上学生分班级参观图书馆,图书馆召集馆员自愿担任志愿者,带领小学生分批分组参观各个借阅室,为小学生讲解图书分类法、图书存放布局、图书借还规则、图书馆规章制度等相关问题,并解答小读者的各种疑问。同时设定周四下午作为"中小学开放日",积极接待小学生走进我馆品读书香。

3.2 办理借阅证

北京林业大学图书馆为北林附小四年级至六年级学生办理借阅证并开通借阅权限,全天候接待学生,2015年年底至今共为590名小学生办理了借阅证。

3.3 举办主题活动

2016年世界读书日来临之际,北京林业大学图书馆与林大附小共同举办了"浸润书香,悦享童年——林大附小与图书馆共建之阅读活动",借此活动颁发"阅读之星"奖状和大学图书馆借阅卡,让孩子们体验和享受到阅读的快乐与幸福。

3.4 适合小学生阅读的馆藏建设

图书馆与附小师生共同开展适合小学生阅读的馆藏建设,主要有以下几种方式:一是附小教师会定期向图书馆负责图书采访的教师推荐适合小学生阅读的书单,图书馆教师据此向合作书商组织购买;二是组织附小教师参加针对少年儿童的图书博览会,进行图书选购,图书馆教师再对书目进行查重筛选订购;三是定期要求图书供应商组织针对少年儿童的书目供采访教师选购;四是接受小读者的各类推荐。图书馆先后采购了《写给儿童的中国历史》《小小牛顿》《神奇的科学》等近千种适合小学生阅读的图书。

考虑到小学生的身高特点,图书馆还专门为小学生设置了特殊的书架,更方便学生们取放图书。

4 小学生利用高校图书馆资源状况

4.1 小学生利用图书馆资源状况统计分析

我馆自 2015 年 11 月向附小学生开放,截至 2017 年年底,小学生的借阅人次达到 389 次,借阅册次为 2 889 次。本文以 2017 年为例,统计了北京林业大学图书馆各类型读者借阅比例,由表 2 可知,小学生的借阅比例远高于本科生和研究生,有近四分之一的小学生到馆借过图书,而只有近十分之一的本科生和研究生借过图书,这也与本科生和研究生更多地依赖于电子资源有关。

表 2 2017 年各类型读者借阅情况

读者类型	借阅人次	借阅册次	借阅比例
林大附小学生	135	1 069	22.88%
本科生	4 945	52 940	8.69%
研究生	2 108	18 265	11.18%

笔者统计了 2017 年我馆小学生读者借阅排行榜的前十名,如表 3 所示,第一名一年的借书量为 55 本,相当可观,第十名的借书量为 20 本,平均每月借阅近两本图书。经统计,林大附小读者 2017 年在我馆的平均借书量为 8 本,而据统计该小学 70% 的小学生一年的阅读量为 15~30 本,一年的阅读量中有一半的图书来自图书馆,同时,课后及假期也有大量的小学生来图书馆进行阅览,可见北京林业大学图书馆对林大附小学生课外阅读起到重要作用。

表 3 2017 年小学生读者借阅排行榜前十名

借阅排名	1	2	3	4	5	5	7	8	8	10
借阅册次	55	48	43	40	31	31	26	23	23	20

4.2 图书借阅排行分析

表 4 为 2015—2017 年小学生借阅次数排在前 100 位的图书类别,由表 4 可知,I(文学)类图书高居借阅排行榜,最受读者欢迎,在排行榜前 100 位中占据 85 种。I 类中又以 I2(中国文学)为借阅多数,85 种中有 71 种是中国文学,儿童文学作家沈石溪和杨红缨是最受我馆小读者喜欢的作家。沈石溪的动物小说别具一格,在海内外赢得广泛称赞,他本人也被誉为"中国动物小说大王"。杨红缨的小说主要以少男少女的成长为主题,以特有的敏感、细腻、体贴和善良走进了少男少女的情感世界与心灵世界,集趣味性、可读性于一体,故深受小读者欢迎。较受欢迎的外国文学主要以《哈利·波特》系列和《荒野求生》系列为主,如表 5 所示。

表 4　2015—2017 年小学生借阅排在前 100 位的图书类别

分类	E	G	I	J	K	合计
种数	2	4	85	6	3	100

表 5　借阅较多的 I 类图书

题名	作者	借阅次数	题名	作者	借阅次数
《豺王泪》	沈石溪	10	《白雪公主小剧团》	杨红缨	13
《66 号警犬》	沈石溪	10	《小大人丁文涛》	杨红缨	12
《忠诚的狮子狗》	沈石溪	14	《笑猫日记:小白的选择》	杨红缨	6
《残狼灰满》	沈石溪	12	《云朵上的学校》	杨红缨	9
《虎娃金叶子》	沈石溪	10	《毒蝎沙漠里的钻石罐头》	贝尔·格里尔斯	9
《双面猎犬》	沈石溪	12	《猛虎火山的生死逃亡》	贝尔·格里尔斯	8
《混血豺王》	沈石溪	9	《白狼荒原上的三天三夜》	贝尔·格里尔斯	9
《红飘带狮王》	沈石溪	12	《狂鲨深海的复仇行动》	贝尔·格里尔斯	12
《雄狮去流浪》	沈石溪	13	《怪鳄河谷的远古壁画》	贝尔·格里尔斯	7
《导盲犬迪克》	沈石溪	9	《黑犀草原的绝地反击》	贝尔·格里尔斯	10
《狼国女王》	沈石溪	17	《中国雨林的惊天一跃》	贝尔·格里尔斯	7
《和平豹》	沈石溪	11	《哈利·波特与密室》	J.K.罗琳	6
《牧羊神豹》	沈石溪	12	《哈利·波特与"混血王子"》	J.K.罗琳	7

J 类图书也深受小读者欢迎,其中 J228(校园漫画)占大多数,如表 6 所示,说明小学生读者在课余时间喜欢到图书馆借阅轻松、搞笑类校园漫画图书。

表 6　借阅较多的 J 类图书

题名	分类	借阅次数
《二秃子!不许笑!》	J228	11
《学做中国结》	J523	11
《俄罗斯寻宝记(第 2 版)》	J238	9
《疯了!桂宝:喜悦卷》	J228	8
《滚蛋吧!肿瘤君》	J228	8

笔者在统计中还发现一个特别的现象,我校大学生很少问津的 E(军事)类、V(航天航空)类图书却受到了小读者的欢迎,在借阅榜排在前 100 位的图书中这两类有 9 本,且借阅次数不低,如表 7 所示,可见小读者对科技知识的求知欲是很强的。

表 7　借阅较多的 E 类和 V 类图书

题名	分类	借阅次数
《经典战舰完全图解手册》	E925	7
《武器百科》	E92	7

续表

题名	分类	借阅次数
《米格风云:米格飞机的传奇》	V271	7
《苏联与当代俄罗斯试验飞机》	V271	7
《美国航天飞机大揭秘》	V475	8
《向宇宙进发:载人航天新探索》	V529	6
《长空搏击的飞机》	V271	6
《太空新疆界》	V11	6
《壮志凌云:改变世界的50种飞机》	V271	6

高校图书馆拥有丰富的资源,资源共享不仅为小学生提供了学习机会,也使高校图书馆在与小学的合作中,可以不断挖掘和丰富自己的特色馆藏,提高馆藏利用率,可谓互惠互利。

5 结语

共享理念和责任意识在未来的发展中尤其重要,高校和其所在地区有着密切的共生关系,高校有责任为所在地区的发展做出应有的贡献。树立立足首都、放眼国际的办馆理念是一种认知,也是一种信念。以发展的眼光来看,高校图书馆对全社会读者全面开放服务势在必行,而选择小学生作为高校图书馆面向社会开放的突破口,是高校向社会开放服务的一个起点,可促进读者与图书馆双方价值的实现。

参考文献

[1] 中华人民共和国国家教育委员会.普通高等学校图书馆规程[Z].2015-12-31.
[2] 秦殿启,孙海霞,旬勇.中德图书馆的发展比较及借鉴[J].图书与情报,2009(4):14.
[3] 胡霞.国外高校图书馆社会服务调查研究[J].郑州牧业工程高等专科学校学报,2015(2):72.
[4] 汪建中.论美国高校图书馆社会化服务实践——以阿肯色大学图书馆为例[J].图书馆理论与实践,2013(10):84.
[5] 李丽萍.经济危机下美国大学图书馆的经费问题及其对策分析[J].图书馆建设,2011(8):85-87.
[6] 叶建忠.中国科学院文献、信息、出版代表团访问德国、奥地利、法国情况总结[J].图书情报工作,2000,44(5):57.
[7] 万坤.北京高校图书馆社会服务现状调查与思考[J].图书情报工作,2016,60(2):37-41.
[8] 肖烨.高校图书馆社会服务的思考[J].图书馆,2011(4):111-113.

试论国防大学图书馆在新时代变革中的创新服务模式

王 颖

(国防大学图书馆,北京 100091)

摘 要:本文以国防大学图书馆为例,讨论面临着图书馆行业变革和新时代改革强军的双重考验,军队院校图书馆如何以可持续发展的创新服务模式,助力军队院校的建设,助力强军兴军的战略目标。

关键词:第三代图书馆;智库;智库建设;创新服务

Study on the Innovation Service Model of the NDU Library in the New Era

Wang Ying

(The Library of National Defense University, Beijing 100091, China)

Abstract: This article attempts to discuss the NDU library as an example about the new challenges before the new era of reform. The possibilities to sustainable development of military academy library innovative service mode, the army and the power for the construction of military academy dynamical strategic target.

Keywords: the third generation of library; think-tank; the construction of think-tank; innovation service

中共十九大不仅将习近平新时代中国特色社会主义思想作为全党的指导思想,也将"贯彻习近平强军思想"写入党章。在党的十九大报告中,习近平主席清晰地描绘了新时代强军兴军的战略蓝图:2020年基本实现机械化,信息化建设取得重大进展,战略能力有大的提升。军队院校经历变革的同时,军队院校图书馆同样需要接受挑战,更新思路,紧跟并助力院校发展。

与此同时,在信息技术革新巨变的当下,图书馆从思维固化的传统服务模式向多维性、多样化的服务模式逐渐转变,增值服务及拓展服务应需而生,似乎"图书馆消亡"的威胁已经远去了。事实上,随着技术的进步,挑战对各个行业来说从未间断。国际图联在2011年8月举办的年会上,将年会主题确定为"超越图书馆(Libraries beyond libraries)",标志着图书馆界又迎来了一个崭新的大转型时代。发展环境的根本性变化带来了"第三代图书馆",其特征是:超越图书、超越图书馆、以知识交流为主体,更加注重人的需求,可接近性、开放性、生态环境和资源融合。军校图书馆作为图书馆行业中重要的一部分,在积极创新服务模式的同时,也要接受新转型时代带来的冲击。

1 进入新时代,军校图书馆面临着双重挑战

军校图书馆有其姓军为战的特殊性,因此在面对时代巨变带来的挑战时,是处在更加特殊

和严苛的环境中的。但更多挑战往往意味着更多的变化、更多的机遇。怎样在变革的考验中做到先知先觉,发挥优长,适时创新服务模式,以满足院校新的信息服务需求,将是军队院校图书馆面临的巨大挑战。

国防大学的调整组建,是党中央和中央军委着眼实现中国梦、强军梦做出的重大决策,是推进改革强军,构建我军新型军事人才培养体系和军事科研体系的战略举措。作为我国最高军事学府、我军唯一一所高级军官指挥院校,国防大学已经走进新时代,站在新起点,昂首新征程,谱写新篇章。国防大学图书馆在行业变革和新时代改革强军的双重考验面前,除继续更好地完成服务大学教学科研的核心职能和使命,努力为联合作战人才和高中级领导干部培养提供信息服务的主责主业外,还应考虑到在学科建制化特点十分典型的军事院校,在拓展创新服务模式上,如何实现可持续发展的目标。图书馆要融合创新服务,迎接以书为主体向以知识为主体的图书馆转型,将创新、学习、分享的新理念融入阅读、研究的既有服务中。进阶新型图书馆的过程中,要配合和助力学校建设。

2 创新服务理念,打造"智库的智库"

《国家高端智库建设试点工作方案》自 2015 年运行至今,我国智库体系的建设与发展已初见规模和成效,对于智库建设的研究和建议也更加成熟。在此之前,关于党政军领域的智库研究显得凤毛麟角,时至今日,在各种公开及内部出版物上,不乏角度各异、讨论细致的关于军事智库的研究。但与地方高校相比,军校因其"姓军为战"的鲜明属性,其主要研究方向是国家安全、军队建设、作战研究、政策法规、发展战略、规划计划、装备论证等,无法迅速扩张、连点成片,发展略显缓慢。就此情况,中国科学院文献情报中心编辑出版的期刊《智库理论与实践》,联合中国国防科技信息中心国防科技智库论证组,专门组织了"国防科技智库建设与发展"征文活动,以推进国防科技智库研究,引导智库为国防科技建设发展服务。

国防大学注重进行具有前瞻性、对策性、应用性的教学科研工作,时刻紧盯党中央、中央军委所关注的重大战略问题,努力成为党中央以及中央军委高度信任、倚重的思想库、智囊团,建立了从事战略研究与决策咨询的大型战略智库"中国国家安全问题研究中心"。此外,部分智库成果以承接或申报的科研课题为平台,采用提交上报的形式,如将中央决策急需、具有战略和全局意义、现实针对性强的高质量决策咨询报告,提交至由全国哲学社科规划办创办的《国家高端智库报告》以刊用。

在国际形势复杂的今天,军事智库体系的建设,不仅是军事理论的关注重点,更是全面提升我国军事战略能力,特别是军队软实力的重要措施,也为党在新形势下的强军目标提供了强大的智力支持。因此,国防大学作为我国最高军事学府,建设相对独立、学科交叉、人才培养不间断的智库体系迫在眉睫。

图书馆向来是多种多元文献信息资源的主要汇聚处,除能为用户提供丰富的馆藏资源外,也着力提供实时、优质、针对性较强的个性化、人性化的信息服务。就图书情报学科的理论要义和服务实践而言,图书馆与智库有着密不可分的联系。智库的组织机构、研究方法、研究成果、传播途径、专家思想和用户交流等问题,向来都是情报学研究的重点内容。胡胜男、敬卿在《面向军队院校智库的图书馆文献情报服务转型研究》一文中也提出,图书馆信息服务的转型是军校智库建设的必要支持。国防大学图书馆应充分利用自身资源优势,协助及促成大学智库建设,帮助完善大学的决策咨询机制,积极参与问题导向的主动研究,工作重心应从以资源建设为主转变为以资源服务建设为主,努力成为"智库的智库"。

3 多角度联合各方力量,助力军校智库体系的发展

国防大学作为高级指挥院校,其智库建设优势是明显的:聚集了相关学科知名专家学者,学科布局及建设特色突出,学科领域专精;作为具有最强学员资源的最高军事学府,学员们丰富的实践经验,使得教学相长成为可能。参考国内外著名的智库建设经验可知,图书馆的信息情报服务的拓展,有助于服务智库建设,并在一定程度上能缓和甚至打破学科壁垒,以协助搭建智库体系。图书馆可参与构建多元化的智库评价体系,对智库产品进行营销推广,构建成果管理平台,为成果转化应用提供决策支撑,将智库成果转化为后期项目的基础资源沉淀,作为下个问题导向的累积,协助整个智库体系建设牵引成一个呈现螺旋式上升状态的良性循环,如图1所示。国防大学图书馆已有丰富的信息资源积累,可在大数据分析的基础上进行知识挖掘,在深化知识组织和知识服务的同时,将信息服务融入整个课题研究的生命周期,进而为智库产品提供决策咨询服务。

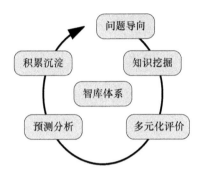

图1 智库体系建设的良性循环

3.1 从问题驱动出发,形成资源积累

图书情报机构参与协助智库体系的建设,除了应具备丰富的信息资源、先进的技术支持条件,最重要的是参与具体项目研究的学科馆员。针对国防大学的教学科研内容与研究方向"姓军为战"的鲜明特点,学科馆员的知识储备应考虑"有专有泛"。以涉海问题(涉及海洋、海权、海军问题)智库为例,除党政军涉海研究机构外,还应有党政军与地方合作研究机构、自主研究和联合性研究机构。重点研究领域涵盖海洋战略形势、海上安全等涉及敏感问题的方向,也包括海洋产业、资源开发等较少涉密的方向。而对国家重大战略问题的决策咨询的支持,所需情报分析、技术预见的涉及面往往很宽泛。因此,图书馆主动参与智库建设,必须以问题为导向,培养除具备军事专业素养外,还精专政治、经济、地理等某项学科知识的学科馆员。参与协助项目研究、持续跟踪相关热难点问题的同时,图书馆也应将研究过程的产出物和资源积累下来,以完成此领域高质量的信息资源数据的收集。

3.2 紧贴教学科研重点热点问题,优化专题特色数据库建设

服务智库建设,需要提高信息资源的实际应用价值。在将现有信息资源进行有序化整合的前提下,建设专题特色数据库是能够为智库建设提供有力数据支持的信息服务方式,也是学科馆员通过交流互动满足专家学者信息需求的直接方式。

3.3 适时联合军内军外高校图书情报机构，共享整合信息资源

就军队院校智库建设及发展现状而言，目前研究方向仍以课题安排形式为主，问题驱动的主动研究并不占主导地位，容易导致重复研究和资源浪费的现象，而且智库研究成果转化应用往往不了了之。作为助力智库及智库体系建设的图书情报机构，图书馆借助分级分类的成果管理平台，通过多重联建共享工作，加大宣传力度，一定程度上必然能够提升智库成果转化应用的效果。

3.4 国防大学图书馆未来创新服务发展的方向

美国斯坦福大学的胡佛战争图书馆建立于1919年，1956年更名为"胡佛战争、革命与和平研究所"，是目前世界一流大学智库，从图书馆向智库方向的转型与发展，离不开促使其建立的战争背景，也离不开原始资源的积累沉淀。从一个专门收集图书资料的图书馆，逐渐向以公共政策研究为主的研究机构转型，除历史因素和社会环境的影响外，与其相对独立性也密不可分。国防大学图书馆同样处在外部环境巨变和内部拓展创新服务需求的时期，通过学习、借鉴国内外、军内外高端智库建设和发展的经验，分析智库建设的整个周期，在满足需求导向的信息服务的同时，也需高瞻远瞩，在充分发挥自身信息累积、学科交融优势的基础上，为学校的智库建设搭建信息交流的平台。在助力智库及智库体系建设，服务智库专家人才等方面，做好"智库的智库"，并在此前提下，参考兰德公司的兰德研究生院的运行机制，进而发展到联合培养及储备智库人才，以达到不断完善智库运行体制的目标。

参考文献

[1] 吴建中.走向第三代图书馆[J].图书馆杂志,2016,35(6):4-9.
[2] 胡胜男,敬卿.面向军队院校智库的图书馆文献情报服务转型研究[J].智库理论与实践,2017,2(3):44-50.
[3] 《智库理论与实践》编辑部,国防科技智库建设论证组."国防科技智库建设与发展"征文通知[J].智库理论与实践,2017,2(1):104.
[4] 中华人民共和国国防部."国防大学说"告诉我们什么？——国防大学著书立说优秀作品表彰座谈会综述[EB/OL].(2015-05-20)[2016-01-22].http://news.mod.gov.cn/headlines/2015-05/20/content_4585938.htm.
[5] 党岗.图书情报机构对国家智库建设的支持研究[D].太原:山西财经大学,2016.
[6] 赵志刚,林一宏.国内涉海洋海权海军智库情况分析[J].海军军事学术,2016(2):71-74.
[7] 张景玉,杨明,陈辉.军校智库建设特征现状及其发展策略[J].海军院校教育,2016,26(2):9-12.
[8] 王铮.美国兰德公司的运营特点与发展态势[J].智库理论与实践,2016,1(1):81-89.
[9] 宋鹭,梁坤.兰德研究生院的运行机制及其对中国智库建设的启示[J].智库理论与实践,2017,2(5):50-58,77.
[10] 左亮亮.高校图书情报机构在国家智库建设中的应对策略[J].中国科技信息,2016(14):95-96.
[11] 卢胜军,赵超阳,魏俊峰,等.高校智库参与国防科技建设发展的思考和建议[J].智库理论与实践,2017,2(4):67-76.
[12] 李健,马增军.美国防务智库现状及主要特征[J].智库理论与实践,2016,1(2):50-54,107.
[13] 赵超阳,卢胜军.新形势下国防科技智库建设若干思考[J].智库理论与实践,2016,1(4):57-63.
[14] 王文,李振.中国智库评价体系的现状与展望[J].智库理论与实践,2016,1(4):20-24,71.
[15] 王瑞芳.从高校图书馆到世界一流大学智库:斯坦福大学胡佛研究所转型与发展研究[D].保定:河北大学,2016.

图书馆开展学科化服务的理性思考
——以国防大学图书馆为例

陈 平[①]

(国防大学图书馆,北京 100091)

摘要:学科化服务是一种新的服务模式和服务机制。随着用户信息环境和信息需求的不断变化,学科化服务已成为高校图书馆重点关注的一个热门论题。对此,本文在进行理性分析与思考的基础上,就国防大学图书馆如何开展学科化服务进行了思考。

关键词:图书馆;学科化服务;理性思考;国防大学图书馆

分类号:G252

Rational Thoughts on Subject Service of Library
—Take NDU Library for Example

Chen Ping

(The Library of National Defense University, Beijing 100091, China)

Abstract: Libraries feature subject service is a new model and mechanism. With the changing information environment and requirements of the library users, subject service has become a hot issue that payed close attention by library of higher institutions. In this respect, the paper has some reflections on the subject service of NDU library, based upon the rational thoughts and analysis.

Keywords: library; subject service; rational thoughts; NDU library

学科化服务是一种新的服务模式和服务机制。学科化服务在我国已走过十余年的历程,经过实践探索,各类型图书馆在学科化服务领域进行了大量的理论探索和服务方式创新。高校图书馆学科化服务因其面向学科用户,积极、主动深入用户之中,快速响应用户需求,提供专题化、个性化、便捷化服务而深受用户青睐。但总体而言,国内图书馆的学科化服务还处于初级阶段,在学科馆员的人数、提供服务的学科数量、服务的深度以及专业性等方面,都与国外高校有着较大的差距,特别是在军队院校图书馆,学科化服务更多处于理论探索阶段,只有个别单位在实践领域进行了尝试。国防大学图书馆作为全军最高军事学府的图书馆,在引领学科化服务方面,应走在军队院校图书馆前列,需要不断提升学科服务的战略眼光和新的使命担当,聚焦服务对象的需求变化,不断改善服务环境,完善和优化学科化服务。

[①] 作者简介:陈平,专业技术10级馆员,大学本科,电子邮箱:chenpingseqi@163.com。

1 国内图书馆开展学科化服务的现状分析

学科化服务最早是由美国内不拉斯大学图书馆于20世纪50年代提出,到20世纪80年代,推广到国外研究型大学图书馆。我国的学科化服务起步较晚,清华大学图书馆在20世纪末率先实行这种服务,之后,国内各高校图书馆纷纷效仿。目前,我国已有百余个图书馆先后实行了学科馆员制度,由专人负责提供有针对性的学科服务。学科化服务的理论研究也伴随学科化服务的实践探究,丰富和发展了用户服务理论体系,指导传统服务模式的变革。

1.1 学科化服务已经完成从理论到实践的转变

十多年前,学科化服务在我国尚处于理论探讨阶段,现已在地方图书馆进行了广泛实践,从个例发展到普遍,从"救命稻草"发展到"遍地开花",这就是学科化服务的发展背景。实践证明,学科化服务不是心血来潮,而是历史的必然;不是领导意志,而是图书馆事业的发展规律;不是无可奈何,而是学术地位的升华。无论图书馆的具体服务内容和形式是什么,学科化服务的康庄大道已经呈现在我们面前,图书馆的同人们正意气风发、斗志昂扬地走在这条大道上,回避和倒退之路已不复存在。也许最初有人还会怀疑学科化服务再过三五年还能不能坚持下去,当下已经没有怀疑的必要,我们要做的是不再考虑、不再犹豫,要真行、真干、快干、实干、投入进去,共同享受学科化服务带来的荣誉和辉煌。

1.2 学科化服务正在图书馆界迅速推广

随着学科化服务从理论到实践的不断深化,地方图书馆纷纷响应,如今,学科化服务已经在不少图书馆扎根、开花、结果。

一是学科化服务内容在不断丰富。许多高校开展了关于资源检索利用的培训和咨询服务,如中国科学信息研究所开展的结合个性化资源分析,国家图书馆开展的国家机关的决策分析,厦门大学开展的利用学科评估信息服务,国科图以及其他单位开展的情报分析,软件所和国科图开展的个性化平台建设等,在各个科学院、研究所推广的知识、资产的管理等学科化服务不胜枚举。

二是学科馆员的服务在快速升华。上海交通大学图书馆陈进馆长在《上海交通大学图书馆学科服务概述》中讲到的"如何宣传,如何营销"的新理念,沈阳师范大学图书馆的奖金激励机制和中国人民解放军医学图书馆立功受奖学科馆员走前头的激励措施,都值得我们思考与学习。还有国科图专家介绍的协同机制、社交网络的服务机制,华东理工大学图书馆介绍的用户驱动与用户参与机制,中国矿业大学介绍的团队智能管理,中国科学院介绍的"能力云与软实力的建设"等,都体现了学科馆员的服务在快速地升华。目前,地方图书馆已经不是占领了学科化服务的"山头阵地",而是已经形成"根据地",并正在巩固和发展中。在这样的情况下,学科化服务势必得到进一步深化。

三是学科馆员服务能够坚持下去。学科化服务已经成为地方图书馆一道亮丽的风景线。中国科学院国家科学图书馆张晓林馆长曾说:"中国科学院国家科学图书馆在2011年11月份组织的国际评估当中有这么一段话,国科图最强大的资产之一就是学科馆员所展示出来的服务用户、奉献用户、以用户为导向的精神。学科馆员是图书馆转型的关键,通过学科馆员的服务将用户不断变化的需求转换成为新的服务产品,而对学科馆员方面的持续投入最终将使中国科学院的科研活动更加高效,并且将是未来国科图事业发展、研究所转型、服务优化和服务数据设计当中的关键落脚点。"这不仅是对国科图的评价,更是对整个图书馆界学科化服务的评价,因此学科化服务才得以不断地深入。

1.3 学科化服务还需要进一步发展

经过十余年的发展,从事学科化服务的学科馆员在地方院校的院系联络方面起到桥梁和纽带作用;在信息需求分析、文献资源使用等方面,学科馆员也起到了相当重要的作用。学科馆员服务的成功是由于它能不断地突破与创造,学科馆员不仅要有饱满的精神风貌,也要勇于突破性创新,以创造来应对损坏性的变动;透过学科馆员前瞻的探索与组织,抓住竞争性的机会;通过利用各种事态的演变,驾驭今后颠覆性的创新。首先,要继续加强对资源、工具、方法的挖掘、引入和使用能力的培训与普及。虽然努力是非常重要的,但是我们必须在这种精神上再给予工具、方法和资源的支撑。其次,要加强经验积累,在实践经验的基础上进行总结提炼,进一步提高学科馆员服务制度化、规范化水平,形成紧凑连贯、环环相扣的工作流程,为学科化服务的深入开展奠定坚实基础,使学科馆员能够迅速地把个人的知识变为集体的知识,把隐性的知识变为显性的知识,把知识变为能力,把能力变为效果。再次,还要加强学科馆员人才队伍的素质培养,使其能够胜任现在的工作,迅速地适应未来的挑战。这也是建设具有高昂斗志的学科馆员队伍的关键所在,也是我们持续创新的重要保障。

1.4 学科化服务应在军队院校"开花结果"

目前,除了中国人民解放军医学图书馆尝试开展了学科化服务以外,其他军队院校图书馆还没有实行,其原因可能是多方面的,如缺乏信息资源保障、服务模式简单、管理机制不完善、缺乏共享机制、馆员的素质距学科馆员的要求还有一定差距。此外,学科化服务作为一种新的服务模式和服务机制,是一个持续而不断深入的过程,其服务效果受到许多因素的制约,而且服务效果的体现也不是立竿见影的事情。

2 关于国防大学图书馆开展学科化服务的几点思考

新时代,国防大学进入了新的历史发展时期,图书馆应坚持以习近平新时代强军思想为根本指导,以服务大学教学科研为核心职能和使命,努力为联合作战人才和高中级领导干部培养提供信息服务,突出姓军为战、备战打仗的信息服务鲜明导向,坚持专业化人才培养信息服务的主责主业。面对专业化、实战化人才培养的信息服务新需求,专业化人才培养需要学科化服务做支撑。

2.1 明确教学对象的基本情况

国防大学图书馆作为国防大学的基础设施之一,承担着为军队、国家培养"三高"人才,提供信息服务的重要任务,同时,作为军队院校图书馆联席会的牵头单位,国防大学图书馆又是全军院校图书馆的"领头羊"。因此,我馆有责任、有义务率先在全军院校图书馆推广学科化服务,我们的馆员更应进一步向学科馆员方向发展,这是大势所趋,代表了图书馆的发展方向,只有这样才能在当今信息行业竞争加剧的情况下站稳脚跟,才能在学校教学模式转变中建功立业,才能在全军院校图书馆中发挥"领头羊"的作用。

2.2 熟悉本校学科的基本分布情况,建立与教学科研相符合的数据资源

我校拥有联合战役学、国防经济、作战指挥学 3 个国家级重点学科,5 个军队重点建设学科,12 个校级重点建设学科,它们所涵盖的专业,基本上是承担我校主要教学科研任务的学科领域,是对学校履行职能使命起支撑作用的学科领域。图书馆作为学校教研机构的重要信息服务保障部门,其提供服务的广度和深度直接关系到学校学科建设的成效,是学校进行重点学科建设不可缺少的组成部分。

2.3 立足岗位实践,培养图书馆学科馆员信息素质

岗位实践是培养学科馆员的最好课堂,也是实现学科馆员梦想的重要舞台。图书馆是展示我校文化底蕴和风度的重要标志,是院校文化生态的重要组成部分,是信息的"集散地"、知识的"百花园"、心灵的"宁静港湾",也是洞察军事学术和科技前沿的"了望哨"。从一定程度上讲,图书馆的每个人都守着一座座"金山银山",立足图书馆岗位实践培养学科馆员大有可为。

2.3.1 加强培养学科馆员认知信息的能力

在信息爆炸的时代,用户不可能浏览和处理全部的信息,即便从某种程度上接收了大量的信息,也很难深入思考并归纳整理出自己的判断和理解。这就要求图书馆员在具备职业技能和专业服务的基础上,还需拥有对信息准确的认知能力,以便及时合理地向用户提供其所需的参考信息,帮助用户进行筛选。这种信息认知能力主要体现在对信息资源的分析、整合等方面,其重点在于对信息资源的二、三次加工与研究。为此,学科馆员更要学会建立和掌握信息,及时对信息进行精准的解析推断、去伪存真,驾驭信息检索的手段、方式、路径,引导用户更加快捷方便地运用信息技术检索到所需的各种信息。

2.3.2 加强培养学科馆员获取信息的能力

在信息时代,计算机显然已经成为学科馆员所应用的必要用具,能够协助馆员从海量信息和网络资源中准确定位到用户所需要的特定信息。学科馆员不仅要会检索信息,还应该学习如何借助计算机来进一步开发利用文献信息资源,为用户提供更多服务内容,建立信息和数据的贮存库,游刃有余地管理网络系统,排除常见故障和问题,确保网络系统安全。

学科馆员还应保持不断学习、持续更新自身知识结构的状态,积极关注业内科技动态、学术成果及其进一步发展,吸收新知识,争取做到与时俱进,发展同步,避免落后于社会和科技的进步。

2.3.3 加强培养学科馆员利用信息的能力

首先,作为国防大学图书馆的学科馆员,不仅要重视信息理论培养,更要具有熟练应用、驾驭信息技术的能力。学科馆员不仅要会检索信息,还应该学习如何在大量信息中进行筛检,组织、整理、加工信息,切实结合用户所需对信息进行多方位选择,然后把符合用户需求的信息提供给对方。其次,学科馆员在注重自身信息理论培养的同时,要配合教学与科研工作所需,将符合学科专业建设的相关数据库推荐给读者,并结合专业特点建立学科文献群,形成具有国防大学特点的特色数据库,提高资源建设的针对性和有效性,从而引导读者正确使用国防大学图书馆馆藏资源。

2.4 鼓励馆员广泛参与各种学术活动

首先,国防大学作为军事理论创新基地,本身就是一片学术沃土,有金一南、徐焰、张少忠、李莉等军内外知名专家名流,也有如国防大讲堂、周五学术报告、周六讲坛等已然成为亮丽学术风景线的"知名品牌"。学科馆员应充分利用这种学术平台,努力学习,提高专业素质。其次,自 2011 年起,国防大学训练部建立了轮流听课制度,学科馆员可利用此机会系统地学习和掌握学科专业知识。再次,国防大学图书馆作为军队院校图书馆联席会的牵头单位,分别与国防科技信息学会、国家图书馆协会等学术机构建立了畅通的学术交流机制,经常组织并参与学术年会和各种形式的学术交流活动,为学科馆员了解和掌握图书情报专业领域的前沿提供了良好的平台。此外,学科馆员还可以积极创造机会,到国外图书馆进行参观和交流研习,把握领先的学科馆员工作模式。

3 结语

21 世纪是知识创新的时代,随着社会信息化程度的提高,信息素质的培养日益成为世界各国教育界乃至社会各界所关注的课题,因此,信息素质也已成为每个社会成员的基本生存能力。面对以信息化、全球化为特征的新世纪,图书馆员应站在信息时代的前列,充分认识信息素养的重要性,把培养良好的信息素养作为自身内在的需求和渴望,视作实现自己人生价值的双翼。

参考文献

[1] 侯东萍.数字信息化时代高校图书馆学科化服务探讨[J].网友世界,2012(12):30.
[2] 简正仙,谭志芬.2001—2011 年我国"学科馆员"研究领域论文文献计量分析[J].遵义师范学院学报,2013,15(3):121-124.
[3] 赵树宜.推动图书馆向知识服务转型——2012'学科馆员服务学术研讨会综述[J].图书情报工作,2012,56(9).
[4] 韩莉.高校图书馆开展学科化服务的思考[J].中国成人教育,2010(8):70-71.
[5] 米日古丽.论信息时代高校图书馆的信息素质教育[J].科技情报开发与经济,2006,16(5):19-21.
[6] 杨坚红.浅谈数字图书馆员信息素质的要求与培养[J].图书情报导刊,2006,16(6):61-63.
[7] 2012 年学科馆员服务学术研讨会会议通知[J].现代图书情报技术,2012(2).

围绕国防大学学科建设需求 不断提高知识服务保障能力

曹 玲

(国防大学图书馆,北京 100091)

摘 要：在军队院校改革中,随着教学模式的转变,用于保障教学的图书馆,发挥着不可或缺的支撑作用。如何在学科建设上不断探索和改革创新学科服务模式,是图书馆提升服务水准的关键环节。

关键词：学科建设；军校图书馆；服务保障

分类号：G251

Centering in the Discipline Construction Demand of National Defense University Constantly Improve the Ability of Knowledge Service Guarantee

Cao Ling

(The Library of National Defense University, Beijing 100091, China)

Abstract: In the military academy reform, with the change of teaching mode, as a library for guaranteeing teaching, plays an indispensable supporting role. How to constantly explore the reform and innovation service mode in the discipline construction, it is the key to improve library service level.

Keywords: discipline building; the military library; service guarantee

习近平主席在中央军委 2018 年开训动员大会上,向全军发布动员训令,要求全军加强实战化训练,提高打赢信息化战争能力。我校随着军队院校的军事转型,各项改革任务已经圆满完成。作为培养军队指挥人才的最高学府,国防大学图书馆的工作人员,应在院校深化改革任务中完成使命担当,为学员们实战化训练提供更加深入、系统的学科建设服务及科研工作保障。

1 学科建设对图书馆提出的新需求

国防大学作为我国最高军事学府,担负着为国家和全军培养国家安全、联合作战指挥高素质新型军事人才的任务。我校历来把学科建设作为重中之重,各项工作都要围绕这个中心、把握这个重点展开。经过几十年的努力,我校构建了军内外有重大影响的国家、军队的重点学科,这些学科建设,都将以信息资源作支撑,以图书馆高水平的信息服务作保证。国防大学作为联合指挥大学,其学科建设的信息需求与初、中级院校相比,具有鲜明的特点和特殊的需求。

1.1 培训对象层次高

我校教学分为任职教育与学历教育两种模式。任职教育的培养对象大多是军队高级干部,他们有着丰富的实践经验,有些理论造诣也很深,教学方法是研究式、启发式和自主创新式学习。这种高级军官职业教育,重在岗位能力培养,通过增强学员的理论知识,提高学员的领导能力,提升学员的指挥水平。学历教育的培养目标是各军事学科的硕士、博士研究生,这部分学员都是部队的文化精英,他们年轻,来自基层岗位,经过定向深造后,成为部队的基础建设的中坚力量。我校一方面培养军队指挥人才,用于指导部队建设,另一方面为总部机关当好参谋,成为首长的智囊。

1.2 教学内容涉及面宽

我校的课程设置范围广、综合性强,包括属于逻辑型的理论研究课程,用于指导部队建设的操作型课程,军事交往的艺术型课程,联合作战指挥的综合型课程。要求学员在军事理论、军事技术、军事艺术、军事管理以及信息科学与技术等方面均有涉猎。

1.3 信息需求新颖性强

国防大学的教学科研密切关注国际形势、世界各国军事战略和军队建设的发展变化,关注热点、焦点、难点问题,研究军事斗争对策和军事斗争准备的设计问题,注重最新情报信息的收集、跟踪和提供。这就要求图书馆跟踪学科发展的趋势和前沿,向教学科研和领导决策提供最新颖、鲜活的情报信息。在信息时代,国防大学师生对各种信息资源的需求日益增多,图书馆应不断地发展创新,为师生提供优质服务,促使我校学科建设和科研工作更上一层楼。

2 开展学科服务建设存在的突出矛盾和问题

2.1 服务模式有待创新

高校图书馆的传统服务模式在信息时代已经不再适用,一些传统的运行机制和服务工作都在发生着巨大的变化。现代图书馆已经不再局限于馆藏借阅服务,更多的是在为不断满足读者用户的信息需求而努力。随着网络的应用和普及,各种现代化设备的推广,图书馆的服务模式也应不断改进。一方面,图书馆服务模式的现状是新旧并存。目前在我们国家,传统图书馆的服务模式依然存在,并与新的服务模式共同存在,这些情况在国防大学也存在。网络环境下图书馆应及早破除"重藏轻用"的旧思想,图书馆应建立以用户为中心、以需求为导向的服务模式,创新传统服务内容,为用户提供多元化、个性化、"一站式"服务,增强图书馆服务工作的开放性、主动性、充分性和高效性。另一方面,图书馆缺乏深层次服务模式创新。个性化服务作为高校图书馆服务模式创新的重要组成部分,主要包括:服务方式的个性化,能根据用户个人爱好或特点开展服务;服务内容的个性化,所提供的服务不再是千篇一律;服务时空的个性化,能使用户在希望的时间和地点得到服务。个性化服务不仅可以满足用户的个性需求,还具有个性引导的功能。

目前,国防大学图书馆的个性化服务并不算理想,服务模式还停留在为人找书阶段,在进行服务模式创新时,大多是浅层次、形式单一的服务,这些服务并不能够真正满足读者用户的需求,他们需要更为深层次、多样化、专业化的服务方式。图书馆要实现图书资料原增值服务,从等待读者到走进读者,从为人找书到为书找人,成为读者获取图书和信息、获取工具的知识宝库。

2.2 馆员专业化程度不高

现代图书馆不同于传统图书馆,不仅需要配套的现代化设备,更需要专业技术人员熟悉这些设备的开发、使用和维修。例如,我馆2013年在各教研楼安装24小时自助借还机,由于各种各样的因素导致机器故障频发,需要等待专业技术人员上门维修,方便读者的举措无法持续运行,虽然图书馆有较为充足的人员储备,但是缺乏这种专业技术人员。在发达国家,一名合格的高校图书馆员必须具备图书馆学、情报学、计算机等学科的专业知识,同时还要足够熟悉学校的不同学科、专业,从而从事读者服务的工作。有研究人员根据图书馆的工作性质提出,图书馆工作人员专业结构的合理配置是:图书情报专业人员为30%左右,计算机专业人员为10%～15%,与学校所设专业相同或相近的专业人员为55%～60%,在与学校所设专业相同或相近的人员配置中,必须注意各专业的合理布局,力求整体分布齐全,局部保证学校重点学科或主干学科有足够的图书馆人员配置。在英国爱丁堡大学,图书馆与信息管理中心是一个整体,图书馆馆长是信息中心主任,这种管理架构把图书馆融入通信技术的范畴,有了信息技术的支撑,各种馆藏资源被整合在信息中心里,对数据的管理使得它的信息化走在英国大学图书馆前沿。

服务创新是用户需求推动的结果,同时以提供用户满意的服务为最终目的。图书馆应从国防大学各级用户的视角出发,通过获取、分析、挖掘、利用用户知识,建立基于用户知识管理的服务创新体系,这一切的实现都要建立在人才的基础上。高校图书馆员的专业化程度不高,就会使得图书馆服务水平降低,影响图书馆发挥出应有的潜力,进而会导致图书馆在学校学科建设里的地位动摇,因此,图书馆必须要重视馆员专业化的问题。

2.3 主动服务意识不够强

图书馆是因读者而产生的,读者的要求是图书馆赖以生存和发展的生命线,因此图书馆的服务观念要从思想深处更新,服务方式要由开放式网络化信息服务向合作共享转变,图书馆工作人员的服务对象要从"书本论"向"人本论"转移,牢固树立"读者至上"的观念。由于在对图书馆进行评价的时候,有关图书馆的文献资源建设方面往往会占比较大的比重,这就使得高校图书馆自身也往往更加偏重于文献资源建设,反而忽视了对读者用户的重视。在数据时代,馆藏是资源,读者也是资源,图书馆对于读者用户需求的满足程度体现了图书馆的增值服务。国防大学的学科建设、读者用户的需求永远要摆在第一位,要提高主动服务意识,为读者用户打造一个最为便利、舒适、贴心的环境。因此,为了更好地生存和发展,高校图书馆必须结合信息化手段,增强主动服务意识,使图书馆不仅是读者活动空间,更是共享交流空间和研讨空间,为促进学校学科建设提供更加优质的服务。

3 图书馆开展学科服务建设相关对策思考

围绕学科建设,搞好服务保障,是图书馆情报职能的体现和基本职责,图书馆必须强化特色资源建设,创新服务方式,利用多种方式提高图书馆专业技术队伍的综合素质。

3.1 提高馆员自身知识服务能力

馆员在为读者服务的过程中,自身的思想和知识是服务的重点,馆员自身的文化知识和服务技能直接决定知识服务水平的高低。图书馆员需要具备敏锐的头脑和条理清晰的分析能力,能从多种角度了解用户需求,把计算机操作能力、信息处理能力、语言文字表达能力、管理能力等熟练运用在知识服务中。钱学森同志说:"现代图书馆、档案馆、情报单位的工作人员,应当是信息专家和信息工程师,是信息系统的建设者,也是使用的向导和顾问。"在信息化时代,馆藏资源除了纸质信息还包括丰富的网络信息资源和数字化的电子资源。对纸质资源熟悉的读者只会使用纸本书,却不知道如何利用便捷的电子资源,经常使用电子资源的读者,也不会把实体资源和虚拟资源结合起来使用。随着数字资源大量引进,海量信息为读者带来了丰富的信息资源的同时也让读者感到无所适从,读者既不知道想要的信息在哪个数据库,也不知道从哪里入手选择自己需要的数据库,由于不能全面熟悉和了解图书馆的所有信息资源,读者浪费了大量的时间和精力,而且检索效率低下。因此,结合现状应从以下几方面帮助读者:①学科馆员依据本专业的馆藏知识,通过计算机检索把文献信息快速、有序地传递给读者;②当读者不会使用信息资源检索时,学科馆员要成为读者的指导老师,对读者进行技术指导,帮助读者掌握各种信息的检索方法;③随着联机远程服务手段的逐步完善,网络用户逐渐增多,到馆率逐渐减少,信息咨询服务的重要性日益显现,馆员只有不断拓展自身学科范围,才能使得知识服务更加深入、知识含量更高。

3.2 围绕学校专业设置学科馆员发展规划

经过改革调整,我馆已形成以文职人员为主体的人才队伍结构。近几年来招聘的文职人员,虽然还不具备学科馆员资格,但是通过外出进修、在职培训等形式,已经在学科知识、图书馆专业知识方面不断学习,逐步成为合格的学科馆员。我馆采用校内跟班听课制度渐进式培养馆员学科素养,由于文职人员所学专业并非军事类专业,要想成为某一学科领域或本专业知识和技能精深的学科馆员,一方面要深入教学一线,长时间跟踪某一专业领域,参与学科研究、探讨,这对积累专业知识,养成敏锐的信息意识,具有高效的促进作用;另一方面,可邀请各学科专家参与学科馆员培养工作,由于这些对口专业的负责人有着深厚的专业知识背景,更有利于学科馆员水平的迅速提高。

3.3 建立人才培养规划

通过自学和在职进修,从知识素养、信息处理能力等基础业务做起,形成一支高素质的学科馆员队伍,以适应学科馆员制度发展。我馆工作人员由文职干部、文员和职员三部分组成,全部具有本科学历。由于我校是军队院校,在为教学提供学科导航的个性化增值服务中,馆员不仅要具备图书馆学、情报学专业知识,还要具备基础的军事理论知识,这样才能具有根据读者需求对信息进行采集、聚合和再创造的能力。目前我馆只有一部分文职干部是军校毕业,大部分工作人员不具备军事理论基础知识,因此,要通过各种职业培训来加强馆员的军事理论知识学习,更新馆员的知识结构。同时,制定馆员培养的长期规划,在各个岗位工作的馆员与相关学科教研室直接挂钩,负责了解该学科的信息需求,做好信息反馈、原生资料收集,为重点学科提供定题服务,在服务中提高馆员的学科专业水平和知识服务能力。

参考文献

[1] 苏志武,吴远香.论现代高等学校管理[J].北京:中国传媒大学出版社,2004.

[2] 周海花.高校图书馆工作人员结构现状分析与优化策略——以南京晓庄学院为例[J].内蒙古科技与经济,2009(23):130-134.

[3] 袁静.移动网络环境下高校图书馆服务创新:基于用户知识管理视角的分析[J].情报理论与实践,2014(5):41-43.

基于 Altmetrics 的学术影响力评价研究
——以电影学学科为例

李 华

(北京电影学院图书馆,北京 100088)

摘 要:Altmetrics 是社会网络上学术交互行为的新兴测度方法。本文介绍了 Altmetrics 的相关理论,对其发展演变和研究主题进行了综述。重点在实证分析部分,利用 Altmetrics 文献平台、评价指标和书签服务,分析追踪了国外电影学热门学术文献前 10 名和热门作者前 5 名,并提供单篇学术文献的评价方法。通过与传统引文指标评价方法的对比分析,发现 Altmetrics 评价指标同传统的引文指标在评价结果上既具有一致性也存在差异,Altmetrics 测度的影响力偏向社会影响力及社会关注度,较少涉及表征论文质量的学术影响力。

关键词:Altmetrics;学术评价;电影学

分类号:G255

Research on Academic Influence Evaluation Based on Altmetrics—Taking Film Study as an Example

Li Hua

(The Library of Beijing Film Academy, Beijing 100088, China)

Abstract: Altmetrics is an emerging measure of academic interactions on social networks. The article introduces the relevant theories of Altmetrics, and summarizes its development and research topics. Focusing on the empirical analysis, the Altmetrics literature platform, evaluation indicators and bookmarking services are used to analyze and track the popular academic literature Top 10 and the popular author Top 5, and provide a single academic literature evaluation method. By comparing with the traditional citation index evaluation methods, it is found that the Altmetrics evaluation index is consistent and different from the traditional citation indicators. The influence of Altmetrics measure is biased towards social influence and social attention, and less involved in characterization. The academic influence of the quality of the paper.

Keywords: Altmetrics; academic evaluation; film study

学术论文是科研人员最重要的科研成果之一,其影响力主要体现两个方面,即学术影响力

---

① 本文系北京电影学院校级课题"基于 Altmetrics 工具的电影学热点追踪研究"研究成果之一。
② 作者简介:李华,馆员,硕士研究生,电子邮箱:lihua@bfa.edu.cn。

和社会影响力。学术影响力体现了科研人员在其所属科研领域中的学术地位以及其研究成果所具有的科研学术价值；社会影响力表现在被学术同行、专家群体外的社会大众认知和了解的程度[1]。传统的基于文献计量学的学术论文影响力评价通过学术论文的引用和被引用进行分析，但存在时滞过长等诸多弊端。

随着社交网络的发展，目前在线科研环境正发生着一场大的变革，越来越多的科研人员以及非学术领域群体开始使用社交媒体（如 Twitter、Facebook、LinkedIn 和 Instagram 等）进行学术交流，来传播、获取和利用学术成果，Altmetrics（Alternative Metrics，后文统称 Altmetrics）应运而生[2]。本文借鉴 Altmetrics 理论和评价工具，尝试从社交媒体传播与用户阅读视角出发，结合社交媒体环境下学术交流的特点，构建基于电影学艺术学科的影响力评价体系，更全面、科学地对电影学学科研究成果进行影响力评价，实时评测国外电影学研究的热点问题。

1 研究背景

在 Altmetrics 尚未出现时，各科研机构常用传统的期刊影响因子、论文被引次数、同行评议等指标对学术论文进行评价，特别是 A&HCI 和 CSSCI 收录的学术论文。但单纯地使用传统文献计量学方法进行科学评价具有一定的局限性，如评价的时滞过长，评价内容多是论文的影响，引文分析的固有缺点限制了评价的范围。

互联网环境下，开放性资源获取极其便捷，越来越多的学者倾向通过社交媒体进行学术交流，打破了传统文献计量学的研究范围，极大地丰富了计量研究的数据源，催生了一种以衡量网络学术交流为主的新生计量指标——Altmetrics。Altmetrics 是一种基于社会网络的学术影响力评价方法，国内图情学者将其译作"补充计量学"或"社交影响计量学"[3]。Altmetrics 采用特定工具收集研究成果在社交媒体中的相关信息及数据，并通过聚类分析和统计计算，评价该学术成果的学术影响力和社会影响力，它具有即时响应、评价指标全面、处理数据源多样、社交用户广泛参与等优势[4]。

2 Altmetrics 研究综述

2.1 Altmetrics 指标构成因素及文献评估

S. Haustein 等[5]指出 Mendeley、CiteULike 和 Bib Sonomy 为用户提供共享和交流的科学文献平台，同时将用户阅读或标注等行为作为计量指标，追踪对文献的利用情况。J. Liu 等[6]提出如果要迅速获得科学文献对某特定领域用户的影响力，可以通过分析该领域较活跃用户在网络社区的讨论和交流活动来评估相关文献在该领域的影响力。

2.2 Altmetrics 指标对传统计量指标的影响

G. Eysenbach[7]通过研究某开放存取在线医学信息杂志发现，Web 2.0 环境下的阅读、分享、讨论等非正式的学术交流行为会提升科研文献在传统评价体系中的影响力。

2.3 Altmetrics 指标与传统计量指标的比较

Li Xuemei 等[8]通过对基因遗传学领域文献进行抽样分析，发现 Mendeley 中阅读数与传统被引频次之间具有正相关性。Haustain 等[9]通过分析社交网络覆盖率认为,Mendeley 的收藏与 Scopus 引用具有相关性。王睿等[10]通过比较 273 篇样本文献发现,Altmetrics 和被引频次这两种指标与读者关注方向有关,并且预测高 Altmetrics 指标的文献有高被引的可能性。

3 研究内容

3.1 研究对象

公开发表在国外社交媒体及网站上的电影学相关研究,主要以英语语种为主。目前,由于中国一些网络限制以及语言原因,中国大陆在 Twitter 和 Facebook 上的活跃用户相对较少,更少有国内科研工作人员关注这些网站并发表评论。因此,中国科研工作者在国外社交媒体上主动宣传自己科研成果的积极性普遍不高,中国区论文的 Altmetrics 指数统计的客观性也受到影响。

3.2 数据来源

追踪 Alternative Products 中电影学领域的热点研究。Alternative Products 主要是指 Altmetrics.com 网站收录的种类繁多的学术成果,如通过 Twitter、Facebook 和 LinkedIn 等社交网站与同行进行的博文、会议论文等学术探讨;Zotero、Mendeley、CiteULike 等在线文献管理系统的科研笔记;发布在科学博客或视频网站上的演示文稿、实验数据、灰色文献和实验视频等。

3.3 研究工具

Altmetrics 提供的 Plum Analytics 工具,目前可供科研机构、研究人员和图书馆员免费使用。Plum Analytics 工具能够提供最大限度和最全种类的计量科研产出服务,与 Altmetrics 同类工具相比,覆盖的底层数据源最多,数据收集能力最强。它可以提供可视化分析工具,能够展现详细的引用分布图,帮助用户进行对比分析,最大限度满足用户需求。它还拥有灵活的统计功能,支持用户按照对象或指标自由组合统计结果,灵活度较高。

3.4 研究指标

按照 Altmetrics 提供的使用量(Usage)、获取量(Captures)、提及数(Mentions)、社交媒体(Social Media)、引用数(Citations)这 5 个维度来追踪分析电影学领域的热点。

4 实证研究与分析

4.1 采集数据源

由于 Altmetrics 是对学术论文在社交网络中基于交流过程的计量,数据样本包括学术论文的相关数据信息和学术论文在社交网络的交互行为中产生的计量指标数据,这两部分数据必须具有某一文献特征属性,使文献数据源和指标数据源之间建立连接。文献数据可以从专门的文献管理平台获取,指标数据则可以借助现有的 Altmetrics 工具得到,从而避免因指标数据获取不全、不准确而造成误差。

本次研究的数据源平台为 Mendeley[11];评价指标为 Altmetric Explorer[12][13],主要包括 News Outlets、Blog、Twitter、Preddited、Facebook、Google+、Mendeley、CiteULike、Wikipedia、Vedio、Peerreview;学科主题为电影学(Film Studies);数据源类型为学者、学术论文。

4.2 电影学学科热门文献前 10 名

在数据源的基础上,论文发表年限设定为 2016 年,在"Arts and Humanities"学科主题筛选电影学相关学术文献共 506 篇。通过 Altmetric Explorer 不仅可获取各指标数值,还可对目标文献按照各指标要求进行评价,给出每一篇文献的 Altmetrics 得分,得分排在前 10 位的文献及其被引频次如表 1 所示。由表 1 可知,两个排名结果有一定差异,被引频次最高的文献被引 312 次,其 Altmetrics 得分却排在第 9 位,Altmetrics 得分排在第 1 位的文献被引 39 次,这说明非高被引论文也会有高 Altmetrics 得分值。

表 1 Altmetrics 得分排在前 10 位的文献及其指标

序号	文献题目	被引频次	Altmetrics 得分
1	"The couch and the silver screen: Psychoanalytic reflections on European cinema"	30	181
2	"Movie review analysis: Emotion analysis of IMDb movie reviews"	37	132
3	"Automatic turn segmentation for Movie & TV subtitles"	56	89
4	"Movie shot selection preserving narrative properties"	12	80
5	"Movie recommendation in heterogeneous information networks"	26	61
6	"Kubo and the Two Strings Movie Review (2016)"	29	60
7	"Investigating the Factors Influencing Digital Movie Piracy"	23	46
8	"'A most miserable hotchpotch': Charles Bean and the origins of the First World War film collection"	5	37
9	"Cinema in the Welfare State: Notes on Public Support, Regional Film Funds, and Swedish Film Policy"	312	30
10	"The Western World in Soviet and Russian Cinema (1946—2016)"	14	26

此外,从获取到的指标数据来看,Altmetrics 得分排在前 10 位的文献有 6 篇文献的 Peerreview 指标值为 0,具体数值如表 2 所示。另外,在 Peerreview 指标相同的情况下,在 Blog、Twitter 上的提及次数以及 Mendeley 读者数这几项指标数据越大,对最后得分的影响程度越大。值得注意的是,要想获得较高的综合得分,每个较为重要的指标都必须获得较高的数值,这也体现了一篇学术论文的综合影响力。

表 2 Altmetrics 得分排在前 10 位的指标数据值(部分)

序号	Altmetrics 得分	Twitter	Facebook	Google+	Blog	Mendeley	Peerreview
1	181	124	16	15	1	129	0
2	132	116	6	8	3	65	2
3	89	76	7	0	2	52	6

续 表

序号	Altmetrics 得分	Twitter	Facebook	Google+	Blog	Mendeley	Peerreview
4	80	34	3	2	2	50	0
5	61	46	3	1	1	30	2
6	60	51	2	0	1	22	0
7	46	45	8	0	0	154	0
8	37	2	0	1	3	10	0
9	30	21	0	2	0	59	6
10	26	26	1	2	1	39	0

4.3 电影学学科热门学者前5名

在4.1节的基础上,学科研究主题标签为"Arts and Humanities",结合电影学专业进行筛选,共有173位来自世界不同国家和地区的电影学研究专家,他们的学术社交身份主要为学院教授、机构研究者、访问学者、在读博士等。表3的排名依据主要以学者的Publications(公开出版物)数量为第一顺序,也列出了作者的h-index(H指数)和Citation(引用)指标的数量。从表3可知,Publications值和h-index值、Citation值之间,不存在正比例的关系,但h-index值较高的作者,其Citation值排名也比较靠前,如排名第2的作者Mikel J. Koven。

表3 Altmetrics 活跃度排在前5位的电影学学者

序号	学者	所属机构	研究兴趣	Publications	h-index	Citation
1	Simon Spiegel	University of Zurich Department of Film Studies	类型电影理论、科幻电影	55	1	10
2	Mikel J. Koven	University of Worcester	欧洲电影、恐怖电影、神话、民间故事	30	4	43
3	Kai Erenli	UAS bfi Vienna	项目管理、IP&IT 法律	12	0	0
4	Julie Russo	Stanford University	电影性别文化、影迷文化	11	0	0
5	Rebecca Beirne	University of Newcastl	电影电视发行、LGBT 影像再现	9	3	18

4.4 单篇学术论文的网络影响力测评

4.2节和4.3节借助Altmetrics数据平台和评价工具,从电影学的热门文献和热门作者两个角度进行了实证分析。此外,要想获取全世界关于单篇学术文献的评论,可通过Altmetrics网站的网页书签实现,操作步骤如下:

① 在谷歌浏览器中,安装并创建Altmetrics书签;
② 打开阅读的文章网页,点击谷歌的Altmetrics标签,获得一个Altmetrics评分以及全世界主要社交媒体对这篇文献的讨论;
③ 查看详情,获得更深入与专业的评价分析。

5 Altmetrics 学科评价研究面临的挑战

5.1 规范筛选数据

多元化的 Altmetrics 评价指标和数据源,增加了动态追踪数据的难度。很多学者在学科实证研究的过程中,难以全面追踪所有的评价指标和数据源,特别是学者影响力很难通过在线工具识别。在电影学学科实证研究的工作中,需要控制数据源采集的标准,精准分析数据的有效性和真实性。

5.2 规范评价指标

Altmetric Explore 的评价指标看似比较全面,实际上没有重点。很多指标由于社交工具、社交形式以及产生的社交结果不具备大众性,导致相关指标数据不宜参与评价,例如,实证中的 Reditted、Vedio、Highlighted 等指标在获取到的数据中比较稀少,只有少数文献记录可以参考。因此,在进行评价时需规范筛选有代表性的指标。

5.3 适度关注马太效应

在 Altmetrics 众多的评价指标中,下载量、点击率、分享和转发数量等主要是从社交网络关注度的层面对学者的研究成果进行测量和评价[14]。然而在社交网络中,关注度和点击率本身存在马太效应,即影响力分值高的文献会吸引更多的社会关注和舆论话题。有时,一些关于热门电影的讨论中,有些学者为了获得高的关注,会采用猎奇的视角,故意夸大电影的艺术影响力,引导观众关注。因此,影响力测量结果不一定意味着积极的、客观的学术评价,应该区分、辨别影响力的性质,避免人为恶意提高指标分值造成的虚假影响力。

参考文献

[1] 王睿,胡文静,郭玮.常用 Altmetrics 工具比较[J].现代图书情报技术,2014(12):18-26.

[2] 崔宇红.从文献计量学到 Altmetrics:基于社会网络的学术影响力评价研究[J].情报理论与实践,2013,36(12):17-20.

[3] 毛鸿鹏,张志强. Altmetrics 研究综述[J]. 图书与情报,2015(3):134-140.

[4] 侯志爱,尚晓宇.基于 Altmetrics 的高校图书馆用户教育评估模型构建[J].现代情报,2017(5):116-120.

[5] HAUSTEIN S, GOLOV E, Luckanus K, et al. Journal evaluation and science2.0:Using social bookmarks to analyze reader perception[C]//Book of Abstracts of the Eleventh International Conference on Science and Technology Indicators. Leiden:Leiden University, 2010:117-119.

[6] LIU J, ADIE E. New perspectives on article-level metrics:Developing ways to assess research uptake and impact online[J]. In-sights, 2013, 27 (2):153-158.

[7] EYSENBACH G. Correction:Can Tweets predict citations? Metrics of social impact based on Twitter and correlation with traditional metrics of scientific impact[J]. Journal of Medical Internet Research, 2011, 13 (4):123-124.

[8] LI X, THELWALL M. F1000, Mendeley and traditional bibliometric indicators[C]//Proceedings of the 17th International Conference on Science and Technology Indicators. Montréal:Science Metrix and OST,

2012:541-551.
[9] HAUSTEIN S, PETERS I, BARILAN J, et al. Coverage and adoption of altmetrics sources in the bibliometric community[J]. Scientometrics,2014(101):1145-1163.
[10] 王睿,胡文静,郭玮.高 Altmetrics 指标科技论文学术影响力研究[J].图书情报工作,2014(11):92-98.
[11] Mendeley[EB/OL].[2017-12-10].http://www.mendeley.com.
[12] Altmetrics[EB/OL].[2017-12-10].https://www.altmetric.com/products/free-tools.
[13] Altmetrics[EB/OL].[2017-12-10].http://altmetrics.org/manifesto.
[14] 刘晓娟,宋婉姿.基于 PLOS ALM 的 altmetrics 指标可用性分析[J].图书情报工作,2016,60(4):93-101.
[15] 李燕波.Altmetrics 对学术生态系统的影响研究[J].图书馆工作与研究,2015(12):19-22.
[16] 赵蓉英,郭凤娇.Altmetrics:学术影响力评价的新视角[J].情报科学,2017,35(1):14-18.
[17] Bornmann L. Do altmetrics point to the broader impact of research? An overview of benefits and disadvantage of altmetrics [J]. Journal of Informetrics,2014,8(4):895-903.

数据挖掘在高校图书馆个性化推荐服务中的应用
——以中央民族大学图书馆为例

罗惠琼

(中央民族大学图书馆,北京 100081)

摘 要:本文介绍了数据挖掘的相关概念,选取中央民族大学图书馆的借阅数据为研究对象,运用聚类和关联规则算法对该馆的借阅数据进行挖掘分析,得到隐藏的有用规则和潜在的关联信息。利用这些关联信息主动向读者提供个性化的图书推荐服务,从而提高图书的借阅率和利用率,为馆藏采购、优化馆藏分布等工作提供决策支持。

关键词:数据挖掘;聚类分析;关联规则;高校图书馆;个性化推荐

分类法:G251.2

Application of Data Mining Technology in Personalized Recommendation Service of the University Libraries
—Sample Data from The Library of Minzu University of China

Luo Huiqiong

(The Library of Minzu University of China, Beijing 100081, China)

Abstract: This paper introduces the related concepts of data mining. We can obtain the useful rules and potential association information from the borrowing data by using clustering and association rule algorithm. The borrowing rate and utilization rate of books can be achieved through classification mining and application of association rule result. And the association rule result can provide decision support services for collection procurement and optimization of collection distribution.

Keywords: data mining; cluster analysis; association rules; university library; personalized recommendation service

随着网络技术的飞速发展和数字图书馆的崛起,高校图书馆的服务模式发生了巨大的变化,不再局限于简单的图书借还服务。在读者面对成级数增长的图书资源和电子资源时,如何帮助他们方便、快捷地找到最有价值的信息,是数字化图书馆读者服务中需要重点解决的

---

① 本文系北京市社会科学基金项目"一种基于北京高校图书馆阅读倾向分析的个性化推荐方法"(项目编号:15ZHC021)研究成果之一。

② 作者简介:罗惠琼(ORCID:0000-0003-0306-7844),中央民族大学图书馆馆员,硕士研究生,电子邮箱:huiqiong_99@hotmail.com。

问题。

目前,由于高校图书馆个性化推荐服务的研究起步比较晚,图书个性化推荐服务尚未在我国各高校图书馆之中普及,与之相关的开发与探索也还在进行中。大多数高校图书馆还不能提供个性化的推荐服务,读者主要通过图书馆的联机公共目录查询系统检索所需的图书资料。能提供个性化服务的部分高校图书馆,其个性化服务的功能普遍比较简单,服务内容与形式也比较单一,大多数只能为读者提供定制化的信息服务,而无法对读者的借阅日志加以分析,并以此为依据主动提供智能的图书推荐服务[1]。

通过数据挖掘技术,可以从图书借阅日志中提取读者类型、专业和借阅倾向等数据,挖掘出隐藏在其背后的规则,并以此为依据,主动地向读者提供个性化的图书推荐服务,提高图书的借阅率和利用率,全面提升图书馆读者服务的质量和层次,使图书馆的服务水平迈上一个新的台阶。此外,对借阅历史的挖掘,还可以为馆藏采购、优化馆藏分布等工作提供决策支持。因此,数据挖掘在高校图书馆个性化推荐系统中的研究具有非常重要的现实意义。

1 数据挖掘相关概念

数据挖掘(DM,Data Mining)又称数据库中的知识发现(KDD,Knowledge Discovery in Database),即从大量的、不完全的、有噪声的、模糊的甚至随机的实际应用数据中,提取潜在的、有用的信息和知识的过程[2]。

数据挖掘的应用领域非常广泛,如营销、财务、银行、制造厂、通信等,其中购物篮分析主要用来帮助零售从业人员了解客户的消费行为,如哪些产品客户会一起购买,或是客户在购买某一种产品之后,在多久之内会购买另一种产品等。利用数据挖掘,零售从业人员可以更有效地决定进货量或库存量,或是在店里如何摆设货品,同时也可以评估店内促销活动的成效[3]。

数据挖掘在图书馆中的应用亦是如此,我们把图书看作商品,读者相当于顾客,读者在借阅过程中产生的借阅行为,可视为一种交易行为。对这些借阅历史进行数据挖掘,可以获取读者的特征、阅读倾向等信息,为向读者提供图书个性化推荐服务提供有力的依据。

数据挖掘涉及的学科领域和方法很多,目前比较成熟且应用广泛的方法主要有分类方法、聚类分析、关联规则分析、异常检测、预测方法(回归分析、神经网络、时间序列分析)等[4]。

聚类分析是根据"物以类聚"的道理,将一组物理或抽象的对象,根据它们之间的相似程度,分为若干组,其中相似的对象构成一组,这一过程就称为聚类过程[2]。本文采用K-means算法进行聚类分析,K-means算法也称K-平均算法,指把数据集划分为k个簇,每个簇内部的样本都非常相近,不同簇的样本则非常相异。K-means是一种迭代算法,初始的k个簇被随机地定义之后,将被不断地更新,并在更新中被优化,当无法再一步优化(或达到一定的迭代次数)时算法才停止,然后生成模型[4]。

关联规则是从大量的数据中发现项集之间有趣的关联,比较适用于属性值为布尔型的事务数据库。Rakesh Agrawal在1993年首先提出了挖掘顾客交易数据库中项集间的关联规则问题。Apriori算法是发现关联规则的经典算法,该算法主要分为两个阶段:第一阶段,通过迭代检索出事务数据库中所有不低于最小支持度的频繁项集;第二阶段,根据频繁项集和最小置信度产生关联规则。

2 数据分析

2.1 基本情况

本文以中央民族大学图书馆 2014 年 9 月至 2017 年 7 月约 35.9 万条借阅数据为研究对象,进行数据清洗,加工处理成适合挖掘的数据,主要从以下两个方面进行分析。一方面采用聚类分析,将本校的读者进行有效的分类,总结出不同群体的特点,并进行有针对性的信息推荐,从而提高馆藏文献资源的利用率。另一方面采用关联挖掘,对借阅记录数据进行挖掘,得到各学院的读者对图书资源利用的关联规则,找出具有强关联性的各类图书,主动为读者提供与其借阅图书相关的其他书籍的信息推荐。

2.2 挖掘过程

数据挖掘过程一般包括数据采集、数据预处理、数据挖掘以及知识评价和呈现。在数据挖掘算法执行之前,必须对收集到的原始数据进行预处理,以改进数据的质量,提高数据挖掘过程的效率、精度和性能。数据预处理主要包括数据清理、数据集成、数据变换与数据归约等技术[5]。

在本次挖掘过程中,主要是对读者数据、馆藏信息数据、读者借阅日志三方面进行数据预处理。读者数据主要选取读者证件号、姓名、性别、读者类型、单位、年级、专业、借阅数量字段;馆藏信息数据包括图书财产号、Marc 记录号、题名、索书号字段;读者借阅日志数据选取证件号、借阅图书的财产号字段。由于读者会重复借阅某一种图书,这些重复借阅日志对统计图书的借阅次数和进行关联规则挖掘都有影响,尤其是关联挖掘算法要求所用的数据每一行都是独立的,因此,对于出现同一读者多次借阅同一种图书的情况,必须删除重复记录,仅保留一条借阅记录即可。通过对以上数据进行预清理,共有 30.9 万条有效借阅数据,占原借阅数据的 83.6%,并通过编程技术将这些清理过的借阅数据转化为图 1 所示的读者借阅事务数据库。

证件号	姓名	性别	读者类型	单位	专业	年级	借阅数量	索书号
S150689	郑豪	男	硕士	历史系		2015级	378	B2-53/64, B260.5/3, B929.2/66, B979.956.5/4, B9
13066013	魏建魁	男	本科生	管理学院	政治学与行政学	2013级	336	A225/2/-4, B0-0/219/-2, B0-0/233, B0-0/235, B0+
1233020	万兴财	男	本科生	藏学研究院	研究院中国少数民	2012级	313	I0/334, I0/336, I0-03/49, I0-03/66, I0-43/21, I
SX140008	马晨	男	硕士	哲学与宗教学系		2014级	295	J110.9/86, J205.1/31/:, J212.052/48, ENGD815/
B11042	张齐超	男	博士	民族学与社会学学院		2011级	290	ENG/C912.81/C581, ENG/C912.81/C73, ENG/C913.
14029001	陶然	男	本科生	历史系	历史学基地班	2014级	274	I25/119, I25/898, B223.5/5, B226.54/2, B228.02

图 1 读者借阅事务数据库示例图

2.2.1 聚类挖掘分析

在借阅日志中,每条借阅数据包含很多信息,如读者类型、年级、单位、专业、借阅数量等,对不同的信息进行不同的聚类挖掘,可以得到具有代表性的不同群体,本文拟从两个方面进行聚类挖掘,一方面从借阅数量入手进行聚类挖掘,另一方面从专业、年级、读者类型进行聚类挖掘。

(1)借阅数量的聚类挖掘

通过对读者的借阅数量进行聚类分析,可以得到哪些读者的借阅频率较高,哪些读者的借阅频率较低。本文采用 K-means 算法对读者的借阅数量进行聚类挖掘,设置聚类个数为 3,分别为活跃读者、一般读者、较少借阅读者,挖掘结果如图 2 所示。

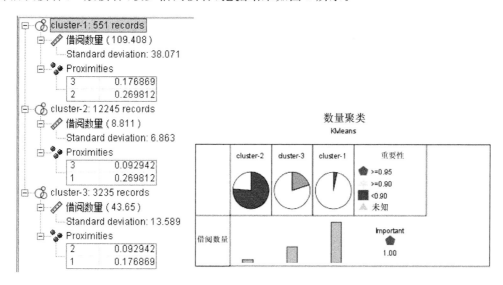

图 2 借阅数量的聚类挖掘结果

从图 2 可知,对于聚类结果产生的第一类读者(活跃读者,平均借阅量约 109 本),由于他们的借阅需求比较大,可以考虑调整他们借阅图书的最大册数,进而更好地为读者服务。对于第二类读者(较少借阅读者,平均借阅量约 8 本),应该针对这类读者做进一步调查,获取其借阅量少的原因,并有针对性地进行阅读指导,从而提高读者的阅读量。对于第三类读者(一般读者,平均借阅量约 43 本),可以根据其借阅行为,通过关联规则挖掘,向其进行图书推荐服务,从而提高图书的利用率。

(2)从读者类型、借阅数量、专业进行聚类挖掘

以民族学与社会学学院的借阅日志(3.3 万条)为样本数据,采用 K-means 算法对该学院的读者类型、借阅数量、专业进行聚类挖掘,设置聚类个数为 3,结果如图 3 所示。第一类读者均为博士,其平均借阅量约 31 本;第二类读者的平均借阅量约 19 本,其中硕士占 56.44%,本科生占 41.95%,社会学、社会工作、文物与博物馆学分别占 35.97%、32.85%、21.34%;第三类读者均为民族学的本科生,平均借阅量约 22 本。

经过分析发现,该学院博士生的借阅量最大,我馆的借阅规则是读者每人限借 10 册图书,可以增加博士生的借阅册数,以满足他们的借阅需求,提高读者服务质量。

2.2.2 关联挖掘

为了保证关联规则的有效性,仍选取民族学与社会学学院的借阅日志为样本数据,该学院设置有民族学、社会学、博物馆学、社会工作、考古学、人类学、民族社会学、人口学等专业。通过关联规则挖掘,可得到该学院的学生除阅读本专业课程(C 类)图书外,还会阅读其他哪些种类的图书,作为今后对该学院的学生进行图书个性化推荐服务的依据。本实验拟采用索书号级别和分类号级别两种方式进行关联规则挖掘。

(1)基于索书号级别的关联规则

在民族学与社会学学院的借阅日志中,共涉及 14 863 种图书,本文选取借阅次数大于等

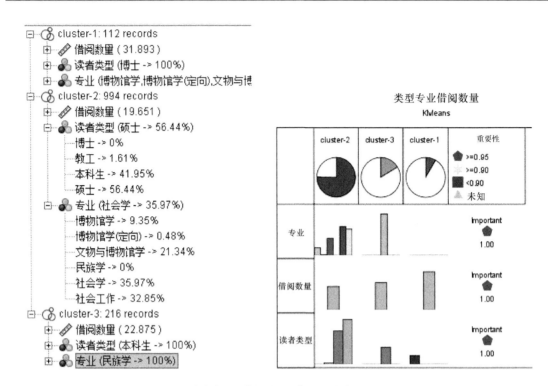

图 3 读者类型、借阅数量、专业的聚类挖掘结果

于 20 次的 65 种图书的 1 901 条借阅记录作为样本数据,对其进行索书号级别的关联规则挖掘。通过程序将这些借阅记录转换成图 4 所示的索书号级别借阅事务表,其中 cert_id 是读者证件号,C913.9/5、C912.4/10 等是图书的索书号,每一行对应的记录是某一读者借阅这些图书的事务记录表,T 表示读者借阅过该图书,F 表示读者未借阅过该图书。

cert_id	C913.9/5	C912.4/10	K412.8/1	C912.82/3	C912.4/10	F240/1	D771.26/1	C912.4/51	K500.3/9	C91/74/-2	C912.4/161/1
1126005	F	F	F	F	F	F	F	F	F	F	F
1126010	F	F	F	F	F	F	F	F	F	F	F
1127002	F	F	F	F	F	F	F	F	F	F	F
1127013	F	F	T	F	F	F	F	F	F	F	F
1127016	F	F	F	F	F	F	F	F	F	F	F
1127017	F	F	F	F	F	F	F	F	F	F	F
1127021	F	F	F	F	F	F	F	F	F	F	F
1127023	F	F	F	F	F	F	F	F	T	F	F
1127030	F	F	F	F	F	F	F	F	T	F	F
1127033	T	F	F	F	F	F	F	F	F	F	F
1127035	T	T	F	F	F	F	F	F	F	F	F

图 4 索书号级别借阅事务表

在 Clementine 软件中,关联规则是通过设定支持度和置信度的阈值,计算各类图书之间关联程度的大小,从而发现图书之间的潜在关联性。本次实验设定最小置信度为 40%,最小支持度为 3%,得到 11 条索书号级别的关联规则,如表 1 所示。

表 1 索书号级别的关联规则表

规则序号	规则名称	支持度(%)	置信度(%)	提升度
1	C913.1/1/1/-2→D669.1/32#1 《生育制度》→《金翼》	4.117	45.833	3.47

续表

规则序号	规则名称	支持度(%)	置信度(%)	提升度
2	C912.4/213→C912.4/144 《萨摩亚人的成年:为西方文明所作的原始人类的青年心理研究》→《西太平洋的航海者》	8.405	36.735	3.63
3	C912.4/216→C912.4/144 《人类学历史与理论》→《西太平洋的航海者》	4.117	33.333	3.294
4	C912.4/171→C912.4/144 《戏剧、场景及隐喻:人类社会的象征性行为》→《西太平洋的航海者》	4.117	33.333	3.294
5	B565.59/27→D909.9/15 《疯癫与文明:理性时代的疯癫史》→《规训与惩罚:监狱的诞生》	4.288	32.0	6.91
6	K351.8/1→K412.8/2 《安达曼岛人》→《努尔人:对尼罗河畔一个人群的生活方式和政治制度的描述》	4.288	32.0	3.455
7	C91/269→D669.1/32#1 《社会学:批判的导论》→《金翼》	4.288	32.0	2.423
8	C912.4/51→D669.1/32#1 《银翅:中国的地方社会与文化变迁》→《金翼》	7.033	31.707	2.401
9	F014.3/1#4→C912.4/144 《礼物:古式社会中交换的形式与理由》→《西太平洋的航海者》	5.489	31.25	3.088
10	K86/2→C912.82/3#4 《原始文化:神话、哲学、宗教、语言、艺术和习俗发展之研究》→《乡土中国》	4.974	31.034	3.351
11	C912.4/144→C912.4/213 《西太平洋的航海者》→《萨摩亚人的成年:为西方文明所作的原始人类的青年心理研究》	10.12	30.508	3.63

基于索书号级别的关联规则挖掘结果展示了读者在借阅图书甲后,还会再借图书乙这样的关联规则。以表1中的第一条规则为例,借阅《生育制度》的读者中有45.833%也借阅《金翼》,是所有读者中借阅《金翼》阅读率的3.47倍,对读者进行图书个性化推荐时可利用此规则,优先向借阅过《生育制度》的读者推荐《金翼》,从而提高图书推荐的命中率,提升读者的满意度和借阅率。

此外,从表1中还可以看到,11条规则中有9条是C91(社会学)的图书,这与所选择的样本数据(民族学与社会学学院的借阅数据)相吻合,在借阅规则中还涉及D6(中国政治)、B5(欧洲哲学)、K3(亚洲史)、K4(非洲史)、K86(世界文物考古)等图书种类,这些图书与该学院开设的专业紧密相关。

(2)基于分类号级别的关联规则

分类号级别的关联规则主要是考察学生在借阅各种类图书时的借阅习惯和阅读偏好,如读者借阅A类图书后,还会借阅B类图书的规则。得到这类规则,可以帮助我们分析读者的借阅兴趣,了解不同学科之间的隐形关联,进一步指导教学和提高图书馆馆藏采购、馆藏分布的有效性[6]。

本文参照《中国图书馆分类法(第四版)》简表中的种类,将借阅记录中的索书号对应到相应的图书种类中,同时删除同一读者借阅同一种类图书的记录,处理完成后有 9 649 条借阅记录,涉及 172 种图书类别。本次实验设定最小置信度为 80%,最小支持度为 10%,挖掘到 9 条强关联规则,如表 2 所示。

表 2 分类号级别的关联规则表

规则序号	规则名称	支持度(%)	置信度(%)	提升度
1	C95→C91 民族学→社会学	17.585	90.987	1.588
2	C5→C91 社会科学丛书、文集、连续出版物→社会学	10.491	90.647	1.582
3	D5→C91 世界政治→社会学	11.094	90.476	1.579
4	F0→C91 经济学→社会学	15.094	88.5	1.545
5	B5→C91 欧洲哲学→社会学	11.698	86.452	1.509
6	D0→C91 政治理论→社会学	13.585	85.556	1.494
7	B84→C91 心理学→社会学	12.755	84.615	1.477
8	D6→C91 中国政治→社会学	32.075	83.529	1.458
9	K0→C91 史学理论→社会学	10.34	82.482	1.44

由表 2 得到的 9 条规则,我们发现其规则后项都是社会学,前项的图书类别中,除 C95(民族学)和 C5(社会科学丛书)外,B5(欧洲哲学)、B84(心理学)、D0(政治理论)、D5(世界政治)、D6(中国政治)、F0(经济学)、K0(史学理论)这 7 类图书与社会学类图书有着非常重要的联系,同时也是该学院经常借阅的图书种类。

3 结论

本文选取中央民族大学图书馆民族学与社会学学院读者的借阅日志作为研究对象,通过数据挖掘技术来分析读者的借阅习惯和阅读偏好,发现书籍借阅的关联规则,并以此为依据,根据不同读者的需求调整其借阅量,科学地进行读者的图书个性化推荐服务,进而提高图书馆的服务水平和质量,为图书馆的管理决策和信息资源采集提供科学依据和数据支持。

参考文献

[1] 秦健.基于信息可视化与数据挖掘的高校图书馆推荐系统的设计与实现[D].北京:北京交通大学,2014.
[2] 朱明.数据挖掘导论[M].合肥:中国科学技术大学出版社,2012.
[3] 谢邦昌.数据挖掘Clementine应用实务[M].北京:机械工业出版社,2008.
[4] 熊平.数据挖掘算法与Clementine实践[M].北京:清华大学出版社,2011.
[5] 元昌安.数据挖掘原理与SPSS Clementine应用宝典[M].北京:电子工业出版社,2009.
[6] 李静.数据挖掘技术在高校图书馆个性化服务中的应用研究[D].天津:天津大学,2012.

图书馆"智慧门户"功能模型初探

沈静萍

〔中国石油大学(华东)图书馆,青岛 266580〕

摘　要：图书馆智慧门户的建设是用户获取智慧图书馆资源和服务,感受智慧图书馆带来的变革和便利的交互门户和主要途径。本文通过分析目前图书馆智慧门户的研究现状,在剖析图书馆智慧门户内涵的基础上,从智慧知识服务、用户行为分析、情景感知的智慧导航、个性云空间、虚拟知识共享空间等方面构建了图书馆智慧门户功能模型,有助于对图书馆智慧门户各应用功能在数据层进行全局性部署,建立大数据环境,为智慧门户提供大数据支撑。

关键词：智慧图书馆；智慧门户；图书馆网站；图书馆门户

分类号：G250.7

A Preliminary Study on the Function Model of Library "Smart Portal"

Shen Jingping

(The Library of China University of Petroleum (East China), Shandong Qingdao 266580, China)

Abstract: The library smart portal is the interactive gateway and main way for users to acquire the resources and services of the Smart Library and feel the changes and conveniences brought by the smart library. Based on the analysis of the current research status of the library smart portal, this paper constructs the function model of library smart portal from the aspects of intelligent knowledge service, user behavior analysis, scene perception intelligent navigation, personality cloud space and virtual knowledge sharing space on the basis of analyzing the connotation of library smart portal. It helps to deploy the application functions of the library smart portal in the data layer, establish a big data environment, and provide big data support for smart portals.

Keywords: smart library; smart portal; library website; library portal

　　智慧图书馆这一概念,早在 2003 年国外学者 Aittola 就已经提出：智慧图书馆是一个不受空间限制,并且能够被感知的移动图书馆[1]。随着我国学者对智慧图书馆的不断研究,完善发展了这一定义,并给出了智慧图书馆的基本构成要素,即"智慧图书馆＝图书馆员＋智能建筑＋信息资源＋智能化设备＋云计算"[2]。从基本构成要素可以看出,智慧图书馆的构建,除了智慧建筑(场馆)、设备之外,更离不开图书馆员的智慧以及大数据、云计算等信息技术的支持。真正使读者超脱时间和空间的限制,随时随地获取智慧图书馆资源和服务的是建立在信息技术基础之上的图书馆门户网站或图书馆移动门户 App。图书馆智慧门户是智慧图书馆智慧服务展现的平台,是智慧图书馆发展过程中不可分割的一部分,是智慧图书馆发展的核心和关键。

1　图书馆智慧门户的研究现状

笔者通过对智慧图书馆及智慧门户相关文章的研究发现,与智慧门户网站建设相关的研究主要集中于统一认证、元数据、一站式资源检索、个性化服务、信息推送以及以上服务向移动终端的发展(移动图书馆)。例如,重庆大学图书馆的智慧门户网站,采用资源元数据和用户行为分析进行资源的预测推荐、建立教学课程资源库、建立学院数字图书馆等,主要侧重于文献资源的个性化推荐和服务;此外,清华大学的水木搜索,北京大学的未名搜索,上海交通大学的"思源探索"实现了统一整合检索,提供一站式的知识发现服务。可见,目前对智慧图书馆门户网站的研究范围存在较大的局限性,除资源推荐和知识发现外,智慧图书馆能提供的其他服务在门户网站上处于弱化状态,对智慧门户各功能建设缺乏整体性和系统性的研究和思考,各功能之间相对独立,智慧图书馆为用户获取资源和服务带来的变革和便利没有在图书馆智慧门户平台上得到充分的体现。

2　图书馆智慧门户的建设内涵

图书馆智慧门户是图书馆为读者提供信息资源、知识导航、整合检索、知识共享、学科服务、参考咨询服务、共享空间等在新技术支撑下的泛在、便捷和跨时空的读者服务的窗口和平台,包括 Web 门户和移动门户。

通过对读者个人信息、入馆行为、借阅历史、期刊下载浏览历史、共享空间使用情况、参考咨询需求情况等大数据的挖掘分析,图书馆智慧门户能够智慧地感知用户的需求,主动为读者提供个性化的需求服务、个人专属的资源定制服务、一站式的知识发现、虚拟的信息共享空间、虚拟学科共享空间、图书馆个人云存储空间、图书定位导航、实体空间在线预约等智慧服务,使智慧图书馆的实体服务功能在智慧门户中得以充分体现。

智慧门户的最终目标就是让使用者在资源和服务的获取方面不用耗费脑力就可以简单、快速、精准获得。对图书馆来说,智慧门户是以服务为中心,以大数据为支撑,为用户在复杂的信息世界中创建"一站式"集成的信息获取与资源环境[3]。

3　图书馆智慧门户的功能模型

图书馆智慧门户是建立在大数据和云计算基础之上的,各应用功能之间的数据是相互交叉、相互支持的,建立智慧门户功能模型有助于将图书馆智慧门户各应用功能在数据层进行全局性部署,建立大数据环境,为图书馆智慧门户提供大数据支撑。

3.1　智慧知识服务功能

知识服务是以互联网信息的搜索查询为基础,为用户提供有用的信息和知识[4]。智慧知识服务应能够通过检索内容和语义分析智慧地感知用户的学术背景,帮助用户精准发现并对相关学术内容进行扩展推荐,这需要将各种异构数据源加以融合(包括语音、图像、文字等),创建符合用户需要的主体语义网络,通过统一检索的手段为用户提供超越时空的终端阅读体验,并可按照个人专业和兴趣完成相关知识的拓展性智能推送。

3.2 基于用户行为分析的个性化服务推送

个性化服务是指对不同的用户采取不同的服务策略,提供不同的服务内容,其关键在于必须知道用户的兴趣,并准确地建立用户兴趣模型[5]。在收集图书馆用户入馆行为、借阅行为、浏览行为、下载行为等数据的基础上,对数据进行筛选、去噪、聚类、整合,通过数据挖掘技术分析用户的兴趣和研究热点,预测未来可能的研究方向。在多维度细化用户行为的基础上建立用户兴趣模型,采用信息推送技术将符合用户兴趣的资源通过私人定制的方式推送到用户页面上,实现精准的个性化服务推送。

3.3 基于情景感知的智慧导航服务

情景感知的处理对象是环境中的情景信息。情景感知是获取情景信息并对其进行信息处理的操作[6]。图书馆智慧门户可以通过手机、可穿戴设备、智能设备、物联网对用户的地理位置、检索信息、浏览信息等进行感知获取,通过大数据分析出用户所处环境、状态以及对服务和资源的需求信息,运用 RFID、GPS 等技术,向用户推荐可获得服务的途径,并有预见性地做出相应准备。

读者通过移动端或计算机搜索一本书或预约实体空间等服务时,在门户网站上会给出图书或空间等在图书馆的精准定位,当读者来到图书馆时,传感器设备会自动感知读者的地理位置、时间、温度等环境信息,关联其检索、浏览、预约、咨询等行为信息,运用大数据分析获得读者的服务需求,主动推送相关的服务并提供精准的导航。

3.4 用户云个性空间服务

智慧图书馆门户应是一种泛在化的存在,即打破时空界限,使用户随时可以访问图书馆资源,获得图书馆服务。图书馆云个性空间服务旨在提供一种基于云计算的个性化空间定制服务。用户通过云个性空间申请认证后,就能够获得一系列的应用服务,如获取历史阅读数据,收藏感兴趣的文章或书籍,并可在线阅读、添加书签、添加批注,可将自己的私人文件上传存储,可对感兴趣的内容进行定制推送等,真正意义上实现了资源服务的泛在化。

3.5 虚拟共享(知识)空间服务

随着智慧图书馆的提出和一步步实践,越来越多的图书馆为读者提供共享(知识)空间服务,空间的服务方式可谓丰富多彩,如供学习小组研究讨论的研讨间,用于音像制作的影音制作间,具备灯光、背景、相机、计算机的小型摄影棚,为摄影爱好者提供专业的设备和后期制作处理软件等。虚拟共享(知识)空间主要是提供学术研讨和交流,该虚拟空间不仅可提供在线交流,也可为读者提供与讨论主题相关的资源。

虚拟共享(知识)空间和物理共享(知识)空间一样需要提前预约,图书馆员会针对预约内容进行主题资源配置。例如,某个虚拟空间讨论的主题是"人工智能",图书馆员就会提前在后台将有关"人工智能"的研究资料推送到空间的资源文档库中,读者在讨论学习的时候可以参考,这样不仅可以使图书馆的文献资源得到充分利用,还可以拓展和加深读者的学习讨论广度和深度。

3.6 虚拟学科(参考咨询)服务

虚拟学科(参考咨询)服务,是学科馆员融入一线,嵌入过程,提供学科化、个性化、知识化、泛在化服务,提升用户的能力[7],为科学研究提供全方位的信息保障的一种数字化服务手段,它具有泛在性、即时性、专业性和嵌入性等特征。①泛在性:虚拟学科服务不受空间和获取形式的限制,可将服务扩展到用户的一切空间,用户可在任何地点通过计算机、手机等设备,通过虚拟参考咨询平台、微博、微信、BBS、RSS、Blog、QQ等方式获取虚拟学科服务。②即时性:即使在休息时间,虚拟学科服务申请也会以表单、留言、邮件、口信等方式提交给学科馆员,学科馆员会在收到申请的第一时间做出回复或提供服务,一切从服务用户出发,以最快的速度做出响应。③专业性:学科馆员要有扎实的学科专业基础、宽广的学科视野,将学术出版、信息组织、知识发现、开放获取、知识产权、知识管理等纳入自己的服务范畴[7],具有精准的信息发现、收集整理、加工推送能力。④嵌入性:虚拟学科服务在研究课题或项目中应贯穿始终,包括初始的课题策划、内容分析、创新性论证,整个研究过程的跟踪服务以及后期的论文发表、成果评价等。

虚拟学科(参考咨询)服务作为图书馆核心的服务项目之一,在智慧图书馆门户上应该重点体现,要做充分的展示和宣传,让用户相信图书馆的虚拟学科服务会为其课题研究提供有力的信息支撑和情报支持。图书馆智慧门户利用大数据分析用户行为,判断用户身份、研究领域和课题,生成用户可能感兴趣的信息资源索引,并保存在学科服务知识库中,同时在智慧门户上以浮动窗口的形式向用户推送包含该信息索引的虚拟学科服务,将服务深入用户知识需求的整个过程。

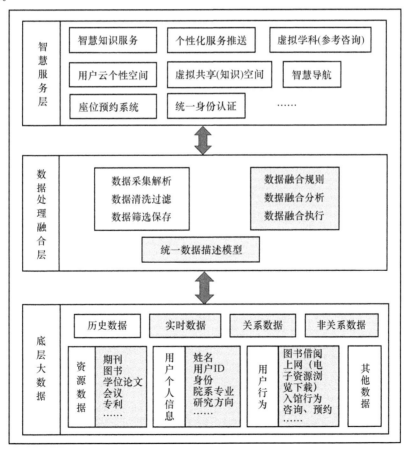

图 1　功能数据框架

3.7 各功能之间的数据框架

图书馆智慧门户各功能之间的数据融合成相互联系、相互支持的互联、互通、开放共享的大数据海洋,通过采集用户的个人信息、借阅行为、下载行为、浏览行为、学科背景、社交网络、参考咨询、共享空间使用、入馆行为等大数据,建立用户行为模型,根据用户的在线请求分析用户当前和潜在的需求,进而提供精准的个性化智慧服务,各功能间的数据框架如图1所示。

4 结语

信息时代,图书馆智慧门户是联系用户与图书馆资源和服务的主要途径,智慧图书馆所提供的服务在智慧门户网站和App上都应该得以体现,而不是只有简单的介绍和链接跳转。各个服务之间不应是相互独立的存在,而应是相互联系、相互支撑的整体系统,图书馆智慧门户在建设之初就应做好底层的数据规划,建立大数据环境。图书馆智慧门户功能模型的构建有助于大数据的采集和关联部署,为图书馆智慧门户提供智慧服务支持。

参考文献

[1] 马捷,赵天缘,王思.高校智慧图书馆功能结构模型构建[J].情报科学,2017(8):56-61.
[2] 李凯旋.人文视角下"智慧图书馆"定义的再思考[J].图书馆学刊,2010(7):8-10.
[3] 吴苏红.对建设智慧图书馆门户的思考和建议[J].大众文艺,2016(8):205-206.
[4] 360百科.知识服务[EB/OL].(2017-10-24)[2018-03-05].https://baike.so.com/doc/1454069-1537230.html.
[5] 潘延军.基于用户浏览内容的Web用户浏览行为个性化研究[D].天津:天津大学,2005.
[6] 童恩栋,沈强,雷君,等.物联网情景感知技术研究[J].计算机科学,2011(4):9-14.
[7] 初景利,张冬荣.第二代学科馆员与学科化服务[J].图书情报工作,2008(2):6-10,68.

图书馆与图书馆事业

当代大学生信息素养教育探析

马花如　董亚杰

（北京林业大学图书馆，北京 100083）

摘　要：本文从国内外信息素养标准、信息素养教育发展的历程和现状出发，阐述了高校图书馆开展信息素养教育的必要性，并针对信息素养教育中面临的问题，提出了信息素养教育的主体和内容，对提高大学生的信息素养，实现信息时代创新人才培养目标具有一定指导意义。

关键词：信息标准；信息素养；信息教育

分类号：G251

Analysis on Information Literacy Education of Contemporary College Students

Ma Huaru　Dong Yajie

(Beijing Forestry University Library, Beijing 100083, China)

Abstract: Based on the standards, historical process and development status of information literacy at home and abroad, this paper expounds the necessity of carrying out information literacy education in university libraries, and puts forward the main body and content of information literacy education for the problems faced in information literacy education, which has certain guiding significance for improving the information literacy of college students and realizing the goal of cultivating innovative talents in the information era.

Keywords: information standards; information literacy; information education

1　信息素养的概念

信息素养的概念最早是在 1974 年由美国信息产业协会主席 P. 泽考斯基提出的，他认为，所有经过训练并在工作中善于运用信息资源的人是具有信息素养的人，信息素养就是利用多种信息工具及主要信息资源来解答问题的技术和技能[1]，简单地说，就是发现、检索、分析与利用信息的技能或能力。1992 年的《信息素养全美论坛的终结报告》中，将信息素养定义为：一个有信息素养的人，能够认识到精确和完整的信息并且能做出合理决策；能够确定信息需求，形成基于信息需求的问题，确定潜在的信息源，制定成功的检索方案，基于计算机和其他信息源获取信息、评价信息、组织信息并应用于实际，将新信息与原有的知识体系进行融合并在批评思考和问题解决的过程中使用信息[2]。

2 国内外信息素养教育发展历程

2.1 国内信息素养教育发展历程

1984年,我国教育部印发了《关于在高等学校开设〈文献检索与利用〉课的意见》的通知,要求高校开设《文献检索与利用》课,以提高大学生的自主学习和独立研究问题的能力,这应该是中国教育部有关信息素养教育的最早的指导性文件。

1992年,国家教育委员会又相继发布"文献检索课程"专门指导文件,要求通过文献检索课培养学生利用图书文献、情报检索,提高自学能力和科研能力。由于当时信息化、网络化相对落后,有关信息素养的教学文件仅停留在指导层面,并未落实到真正的教学实践中。

随着网络的快速发展,2004年,我国又提出了开设信息检索与利用课程的指导性文件,但在实际执行过程中,多数学校仍然把文献检索课程的教学作为重点,面对"互联网+"的新变化,这门课的教学手段和教学内容都具有一定的局限性,跟不上学生面对瞬息万变的信息社会的需求。此外,除文献外的其他渠道的信息,大学生缺乏甄别能力,同时,文献检索课在很多高校中是图书馆负责的全校公选课,难以保障其教学效果。即使有学校开设了信息采集方面的相关课程,却局限于相关专业,学生受众面小,教育效果甚微[3]。

为了提高信息素养的教育效果,提升学生信息素养能力,北京地区高校图书馆工作委员会于2005年发布了清华大学图书馆、北京航空航天大学图书馆等单位共同研制的《北京地区高校信息素质能力指标体系》,该体系有7个维度,19个二级指标,61个三级指标。2016年,图工委信息素养教育工作组成立了由清华大学、沈阳师范大学、北京航空航天大学、首都医科大学、江苏大学、同济大学6个高校的图书馆的一线教师组成的起草小组,起草《关于进一步加强高等学校信息素养教育的指导意见》。指标体系的建立和指导意见的起草,为高校信息素养教育的规范化、制度化打下了良好的基础。

2.2 国外信息素养教育现状

美国在20世纪80年代后期将信息素养教育列入国民教育课程;英国在1998年将信息技术课列入国家统一课程,要求在所有学科的教育实践中都要为学生创造信息素养的良好环境,进行广泛的信息素养教育;法国从1985年开始,要求在中小学开展科学与技术课程[4],并且各国都相应地制定了信息素养的标准。

2000年1月,美国大学和研究图书馆协会(ACRL)针对大学生制定了《高等教育信息素养能力标准》,提出信息素养能力包括能确定所需信息的内容和范围,能快速有效地获取所需的信息,鉴别信息及其来源,并能将选择的信息融入自己的知识基础和价值体系,能有效地利用信息来完成一项具体的任务,了解信息所涉及的经济、法律和社会问题,合理、合法地获取和利用信息。2015年,ACRL发布了《高等教育信息素养框架》替代《高等教育信息素养标准(2000)》中的六个框架元素,提出了权威的构建性与情境性、信息创建的过程性、信息拥有价值、探究式研究、对话式学术研究、战略探索式检索。

2004年,澳大利亚新西兰信息素养标准包括:识别对信息的需求,确定所需信息的性质和范围,有效地发现需要的信息,批判性地评估信息和信息寻求过程,管理收集生成的信息,应用现有的、新的信息来构建新概念或创建新的理解,以理解的方式使用信息,承认围绕信息使用的文化、伦理、经济、法律和社会问题。

2013年年底,联合国教科文组织(UNESCO)发布了《全球媒体与信息素养评估框架》来评估国家媒体与信息素养环境,评估公民媒体与信息素养能力,把媒介素养、信息素养、数字素养概念进行了融合,提出了媒体与信息素养[5]。

从以上国内外发展现状可以看出,在信息发展的社会浪潮中,各国逐渐加强对信息素养的教育,并试图提高国民的信息素养,培养识别信息需求、有效获取信息、批判性评估、有效使用信息的能力,重视相关经济、法律和社会问题。

3 大学生信息素养教育的必要性

对90后大学生而言,网络成为学习和生活必不可少的工具,使用微信、微博、QQ成为其生活的"必修"课,网课、音频资源、视频资源、电子资源、论文写作软件等是每天学习的"必修课"[3]。因此,信息素养决定着当代大学生开放学习、终身学习的能力,他们对信息的获取能力、甄别能力、运用能力都将直接影响其自身的学习、生活和工作。加强信息素养教育,可以帮助大学生养成自主学习的好习惯,更好地适应信息时代的生存法则,遵循信息社会的安全和信息道德,适应社会需求。大学生信息素养教育是一种以提高大学生信息意识和信息处理能力为目标的教育[6],它不是一种纯粹的技能教育,而是以促进大学生适应信息社会开放式学习、终身学习为追求的素质教育。

4 大学生信息素养教育的内容设计

图书馆作为高校的信息文化知识中心,也是文献检索课培养的主体,信息素养教育主体应由图书馆承担,图书馆可以单独开设信息素养课,或者将其与各学科有机整合,健全信息培养机制,还可以在原有文献检索课的基础上加深内涵和外延,使其成为培养现代化大学生信息素养的主要课程,内容设计包括以下几点。

4.1 针对新生进行基础信息素养教育

大学新生刚刚脱离单纯的生活学习环境,面对独立的高校生活,信息素养的基础教育尤为重要,因此在新生入学初期,可以与学生处或思政教育处的各种学生教育活动相结合,将新生入学教育分为信息识别教育、图书馆入馆教育、信息安全和信息道德教育三部分,将信息识别教育和防诈骗案例结合起来,培养新生识别信息真伪的能力,使得大学生在信息的浪潮中,善于利用科学的思维方法,分析信息源、信息传播途径,去伪留真。这一阶段信息素养教育可以配合新生闯关系统和防诈骗案例来进行,要求学生了解信息查询、获取与利用过程中的相关法律政策、学术规范及信息安全问题,约束和规范信息行为,保护个人权益和个人隐私,防范不良侵害。

4.2 大一新生进行馆藏资源认识和信息道德培养

(1) 大一学生信息素养教育

在熟悉学校环境后,随着各门课程的逐步学习,学生对信息资源的需求开始有所增加,因此对大一学生的信息素养教育应侧重于图书馆的整体认识和利用教育,主要讲授图书馆的馆藏分布、建设布局,图书馆中外文资源的种类,馆藏的移动资源、休闲娱乐资源,培养学生获取信息源判断的准确性,这一阶段信息素养教育可以辅助以图书馆图书寻宝游戏。

(2) 信息道德培养

互联网技术的发展一方面为信息的快速传递提供了便利,但同时也使得信息传递繁杂、良莠不分,信息传递手段多种多样、参差不齐,存在许多虚假、诈骗等违背道德规范的毒瘤信息在互联网上传播。大学生群体是网络信息传递的主体,但是对信息的甄别能力较弱,因此出现许多大学生传递非法或违背网络道德的信息而不自知的现象。大学生信息道德的缺失若不加以重视,提高警惕,则会出现触犯相关法律法规的现象,将对大学生自身的生活、工作和学习造成不良的影响[7]。

4.3 大二、大三学生信息检索能力的培养

大二、大三学生的课程中,已经增加了基础课和专业课程的学习和设计内容,因此信息素养教育课程以图书馆各种电子资源的检索利用为主要内容,可以结合学生的课程作业或论文的要求作为检索案例,从一篇论文的电子资源检索开始,讲授中文资源、外文资源、图书、标准、专利等学术资源的检索技巧和科学的利用方法,培养学生学术信息的检索能力和分析能力,促进学生更好地完成专业课程的学习。

4.4 毕业生信息综合和写作能力的培养

为保证毕业生在学习专业课程的基础上,顺利完成毕业设计和毕业论文,这一阶段信息素养教育主要讲授各种文献管理软件,培养学生科学管理信息,利用已经获取、管理的信息创新的能力,帮助学生科学、高效地完成论文写作。这一阶段也可以与招生就业处联合,开展有关创业数字图书馆知识讲座,帮助大学生在就业阶段提高信息获取分析能力[8]。

5 高校图书馆信息素养教育的措施

5.1 纳入学生学分体系

高校信息素养课程,目前一般都包含在文献检索课程中,主要是由图书馆负责的全校选修课,学分也较少,一般为1~2学分,对全校学生来说受众面小,为了提高大学生信息素养,应将信息素养课程纳入高校必修课中,还可以和教务处沟通,作为第三课堂或参与学术讲座的学分体系,使学生在接受信息素养教育的同时完成相应学分。

5.2 完善图书馆网络教育平台建设

提升图书馆工作人员自身的信息素养,增加此类课程的课时,充分调动任课教师的工作积极性;充分利用"MOOC""雨课堂"等多媒体教学平台,完成课程建设、在线互动和线下辅导等任务,增强与学生的沟通,提高课堂互动效率,提升教学效果[9]。

5.3 开展多样化学习方式

信息素养课程可以作为专业必修课,要求某些专业的学生必选此类课程,而对于普通专业学生,可作为全校公共选修课。除必修课和公选课外,还可以制作移动设备微视频课,作为必

修课和选修课的补充,激励广大学生利用碎片时间,进行信息素养教育,提升信息素质。

参考文献

[1] 上海社会科学院信息所.信息安全辞典[M].上海:上海辞书出版社,2013.

[2] 李丽萍,韩庆年.构建教学信息管理平台提高学生信息素养[J].网络科技时代:信息技术教育,2002(1):28-29.

[3] 白晟.论"互联网+"时代大学生信息素养教育[J].电脑迷,2018(10):77.

[4] 吴翠花,刘凤英.大学生信息素养培养路径研究[J].教育教学论坛,2014(5):242-244.

[5] 韩丽风.《关于进一步加强高等学校信息素养教育的指导意见》制定思路:2018北京地区高校图书馆用户服务与信息素养教育研讨会,北京顺义,2018[C].

[6] 吕芳,刘宏军.大学生信息素养教育研究[J].大学图书情报学刊,2012,2(30):11-14.

[7] 柏万.浅析高校图书馆与大学生信息素养[J].赤子(上中旬),2016(15):130.

[8] 华翙.面向"双创"人才培养的高校图书馆嵌入式信息素养教育模式研究[J].农业图书情报学刊,2018,30(7):129-132.

[9] 郭军.MOOC环境下高校信息素养教育模式探究[J].大学图书情报学刊,2018,36(5):86-91.

谈谈高校图书馆期刊阅览室的管理

李红云

(北京林业大学图书馆,北京 100083)

摘　要：本文针对高校图书馆期刊阅览室工作中存在的一些问题,分析了期刊阅览室的利用现状,阐述了高校图书馆期刊阅览室的管理,针对经常出现的一些问题,提出了几点解决方法,同时就目前网络环境下,如何拓展图书馆阅览室的服务,提出了几点建议。

关键词：高校图书馆;期刊阅览室;管理;服务

分类号：G251

On the Management of Periodical Reading Room in University Library

Li Hongyun

(The Library of Beijing Forestry University, Beijing 100083, China)

Abstract: According to some problems existing in the periodical reading room of university library, this paper analyzes the utilization status of periodical reading room, expounds the management of periodical reading room of university library, puts forward some solutions to some problems that often appear. At the same time, this paper puts forward some suggestions on how to expand the service of library reading room under the current network environment.

Keywords: university library; periodical reading room; management; service

　　高校图书馆的期刊工作,对教学和科研所起的重大作用已被理论和实践确认。期刊工作是整个图书情报系统的一个重要组成部分,其管理与服务质量的高低,既与图书馆内部机制有关,又离不开学校教学、科研的外部环境。目前,从高校图书馆期刊工作的实际状况来看,大多数高校图书馆采用的是全开架的管理方式,以便读者取阅,但如何管理好这些期刊资源,使其充分发挥作用,一直是图书情报界探讨的主题之一。期刊工作要谋求提高和发展,更好地为"双一流"建设做好文献信息资源的保障与科研情报的服务支撑,以往谈论的图书馆要加强业务理论研究、提高管理水平、转变思维观念、改变旧的服务方式等,都不足以改变高校图书馆期刊阅览室的现状,我们还应拓展期刊阅览室的服务,结合图书馆读者群的状况,做到有的放矢地调整期刊工作的方针措施。

1 高校图书馆期刊阅览室利用现状

1.1 到馆人数及在馆时间持续减少

　　数字阅览时代,校园网的全覆盖使阅览室的人数呈逐年下降趋势,以北京林业大学图书馆为例,在校学生约 18 000 人(只指在校本科生和研究生),而每天来期刊阅览室的读者大约 60人,有时候会更少,期末阅览室的人数会大幅度增加。除了人数减少之外,单个读者在期刊阅览室阅读的时间也日趋减少,从平均 5 小时下降到 3 小时,但也有特例,如考研的学生、准备出国的学生,其在馆时间平均为 10 小时以上。

1.2 阅览室的读者多以上网和自习为主

期刊阅览室的读者群体以在校大学生为主,大三、大四学生比例高些,大一、大二学生次之,教师读者的比例最少,他们多以上网和自习为主。现阶段高校读者对报刊资源的利用呈以下特征:一是倾向阅览期刊,选择报纸的读者越来越少;二是在期刊报纸的选择中,以文艺、休闲类为主,如《读者》《青年文摘》《世界博览》等,专业类的期刊少有问津;三是硕博论文阅览人数居多。

1.3 对数字期刊的依赖程度加强

数字期刊的大量涌现,迅速改变了高校读者的阅读习惯,也使读者有了更多的选择。数字期刊主要依托各类电子设备,手机、平板计算机等手持终端设备的普及让数字阅览成为一种潮流,数字阅览不受纸质期刊复本量的限制,可随时随地阅览,并且种类较多,可选择性也很大。纸质期刊资源已成为电子期刊资源的补充。

期刊阅览室订购的大多数中文专业纸质期刊都已被 CNKI、维普等大型期刊全文数据库收录,外文期刊资源也可通过 SpringerLink,Elsevier 等数据库获得,导致读者对期刊的使用由印刷型迅速向以网络电子型为主的形式转变。

2 推动期刊资源的管理

分析高校图书馆期刊阅览室利用现状,目的是推动期刊资源的管理,把服务工作做好。图书馆应把期刊服务工作的重点放在各类期刊的开发利用上,最大限度满足读者对信息资源的需求。

2.1 充分利用现刊、过刊

新到现刊及时登到、编号、上架,避免因延迟上架而降低期刊的时效性,没有特殊情况应做到当天期刊当天上架。下架过刊也应充分合理地利用起来,对学术性、专业性较强,具用收藏价值的期刊进行整理装订,作为过刊合订本上架,供读者查阅,满足教学科研需求。

许多学校都有自己的发行刊物,为了宣传该期刊、扩大影响而与其他学校的期刊进行交换或赠送,这些期刊以及一些内部资源可以放在架子上,供读者查阅。这些免费资料不可忽视,一定要利用起来。

2.2 网络和数字资源的利用

我馆的期刊阅览室将过刊和现刊阅览区进行分离、交叉渗透处理,使空间得到扩展,阅览室期刊全部实行开放陈列、开架服务,实行藏、阅一体。阅览室内设有电源插头、网络终端插头(或无线上网终端)、复印机,读者往往采用自我服务方式,阅览、检索、视听、上网、复印、分享等都可在阅览室完成。

全方位开放式的服务,使图书馆的纸制资源、数字化文献资源与网上的信息在全方位开放式的条件下能够最充分、最迅速地被查阅和共享。目前,这种全方位开放式的服务已经成为现代化高校图书馆的重要标志。传统的期刊工作模式难以满足读者对期刊信息从深度到广度都极大扩展的需求,必须创新服务管理模式,以适应网络环境下高校读者对期刊资源的多层面、深层次、全方位需求。

2.3 科学排架,减少错架、乱架和丢失

排架是期刊阅览室管理工作中重要的一环,排架方式是否科学直接关系着期刊的管理和利用。科学的排架方式不仅要方便工作人员管理,还应方便读者利用,即符合读者的阅读和检索习惯。科学的排架方法应是按学科分类进行排架,同类学科期刊集中摆放。对于乱架、错架现象,可以根据期刊学科分类的顺序进行编号,在每份期刊封面和期刊架上标上架位号,这样读者很容易就能把阅后的期刊归入原架,也便于馆员整架和新刊上架。此外,还可张贴现刊排架表,以便读者查阅。一般图书馆都采取给刊物装上磁条,并在入口处配置监测器的方法解决丢失问题。

还有一点是非常重要的,那就是"勤",勤于巡查,在阅览室工作整架、排列、归架等,是日常管理的需要。工作中做到眼勤、手勤、腿勤,才能及时发现读者违反制度的行为并及时纠正,帮助读者养成良好的阅览习惯,保证开架期刊排列的有序,只有这样,读者才能更加自觉地遵守图书馆的规章制度,才能配合工作人员共同维护开架阅览的良好秩序。

2.4 加强对读者的管理

阅览室需要加强对读者的管理,经常巡视,避免读者在图书、期刊上乱涂乱画,或者撕书扯页的现象发生。通常情况下,许多读者会一次性拿走多本期刊,往往超出其阅读能力,这也是一种资源闲置和浪费,应加以制止。阅览室一般有明文规定,如每人每次最多三本杂志,看完再换,一定要在管理中严格执行,避免热门杂志集中在少数人手中,这样可以提高期刊的周转率。

"服务学生、服务教师、服务社会"是我们的办馆方针,管理是服务的基础,管理是为了更好地服务。在实际工作中,加强对读者的管理,不应只停留在表面,要注意对读者的引导,提升大学生的阅读、终身学习的能力才是关键所在。

2.5 重视补缺工作

尽管阅览室为减少期刊丢失做了许多工作,但缺刊现象仍是不可避免的,有发行商、书商的问题,也有阅览室管理的问题等。以我馆的工作经验来看,在年终整理装订的时候,有几本就装几本的做法是不正确的,阅览室的工作人员必须首先做好补缺前的统计工作,直接与期刊订购人员联系,采取各种方法补齐期刊,如通过与其他学校保持合作,做到馆际互补或互借过来复印,确保文献资料的连续性和完整性。

在网络和电子技术飞速发展的今天,纸质期刊仍受到读者的喜欢,科学、合理地管理好期刊文献,充分发挥其作用,为高校的教学、科研服务是期刊管理工作的目标。

3 拓展期刊阅览室的服务

3.1 建立电子阅览区,为读者提供便利的电子期刊资源查询平台

由于纸质期刊和电子期刊交融并存的可喜局面已在高校充分显现,图书馆期刊阅览室除

要提供足够的座位供读者阅览纸质期刊外,还应增加一些计算机,形成电子阅览区,融入电子期刊,特别是网络电子资源,供读者检索、查阅馆藏资源,让期刊阅览室成为馆藏期刊和虚拟馆藏期刊融为一体的兼容型阅览室。

加强对期刊资源,特别是电子期刊资源的宣传、咨询工作。期刊信息服务的出发点和最终目的是对期刊资源进行充分的开发、传播,使读者充分利用。阅览室的馆员在管理好纸质期刊资源的前提下,还应加强对图书馆引进的各类数据库的了解、学习和使用,增强网络电子资源的服务意识,注重指导读者将纸质期刊资源和电子期刊资源有机结合使用。

3.2 加强阅览室的阅读服务,使阅读推广服务成为常态化

高校图书馆越来越重视阅读推广活动,阅读服务已成为图书馆服务的一种形式,各馆把引导学生阅读当作图书馆提升服务能力的一项重要工作,它是高校图书馆教育功能的具体体现,也是"双一流"形势下学科服务的要求。我馆每年以4月23日世界读书日为契机,开展内容丰富、形式多样的读书月品牌推广活动,资源推广部的同人也在不断强化这一工作,但还有待提高,阅读推广服务不是一朝一夕、几次活动能够完成的,笔者以工作实践为基础,提出以期刊阅览室为基点,实现图书馆跨部门合作,使其制度化、常规化,进而成为图书馆的常规业务工作。在图书馆服务功能和信息技术不断完善的今天,阅读服务已经进入精耕细作的个性化服务时期,图书馆要具备相应的精细化管理能力,规范和引导阅读服务,提高阅读服务满意度是必然趋势。使阅读推广成为常态化,也为图书馆拓展服务提供了一个新的思路。

期刊具有出版周期短、信息传递快、知识面广的特点,集专业性、学术性、科学性、娱乐性于一体,吸引了具有不同需求的读者。在我室有现刊、过刊、硕博论文、报纸(不保留),还有部分院士、老教授保留的图书资料等,馆藏内容丰富,环境优良,在这里可以阅览期刊,同时可上网检索、查阅专业文章、自习、看科普杂志,还可看体育、娱乐杂志。在工作中,笔者观察到近几年来我室的学生,多以上网或自习为主,如何改变这种状况,充分利用丰富的馆藏资源,提高学生的阅读能力,有待同人们商榷。笔者在实践中也做了一些设想,进行了尝试,如在现刊架向读者提供几种期刊的阅读推送服务,下一步准备在现刊架设立阅读交流栏,开设分享读书心得或推荐好书、发布简短书评的专栏,以吸引更多的同学参与进来。

笔者认为推荐导读服务,是为了突出专业性及重点性刊物,激活优质资源而展开的一项服务。开设推荐导读服务、提供阅读分享、及时高效地为读者提供导读推介服务,应成为图书馆的一项日常服务。图书馆馆刊开设导读推荐栏目,提供推荐书目,分享阅读体会,不断总结,不断创新,能一步步地激发学生的阅读热情,进而营造高校乃至整个社会良好的阅读氛围,从而推进阅读推广常态化的不断发展和完善。

3.3 拓展图书馆对未成年学生的阅读服务

未成年人处于学习阶段,义务教育规定了未成年人主要学习时间是在学校。国际上公共图书馆也普遍面临"7岁后消失的读者"这一突出问题。在我国,极端的应试教育环境很大程度上剥夺了少年儿童的阅读兴趣和阅读自由,教师和家长对课外阅读有着不同程度的抵触和限制。对高校图书馆而言,值得探索的问题是如何拓展未成年人阅读服务,使图书馆对未成年人的阅读服务真正成为面向所有未成年人的服务,成为学生科学教育的第二课堂。

我馆在对北京林业大学附属小学开放的实践中,也存在着一些实际问题。对图书馆服务而言,这一群体既可能在图书馆奔走吵闹,也可能像成年人一样长时间地在图书馆阅读;既可

能对图书馆员推荐的读物感兴趣,也可能更愿意尝试自己去找到喜欢的读物,目前,到我馆来的小学生大多在做学校的作业,实际阅览的少,如何引导是关键。

笔者认为小学生进入图书馆、使用图书馆、树立图书馆的意识,三者缺一不可。首先,图书馆发给小学生借阅证,让他们走进图书馆;其次,根据未成年学生的特点,积极开展各项针对少年儿童读者的服务,如举办各种相关活动、展览等,使其充分了解认识图书馆,从而引导他们利用图书馆,在成长的过程中树立起图书馆的意识,使其终身受益。

要发挥高校图书馆的优势,为未成年学生群体的素质教育承担应尽的责任。

4 结语

图书馆应把期刊服务工作的重点放在专业期刊的开发利用上;放在为读者提供方便、快捷、准确的信息检索服务、导读服务和更深层次的参考咨询服务上;放在尽最大努力和限度满足读者对信息资源的需求以及为读者营造更人性化的阅览环境和氛围上,使网络环境下的期刊管理服务模式向着充分体现以读者为中心,集咨询服务、信息检索服务和各种载体文献提供服务于一体的"全方位一体化服务"方向转变。

参考文献

[1] 马学良,富平.数字时代图书馆服务危机管理[J].图书情报工作,2009(12):22-25.
[2] 李杨.基于品牌建设的高校图书馆阅读推广服务实践[J].图书馆研究与工作,2017(12):53-55.
[3] 张玲玲.高校图书馆期刊阅览室改革探析[J].湖北函授大学学报,2016(21):46-47.

北京林业大学图书馆馆藏古籍方志提要

张宝颖

(北京林业大学图书馆,北京 100083)

摘 要:本文对北京林业大学图书馆所藏部分善本古籍农书进行了粗略提要。
关键词:古籍提要;古籍;方志
分类号:G255.1

The Summary of Beijing Forestry University Library Collection Ancient Book Local Chronicle

Zhang Baoying

(Beijing Forestry University Library, Beijing 100083,China)

Abstract:In this paper, Beijing Forestry University Library collection ancient book local chronicle are introduced.

Keywords:summary of ancient books; ancient books; local records

北京林业大学图书馆藏有两千八百余册古籍线装书,其中不乏精刻名钞,为后人留下宝贵的文献资料,但多年来鲜有人对此进行系统的研究整理,其学术价值无法得到体现和利用。为此,我馆成立了特藏部,并开始了"北京林业大学图书馆馆藏善本古籍提要"的研究,对其版本及内容进行了考订,本篇即为此研究的一部分成果,如有不妥之处欢迎指正。

1 《黄山志定本》七卷

清闵麟嗣撰,清刻本,具体刊刻年不详,约为清康熙十八年(1679年)刻本,七册,本馆缺第一册。半叶 9 行,行 21 字,白口,四周双边。

闵麟嗣(1628—1704年)字宾连,号橄庵,徽州岩寺镇(安徽歙县)人,明末清初学者、旅行家,编撰《黄山志定本》八卷(一卷为图),集历代黄山志书之大成,以体例精当,搜罗宏富完备著称于世。另有《庐山集》《古国都今郡县合考》《黄山松石谱》《周末列国省会郡县考》《闵宾连悟雪诗草》。

山志是地方志的重要支流,黄山山志有文字可考的不下十种,主要有宋代景佑年间刊刻的《黄山图经》,明代释弘眉的《黄山志》、潘之恒的《黄海志》,清代程弘志的《黄山志》、闵麟嗣的《黄山志定本》、黄身先的《黄山志略》、汪士鋐的《黄山志续集》和张佩芳的《黄山志》,其中闵麟嗣的《黄山志定本》七卷卷首一卷,集历代黄山志书之大成,历时一载,于清康熙十八年(1679年)编撰而成,此志自成体例,考订精致,内容宏富,记载山岙诸多人文、自然景观,此书卷首冠图 16 幅,为横式通景,绘秀清逸,堪称黄山志书的扛鼎之作,也是存世的黄山志中最为完备的名山志,已成为徽州文化中重要的黄山文献。

《黄山志定本》七卷卷首一卷被收入《四库全书存目丛书》史 235 册和《续修四库全书》第 723、724 册中(据湖北省图书馆藏清康熙刻本影印)。

2 《武夷山志》二十四卷卷首一卷

清董天工撰,五夫尺木轩藏板,清道光丙午年(1846 年)重刻本,一函八册,半叶 10 行,行 22 字,白口,四周双边,单鱼尾,鱼尾上有书名,下刻卷数及卷名。首页分三行自右至左刻"/道光丙午年重刻/武夷山志/五夫尺木轩藏板"字样,是书前有董天工等九人分别作序及重刻序,次列卷之首,包括凡例和绘像。

董天工(约 1703—1771 年),字材六,号典斋,清学者,福建武夷山人,著有《武夷山志》《台湾见闻录》。

《武夷山志》成书于清乾隆十六年(1751 年),全书二十四卷十五万余字,详细叙述了武夷的山水、形胜,历代所受封赐,并详尽介绍了到过武夷山的诸多名臣、官宦、隐士、僧道等,还记录了一些古建筑的兴废更替及山中古迹、物产等,该志是董天工在遍览武夷山水、收集旧志诗文的基础上,对明代衷仲儒编的《武夷山志》、明代徐表然编撰的《武夷山志略》、清代王梓的《武夷山志》、清代王复礼修撰的《武夷九曲志》四种不同版本进行考证、订正,以自己的创新思路来定稿编就的,被誉为武夷文化的集大成者。该书是迄今为止研究武夷山风景名胜、奇闻怪趣、地理特征、三教(儒、释、道)同山、物产习俗、羽流隐士、诗词书画、摩崖建筑、石刻景观等文化资源的权威史料,也为后世研究武夷山的自然与人文提供了极其珍贵的历史资料。

董天工的《武夷山志》也被收入《续修四库全书》的第 724 册中(据天津图书馆藏清乾隆刻本影印)。

3 《西湖志》四十八卷

清傅王露总纂,清雍正浙江总督李卫监修。清雍正十三年(1735 年)刻本,二十册,半叶 9 行,行 20 字,白口,四周双边,单鱼尾,鱼尾上有书名,下刻卷数及卷名,是书前有李卫等七人分别作序及职名、凡例、总目,后有傅王露作后序,后序首题"皇上御极之四年",尾题"雍正十二年岁次甲寅嘉平朔吉傅王露谨撰序"。

傅王露,字良木,号玉笥,又号闽林,晚号信天翁,会稽(今浙江)人,康熙进士,雍正时荐鸿博,平时好学不倦,以著述自娱,著有《玉笥山房集》。

李卫(1686—1738 年),字又玠,清康熙五十六年(1717 年)通过捐资而被任命为兵部员外郎,两年后升户部郎中,官至浙江总督、直隶总督等职。

《西湖志》系记载杭州西湖的方志,全书仿"通志"体例,分门记载,列目二十:水利、名胜、山水、堤塘、桥梁、园亭、寺观、祠宇、古迹、名贤、方外、物产、冢墓、碑碣、撰述、书画、艺文、黼、志余、外记,此书广征博引,史料丰富。书中名胜卷以图为主,共 41 幅,第一幅是西湖全图,此图以上方为南,地物方位大都正确,绘图艺术相当精美,其余各图多为西湖名胜风景图,如圣因寺图、苏堤春晓图都很精致。《西湖志》是一部图文并茂的精美志书,二十门类中,每一类下都大量收录历代文学作品,优秀的西湖文学作品几乎全在搜罗之中,完全可称西湖文学之书目文献宝典,该书具有极高的文学史料价值。

《西湖志》四十八卷被收入《四库全书存目丛书》的史 241、史 242 册中(据天津图书馆藏清雍正两浙盐驿道刻本影印)。

4 《南岳志》八卷

清高自位重修,旷敏本纂,清乾隆十八年(1753 年)开云楼藏板刻本,十册,半叶 10 行,行 20 字,白口,四周双边,单鱼尾,鱼尾上有书名,下刻卷数及卷名,是书前有高自位、旷敏本、高宫等六人分别作序,次列目录。

高自位,字瑶圃,直隶(今河北)晋宁人,清雍正元年(1723 年)举人,官益阳知县,清乾隆十五年至十八年(1750—1753 年)左右任衡山知县。

旷敏本(1699—1782 年),字鲁之,号岣嵝,湖南衡山人,人称岣嵝先生,清雍正元年(1723 年)进士,官至翰林,致仕回湘后,任岳麓书院山长,著有《岣嵝文草》《岣嵝诗草》等八种,纂修有《(乾隆)衡州府志》。

是书远溯明嘉靖七年(1528 年)彭簪《衡岳志》,万历四十年(1612 年)邓云霄、曾凤仪《衡岳志》,上承清康熙三年(1664 年)朱衮、袁奂《衡岳志》,下续康熙、雍正、乾隆近事,始修于清乾隆十八年(1753 年),翌年成书付梓,纪事止于清乾隆十六年。正文分星次、图考、形胜、祀典、书院、寺观、物产、田赋、古迹、碑碣、胜游、径路、仙释、纪异、祝辞、文艺十六门,文艺下分七目,约十八万字,为六修南岳志。

《南岳志》八卷体例简明完备,内容翔实宏富,为清初山水专志名作。

5 《华岳志》八卷

清李榕纂辑,清道光辛卯年(1831 年)刻本,四册,半叶 10 行,行 24 字,白口,左右双边,单鱼尾,鱼尾上有书名,下刻卷数及卷名,首页分三行自右至左刻"/道光卯刻/华岳志/清白别墅藏板"字样。

李榕(1819—1889 年),字甲先,号申夫,又号六容,清四川剑州人,咸丰壬子年(1852 年)进士,调湘军营务,官湖南布政使,获罪巨室,罢职归里,主剑州兼山书院和龙州登龙、匡山书院讲席以终。

《华岳志》又称《华山志》,李榕托栖华山二十余年,于华岳之胜概时加考核,依旧籍重新修补增删,务证求实,合者存之,谬者证之,编成新志。志前录杨翼武、李榕二序,次为华岳志卷首,录御制碑文等,再录华岳真形图三幅和山图二十幅,详记华岳各峰之概况,志书正文包括图说、名胜、人物、物产、金石、艺文、纪事、识余等内容。

6 《说嵩》三十二卷

清景日昣撰,清 1721 年刻本,八册,半叶 11 行,行 25 字,白口,四周双边,版心为花口,单鱼尾,鱼尾上有书名,下刻卷数及卷名。

景日昣(1658—?)字冬旸,号嵩崖,登封县大冶街人,康熙二十六年举人,三十年进士。初任广东肇庆府高要县知县,后升监察御史,巡视畿辅,疏奏《粤中征米浮价》《矿商病民》等,深得皇上赏训识,屡迁其官,先后九任陕西道、山西道、浙江道、江南道、河南道监察御史,又升鸿胪寺少卿、太仆寺少卿、宗人府府丞、都察院左副都御史,后升礼部侍郎、户部侍郎,加礼部尚书衔。雍正三年(1725年)致仕归里,在嵩山南麓叠石溪建别墅居住,从事著述,其著作有《说嵩》《嵩崖尊生》《嵩阳学》《学制书》《嵩台随笔》《嵩岳庙史》《会善寺志》《龙潭寺志》及笔记诗文若干卷。《嵩崖尊生》是我国医学珍品,对妇科疾病的见解有独到之处,后传入日本,享有盛誉。

《说嵩》是景日昣积三十余年之功写成的,是书前有吕履恒、孙襄力、陈鹏年、李绂、陈殿彦、范长发、冯嗣京等人作序和著者自序,次例目三十七则。正文大致分两部分:前一部分包括嵩高山、太室上、太室阳、太室麓、太室原、少室上、少室东、少室南、少室阳、箕山,后一部分包括星野、沿革、形势、水泉、封域、游记、古迹、金石、传人、物产、二氏、撰异、艺林、风什。前一部分大体是对嵩山的综合叙述,系总论的性质,对自然地理、名胜古迹、历史事迹、战争原委都有详尽的介绍。后一部分系分论的性质,或以天文为主,或以地貌为主,或以全面为主,或以人物为主,或以物产为主,或以宗教为主,对于研究历史或文学的人员都有一定的参考价值。前几卷正文中,凡介绍嵩山之名胜古迹、物名者,均采用黑墨阴文表示。各卷后均有校订、正字者姓名,多为景日昣的亲戚、门生等。有的条目下,景日昣先引用了多种典籍记载,然后论证其中孰是孰非,提出自己的观点。此书之作,"实以遇物能名,为目击道存之证",是一部古代嵩山的百科全书。

《说嵩》的版本就目前所知有四种:豫本、郑本、汴本、鲁本,这四种版本均出自一个母版——康熙岳生堂刻本,只是印书时间不同,岳生堂是登封县学内的一个堂名,应该说这是一个县学刻本。

参考文献

[1] 周树德. 景日昣与《说嵩》[J]. 河南图书馆学刊,2001(4):78-79.
[2] 潘淑兰. 怎样撰写古籍提要[J]. 图书馆学研究,1996(6):68.
[3] 张撝之,沈起炜,刘德重. 中国历代人名大辞典[M]. 上海:上海古籍出版社,1999.
[4] 卞利. 黄山[J]. 寻根,2004(3):75.
[5] 张永红. 雍正《西湖志》的文学史料价值[J]. 学术界,2005(3):248-254.
[6] 纪淑文,刘家新. 天津大学图书馆部分馆藏善本古籍叙录[J]. 津图学刊,2002(1):29-30.

"北林文库"建设的实践与思考

张宝颖

(北京林业大学图书馆,北京 100083)

摘 要:本文对北林文库的建设进行了简要阐述,对北林文库征集文献的范围、原则、途径以及文库管理等方面工作进行了介绍。
关键词:高校文库;特色馆藏
分类号: G250.2

Practice and Thinking on the Construction of Beijing Forestry University Library

Zhang Baoying

(Beijing Forestry University Library, Beijing 100083, China)

Abstract: The university library was set up by Beijing Forestry University library. This paper expounds the significance and function of library, the library collection scope, Beilin literature principles and ways of library management and other aspects of the work.
Keywords: university library; featured collection

高校文库,即高校专家学者文库,属高校图书馆"特藏"的一部分,是各高校收藏本校师生和校友的学术成果及其他作品的专藏,是本校学术成果的荟萃之地。国外高校文库的建设也非常普遍,多所高校都建立了各具特色的文库,如耶鲁大学收集整理了建校三百年多来的各种学术文献,成立了一所珍稀图书馆,其中包括多位诺贝尔奖获得者及多位作曲家的著作、论文及乐谱;法国大学图书馆则以收藏珍贵的艺术品为主;美国史密松尼安学院则非常重视文物的收藏。

我国高校文库的建设始于20世纪80年代,1987年,中国人民大学根据《普通高等学校图书馆规程》(1987年7月颁布)的要求建立了"人大文库",被公认为我国第一个高校文库,其后,各高校图书馆纷纷响应创建自己的文库,如北京师范大学的"京师文库"、浙江大学的"浙大文库"、同济大学的"同济文库"等。经过三十多年的发展,我国高校图书馆文库建设已卓见成效,理论研究水平也日趋成熟,1997年4月成功组织召开了"北京高校文库建设经验交流会",2003年11月召开了首届全国高校文库工作研讨会,又于2007年10月在北京召开了第二届全国高校文库工作研讨会,2017年10月又在北京召开了全国高校文库工作研讨会,实践证明,文库建设经过三十多年的发展,对弘扬高校学术传统,推动高校教学、科研事业都发挥着重要的作用。

1 建设北林文库的意义、作用

北京林业大学是教育部直属、教育部与国家林业局共建的全国重点大学。经过多年的建设与发展,学校形成了"知山知水,树木树人"的办学理念,发展成以生物学、生态学为基础,以林学、风景园林学、林业工程、农林经济管理为特色,农、理、工、管、经、文、法、哲、教、艺等多门类协调发展的全国重点大学。学校现有 15 个学院,47 个博士点,123 个硕士点,60 个本科专业及方向,7 个博士后流动站,1 个一级学科国家重点学科(含 7 个二级学科国家重点学科),2 个二级学科国家重点学科,1 个国家重点(培育)学科,6 个国家林业局重点学科(一级),3 个国家林业局重点培育学科,3 个北京市重点学科(一级)(含重点培育学科),4 个北京市重点学科(二级),1 个北京市重点交叉学科,人才辈出,凝练、积淀了优良的办学传统和深厚的文化底蕴,取得了卓然的学术成就,涌现出诸多优秀的学术著作或其他作品。建立北林文库,将这些著作、作品加以收集、整理、保存和利用,弘扬北林精神,是北林图书馆义不容辞的责任。

1.1 有利于本校学术成果的保存和利用

高校文库资源属于学校的学术档案资料,是学校历史的见证,是学校教学、科研历史发展的缩影,具有收藏和利用价值,理应受到本校图书馆的珍视与收藏,建立北林文库的宗旨就是"全面收集、永久保存、集中展示我校学术研究成果,充分发挥图书馆的信息知识传播职能和学校精神文化的展示功能"。

1.2 展示学术成果,激励后学

文库一定程度上反映了学校科研、学术及教学的发展历程。将各个时期积累、收藏下来的各种学术著作、成果,分门别类,按序排列,纵向看,既可一窥学校科研成果的发展全貌,也可对学校不同发展时期学术成果的变化进行比较;横向看,各学科领域各个阶段发展的差异也一目了然。

北林文库的建设,既能展示我校教学、科研的整体面貌和水平,又能不断传递各学科研究中的学术信息,拓展师生的学术视野,活跃研究思路,在相互观摩、相互学习、相互交流、相互激励中,起到彰前贤而励后学的作用,以此增强学校的凝聚力和影响力,发挥英雄人物、名师大家、学术带头人的示范引领作用,挖掘校史校风校训校歌的教育作用。

1.3 图书馆的业务工作得到了发展和创新

完整收藏本校学术专著,可全面反映本校的学术发展史和各个历史时期的学术面貌,对开展本校的文化教育史、名人名师的研究具有特殊的教育意义,进而密切了图书馆与学校教学科研工作之间的关系,也使图书馆为一线的教学科研服务的范围与方式方法得到了拓展,文库的创建既是图书馆业务工作的突破与创新,也使其更直接方便地利用本校历年来的学术研究成果为全校师生提供服务。

2 文库文献的征集

文献征集是文库建设的基础工作,也是文库建设的第一步。能否广泛收集到本校师生和校友的各种学术成果,特别是具有学术价值、珍藏价值或社会影响力的学术成果,直接影响高校文库的规模和质量。征得的优秀学术成果越多,文库的价值也就越高,越能得到广大校友和师生员工的支持。因此,我馆在文库建设中十分重视收集北林人学术著作的工作,始终把它作为建好北林文库的基础工程,为此我馆采取了多种征集办法与途径。

2.1 文库文献征集的范围

著者范围包括所有在校工作和学习及曾经在本校工作和学习的师生;学校所属各级机构。

文献范围主要包括:历年来公开出版的我校师生、校友的学术著作,如教材、专著、译著、讲义、教学参考书、实习实验指导书、书画和电子型出版物等,以及其他具有学术价值、珍藏价值或社会影响力的手稿和非正式出版物(如论文、回忆录等)。

2.2 文库文献征集原则

(1) 全面征集

向全校师生及校友发起广泛征集,师生校友各类文献资源全覆盖。

(2) 重点征集

将建校以来各级(国家级、省部级、校级)各类获奖著作、学校各历史时期的名家学者的优秀著作及学校科研成果作为重点收集对象进行征集,同时也要注重收集具有特殊价值和意义的相关文献,如签名本文献、具有珍藏价值或社会影响力的文献。对名家学者的手稿、书画等也作为重点进行收集。

(3) 永久性原则

不同于馆藏其他文献资源的"以用为主",高校文库文献以保护为前提,永久性保存学校学术文献,展示学术成果、传递学术信息、开展学术交流、促进学术繁荣。

(4) 宣传性原则

在妥善保存入藏的基础上,以各种形式对文库藏品进行宣传,并对优秀藏品做重点宣传,从而提高文库的知名度,吸引师生自愿赠书。以宣传促赠书,是搞好文库征集工作的关键。

(5) 开发利用原则

建立文库数字平台,使藏以致用,以用促藏,在阅读服务的基础上,充分利用文库的藏品,为教学和科研提供较深层次的服务。

2.3 文库征集方法与途径

(1) 从现有藏书中提取。我馆自建馆以来馆藏文献建设一直秉承着和学校教学科研相一致的原则进行文献采集,同时也非常注重本校教师著作及教材的采集,特别是回京复校后,在图书采购中明确要求本校文献资源的采集,建馆以来多次举办本校著作展,并于1992年编辑出版了《北京林业大学学术著作及论文目录:1986—1991》,目前图书馆馆藏中收存了我校教师的大部分著作,只是分散在不同书库。我馆通过查阅我校历年校史资料并通过学校相关职能处室,获取了我校在职人员、离退休人员及校友名册,然后通过图书馆书目检索系统进行检索、数据筛选、抽取文献。北林文库的创建初期,通过这种方法抽取到了大部分的文献,成为北林文库的主体。

(2) 普遍征集。通过各种途径,利用网络、新媒体等方式向全校师生员工发放文库征集启事,向全校师生广泛征集,将重点学者作为重点征集对象进行点对点文献征集,主动进行联系与拜访,及时地收藏他们的文献。

（3）及时了解和掌握学校及各院系举办的各种学术会议、庆祝活动,收集文献资源,向师生校友征书。

（4）其他方式。我馆与学校的一些职能部门(如教务处、科技处、离退休处)及各院系进行合作,并通过查看新书目、各出版社出版目录,及时了解我校教师文献出版信息,进行主动的、有针对性的征集。

3 文库的管理与排架

3.1 严格管理

北林文库在征集工作有保障的前提下,管理工作逐步完善,首先制定了《北林文库章程》,在章程中明确文库的性质、宗旨、任务及收藏范围,然后建立健全了馆员的岗位职责,提高工作人员的思想素质和业务素质。

3.2 及时对文库收到的文献进行加工整理

对征集到的文献,首先进行登记,然后送交资源建设部进行统一编目,严格按照《中国图书馆分类法》进行分类,按照 CNMARC 格式统一著录,形成标准规范的书目信息,文献经过分类、编目、加工后,再返回文库。从建立文库开始,就将文库文献纳入馆藏书目数据库,方便读者及时、快捷地查找检索。

3.3 合理排架

目前各高校文库的排架方式有所不同,北京师范大学文库是按学科分类、排架,浙江大学文库著作按学院排架,中国人民大学图书馆则由按作者排架的方式改成了分类的排架方式。经过多方的调研并结合本校实际,我馆决定北林文库和其他馆藏文献一样按中图法进行排架,这样既方便读者查阅文库文献,又方便文库的管理。此外还增设了院士、名人名师专架,采取多种方式来展示北林文库的特色学术研究成果。

随着文库文献的不断丰富,载体形式的多样化以及阅览工作的开展等,会出现新的排架问题,我馆将根据实际情况选择最为科学的排架方式。

4 进一步的工作

文库的收藏、管理固然是文库工作的重要方面,但更为重要的是,要对文库收藏的文献资源进行开发研究与利用,一方面要积极创造条件,使读者充分利用文库文献资源,提高文库的利用率;另一方面我馆也要开展文库资源的研究,为学校的教学科研提供较深层次的服务,显示出北林文库的特色和优势,体现更高的价值。我馆将从以下几方面做好文库的开发利用工作。

4.1 建立北林文库数字平台

教育部 2018 年教育重点工作指南中指出要"发挥英雄人物、名师大家、学术带头人的示范引领作用,挖掘校史校风校训校歌的教育作用",为此学校加强了对北林文库建设的投入,拓展文库所收资源类型,为揭示库藏文献资源的全部内涵,将"北林文库"数字平台建设作为图书馆乃至学校的重点工作。"北林文库"特色资源库所收的资源类型包含工夫著作、字画、手稿等类型,在组织架构上,"北林文库"数字平台包含文库动态、文库书目、北林学人、院系导航、笔墨真迹、优秀著作、关于文库、读者建议等版块,每个版块中的内容按一定的结构归类排列,全面揭示北林人的著作与贡献,以方便读者利用各种文献资源。

4.2 加强宣传工作,扩大影响,提高文库的利用率

对院士、国内外知名专家学者、重点学科带头人的优秀学术成果进行宣传,围绕学校、各院系各部门的重大活动进行宣传,同时加强日常宣传,如进行"文库作品介绍"、举办"获奖成果展"等,从而体现出我校的学术特色和学科领域的领先地位,营造良好的学习氛围,提高文库文献的利用率及影响力。

总之,文库建设是一项长久、持续不断的工作,也是一项系统工程,需要校领导、各职能部门、广大师生员工和校友的鼎力协助,需要我们不断地开拓新的工作方式和方法,把握和探索文库的深层含义。

参考文献

[1] 董巧连,周丽娟,杨慧,等.网络环境下高校复合型文库建设的思考——以河北农业大学教职工著作文库建设为例[J].河北农业大学学报(农林教育版),2009,11(3).
[2] 南玉霞,时蔚.对高校图书馆文库建设的思考,高教教学与管理实践研究[M].北京:中国传媒大学出版社,2006.
[3] 刘怡.关于高校文库建设的思考[J].图书馆学刊,2006,28(1):65-66.
[4] 杨东梁.全国首届高校文库工作研讨会会议总结[J].浙江高校图书馆情报工作,2003(6):58-59.

试析高校图书馆藏书与流通的问题及改善方略
——以北京林业大学图书馆为例

石冬梅

(北京林业大学图书馆,北京 100083)

摘 要:北京林业大学图书馆经过多年的建设,已发展成为藏书百万的综合型图书馆,由于馆藏图书的不断增加,藏书空间的有限性与无限增长的藏书之间的矛盾日益突出。本文旨在结合本馆实际,提出问题,并给出解决的方法。

关键词:藏书建设;合理配置;高校图书馆;北京林业大学图书馆

分类号:G203

Analysis on the Problems of Library Collection and Circulation in Universities and the Improvement Strategies
—Taking Beijing Forestry University Library as an Example

Shi Dongmei

(Beijing Forestry University Library, Beijing 100083, China)

Abstract: After years of construction, the library of Beijing Forestry University has developed into a comprehensive book with millions of books. The library, due to the increasing number of books in its collection, is a spear between the limitation of its library space and the infinite growth of its collection. The shield is getting more prominent. This paper aims at combining with the reality of the museum, putting forward problems and giving solutions.

Keywords: collection building; reasonable allocation; university library; Beijing Forestry University Library

1 问题的提出

图书馆学家吴慰慈在其所著《图书馆学概论》中将图书馆定义为"搜集、整理、保管和利用书刊资料,为一定社会的政治、经济服务的文化教育机构"。藏书是图书馆原始的、基本的物质基础,高校图书馆是为教学、科研提供文献、信息服务的场所,是高校教学、科研工作的有力保障。当代信息化的飞速发展,使图书馆面临着前所未有的文献数字化与信息更新频率加快的双重挑战。科研、经济、社会、文化等日新月异,科技手段的大量运用,使得著作、学术期刊等研究成果成倍增长,这些导致各大图书馆藏书空间的有限性与无限增长的藏书之间的矛盾日益突出,当前,如何化解这对矛盾已是一个不容回避的亟待解决的课题,对本馆而言,这对矛盾显得更加突出。本馆面积虽有约 23 000 平方米,但由于当初设计建造布局的框限,可供藏书的空间并不充分。如何利用既定的有限的藏书空间,最大限度地满足教师和学生的借阅需求,需要我们认真研究出一个切合本馆实际的管理方法(特指图书部分)。

2　北京林业大学图书馆现状

本馆全部藏书一百六十余万册,主要纳入流通领域的图书六十余万册,其中一线书库开架借阅的三十余万册,二线书库闭架借阅十五万六千余册,纳入流通图书与藏书总量之间的比率体现了图书的可流通比。随着互联网技术在信息领域的全面扩展与加速渗透,人们对图书馆的依赖程度在不断降低,各大图书馆都存在流通率不断下跌的现象,本馆去年的图书借阅流通量约 15 万册,十年间下降了一半,近几年均呈下降趋势。由此所见均是负面的、不理想的状态,反观这个事实,充分利用本馆现有藏书空间,开动脑筋,综合施策,不断满足教师和学生的信息需求,提高可流通比,一定是可行的,但这需要工作人员付出更多的努力,并从中找出规律性的东西。

3　如何解决面临的问题

图书馆藏空间有限、难以扩展的问题是各国图书馆普遍存在的问题,也是各国图书馆学界都在研究的问题。1980 年,中国图书馆界引入"零增长"理论,该理论的宗旨是:"图书馆发展到一定规模和水平时,不应无限制地继续发展其藏书数量,而应控制其藏书增长速度,使藏书整体在一定时限内处于相对稳定状态。"这一理论很适合本馆现状,要做到藏书数量的相对稳定主要有两个方面因素:进馆图书的优选及图书的剔旧,即"吐故纳新"。在馆藏图书不断的流动中保持其总量的相对稳定,从而最大限度地满足读者需求。

鉴于本馆藏书空间不可能再有所增长的情况,要做到合理利用现有的有限藏书空间,实时剔除旧书。众所周知,图书文献是有寿命周期的,衡量其寿命周期的指标是文献的半衰期。有研究表明各学科科技文献的半衰期为 4～10 年不等,文献的内容及所属学科的性质和特点不同,其老化率的差异也很大。一般来说,电子、医学、化工、宇航等学科领域,由于研究工作异常活跃,不断涌现出新方法、新实验并加以总结,知识更新迅速,文献半衰期很短;植物分类学、地理学等学科的发展,主要是知识的积累而不是修正,其半衰期相对较长;一些档案性文献半衰期则更长,往往需要新版本来取代旧版本。整体而言,社会科学的文献寿命要明显高于自然科学。"文献半衰期"理论与图书剔旧操作是相伴而生的,剔旧可以优化藏书结构,缓解书库压力,合理馆藏布局,提高藏书质量,活化、精化藏书,在剔旧工作中可将"文献半衰期"作为参考依据,图书馆工作人员要重视这个概念,结合本校和本馆实际加以利用。

本馆流通书库布局包括 5 个自主借阅书库,位于楼上相对集中的地方,一个二线密集书库,位于地下一层,这两者之间要配合好,由于地理位置的关系及借阅方法的差异,流通率高的图书应集中于前者,以助于提高读者阅读的积极性。

剔旧流程大致为开架书库—二线书库—剔旧(三线馆藏)。进馆图书都要经过这一流程。

3.1　本馆的解决办法

本馆先后进行了几次书库调整,由于时间紧、工作量大,或多或少出现了一些问题,笔者认为,开架库图书调整至二线书库的工作可实时进行。书库工作人员应对本库所藏图书与本校专业设置对应的类目及学科专业的规模有所了解,做到"知己知彼",以避免工作中的盲目性。当库藏图书趋于饱和又有新书进馆时,即可将部分符合条件的图书下到二线书库,而不要等到非下不可时大量下架,以保证以后较长时间可以维持进书。不可取的做法是书库从满负荷到半负荷的大开大合,这样难免造成人员紧张,疲劳工作难以保证质量,同时给读者带来不便。采取实时调整方式,能够使工作在从容和有序的状态下进行,一方面工作质量得到保证,另一方面使藏书体系经常处于动态平衡和富有活力的状态之中。

3.2 剔旧原则

由于这种调整只是某种图书物理位置发生的变化,并非退出流通,因此,主要应考虑的是方便读者。通过汇文系统调查,分析2017年的流通率,可以发现近10年的图书进馆时间与借阅率没有明显关系,流通率是最终决定其取舍的重要因素,原则如下。

(1) 滞架时间长的图书,一般两年间没有流通的图书,档案类型图书可考虑减少复本。

(2) 实效性强的图书,如年度考试辅导类等,新书到馆后旧书调整到二线书库,并考虑减少复本。

(3) 某种图书新版图书上架旧版本调整,考虑减少复本。

(4) 与时代精神不符的书,如经济转型后计划经济类的图书,可以在二线书库保留部分并减少复本以备研究所用。

(5) 二线书库的剔旧。二线书库应长期保持满负荷,最大限度藏书,根据开架书库来书确定剔旧总量。图书剔旧工作看似简单,实则技术要求高,实际操作难度较大,做这项工作要有很强的责任心,要熟悉馆藏、熟悉学校学科专业设置、了解藏书的价值。一旦剔旧打包再想恢复就很麻烦甚至是不可能的了,因此要慎重,可以综合多种因素、采取多种方法进行。

(6) 流通利用率统计法:利用汇文系统统计功能列出长期滞架图书表单,确定一个合适的时间段,算出基本下架总量,这个总量不能超过年进书量,根据这个总量对所下图书按照类目及教学相关性再次甄别决定取舍。复本法:根据实际情况剔除那些内容陈旧、利用率低且有较多数量的复本。架上审核法:工作人员将符合下架条件的图书横放在架上,由馆里组织人员再次审核方可下架。

3.3 具体做法

(1) 调整到二线书库的图书,根据我校借阅情况统计,滞架两年、无借阅可考虑剔除。与学校专业相关的可放宽到四年,档案类型图书可延长留库时间。

(2) 专业类教学用书考虑其专业性、读者群,如果有了再版图书(修订版),则旧版本剔除,同时考虑复本量。不配套的多余复本应及时剔除。

(3) 马列毛邓等伟人原著具有重要价值应长期保留,也就是要保留各时期具有经典性、代表性的著作,保证其连续、完整,适当考虑复本。

(4) 政治类图书,把那些陈旧过时、与当今政治不相适应的普通读物全部剔除,适当保存一些有研究价值的,复本不宜过多。

(5) 计算机和一般工业技术类图书更新快,注意讲原理与讲使用二者的区别,后者为首先考虑的对象。

(6) 文学类图书时效性长,破损图书及时剔除,在架位紧张的情况下尽量保留中外古今名著及文学理论著作。

（7）园林规划设计类用书时效性更长，甚至20世纪50年代的图书都有人问津，应最大限度保留。

（8）各种工具书应长期保存（有条件时设专门的工具书室）。

（9）质量低劣，粗制滥造的图书一律剔除。

3.4 合理配置电子图书

针对图书馆藏书空间不足的问题，我馆要适应时代的发展，21世纪信息电子资源已经很成熟，我馆电子资源从无到有，现有中外电子数据库约60个，其中电子图书（中文）数据库6个，要充分利用这些资源，在一定程度上弥补中文图书数量上的不足，缓解书库空间的不足的问题。

4 结语

综上所述，处理藏书空间的有限性与无限增长的藏书之间的矛盾时，由于我馆书库分散在图书馆的各楼层，造成上、下册，成套书，同种书的复本分散在不同层，给读者造成极大的不便，这要求我馆进一步完善，坚持"读者至上"的服务理念，坚定地奉行"服务学生、服务教师、服务学校、服务社会"的办馆方针。要从本校本馆实际出发，保证建设围绕读者需求，一切管理围绕读者方便至上，一切服务围绕读者利益至上，从教学科研出发，吐故纳新，在实践中不断探索行之有效的原则和方法，真正做到"良书播惠"，建立一个能够良性地服务于教学科研的藏书体系。

参考文献

[1] 罗式胜.文献计量学引论[M].北京:北京书目文献出版社,1987.
[2] 石冬梅.我校学生阅读状况调查与分析[J].农业图书情报学刊,2009,21(10):146-148.

高校图书馆数据素养教育研究

郑 征　王 瑜　张丽英

（北京科技大学图书馆，北京 100083）

摘　要：本文探讨了数据素养能力在大数据时代的重要性和迫切性，阐述了数据素养能力内涵，试图探索通过高校图书馆数据素养教育，提升科研人员和学生数据素养能力的有效路径。通过网络调研和文献调研，搜集相关案例和数据，对比分析了国内外高校图书馆数据素养教育实践存在的差异。针对国内图书馆数据素养教育存在的缺陷，借鉴国外高校图书馆相关实践经验，构建了以提升数据素养能力为目标的数据素养教育教学设计模型，从专业路径和实践路径两个维度出发，提出从基础知识到方法技能再到高阶实战乃至顶层思维的数据素养能力提升路线，并给出具体操作。

关键词：高校图书馆；数据素养；数据素养教育

分类号：G251

Research on Data Literacy Education in University Library

Zheng Zheng　Wang Yu　Zhang Liying

(The Library of University of Science & Technology, Beijing 100083, China)

Abstract: This paper discusses the importance and urgency of data literacy capability in the age of big data, expounds the connotation of data literacy capability, and tries to explore effective ways to improve the data literacy capability of researchers and students through education of data literacy in university library. Collect relevant cases and data through network survey and literature survey, and compare and analyze the differences in education practice of data literacy of domestic and foreign university libraries. The flaws of the literacy education for domestic library data, draw lessons from foreign related experience in university library, built to improve data quality ability as the goal of literacy education teaching design model, data from the path of professional and practical dimension of two proposed method from basic knowledge and skills to the high level of actual combat and the top thinking data quality, improve the capacity and gives the specific operation, provide a reference for related research.

Keywords: university library; data literacy; data literacy education

　　目前正从信息时代走向数据时代，同时正走向计算时代[1]，数据成为新的生产资料。在数据密集型第四科研范式下，具备良好的数据素养和熟练的数据技能成为教学研究群体开展教学研究工作，学生群体进行研究性学习、群组式探索性学习的重要能力保障。2011 年，美国教育部发布《教师利用数据影响教学的能力:挑战与保障》[2]研究报告,系统阐述了教师数据素养问题。2014年,美国大学与研究图书馆协会(ACRL,Association of College and Research Libraries)研究计划与审查委员会指出,学术图书馆的主要发展趋势是与数据相关的问题,强调数据开放的重要性,数据管理计划,大数据驱动产生和部署的新的计划、服务,以及满足研究过程各阶段学术需求的资源,明确提出将数据素养放入信息素养的概念中进行教学[3]。与此同时,国内就业市场对数据人才需求强劲。根据猎聘统计,2017年数据类工程师的招聘量是2014年的5.9倍,此外,在2014年,数据类工程师在全部技术岗位中的占比为7.86%,这一数字到2017年上涨至17.59%[4]。在此背景下,进行数据素养相关研究,开展数据素养教育既重要又迫切。

关于数据素养的定义,目前尚无统一的界定。孟祥保等认为,现有的关于数据素养定义的研究基本是以科研数据管理视角(关注数据生产、组织和存储等环节)和数据利用视角(以信息素养为逻辑框架,关注如何利用与再利用科研数据)两条线路展开[5],侧重从数据使用周期角度进行分析;黄如花等[6]认为数据素养主要包括数据意识,数据能力(即贯穿于数据生命全周期的数据采集、表示、描述、发现与检索、选择与评价、分析、利用、引用、整合、复用、保存、管理等一系列活动所需的技能)以及数据伦理三个方面,核心是数据利用能力。还有些学者从"数据利用目的"的角度重新理解数据素养,代表性观点包括:Mandinach[7]认为数据素养指能够理解和有效地使用数据并支持决策的能力;Carlson J[8]认为数据素养指理解数据的含义,包括正确地读取图表,从数据中得出正确的结论,以及能够指出数据的错误或不恰当使用,以上两种观点重在强调读懂数据,并利用数据制定决策解决问题,即数据素养能力。本研究认为,数据素养是指能够在复杂情景中识别有潜在价值的数据,使用合适的工具对数据进行采集、处理和分析,能够解释数据并进一步掌握利用数据对相关现实情境进行解释的能力。数据素养教育就是以培养上述能力为目标而进行的教育。

1 国内外高校图书馆数据素养教育研究现状

1.1 国外高校图书馆数据素养教育研究现状

开设相关课程是进行数据素养教育的一种主要形式。笔者通过网络调研和文献调研发现,目前,国内外已开设数据素养相关课程的除高校图情学院,商学院以及统计、数学或计算机学院等外,还有高校图书馆[6]。多年来,高校图书馆一直大力开展信息素养教育,数据素养教育作为信息素养教育的延伸,日益成为高校图书馆界关注的重点。国外图书馆界已开展数据素养相关实践,焦点集中在研究数据管理方面。通过调研英美20所高校图书馆的数据素养教育[9-10]发现,国外高校图书馆在教学途径、教学内容和教学层次方面特色不一,值得进一步探究。

1.1.1 教学途径

英美20所高校图书馆的数据素养教学途径主要包括传统学分课程、短期培训班、在线课程、讲座、研讨会等形式,如表1所示,半数以上(11所)机构以研讨会作为教学途径,代表性机构有康奈尔大学、麻省理工学院、伊利诺伊大学和斯坦福大学;35%(7所)的机构设有传统学分课程,如康奈尔大学、普渡大学和谢菲尔德大学;设置在线课程和讲座的机构各占30%(6

所),另有15%(3所)的机构设有短期培训班。从上述分析可以得知,研讨会是国外图书馆数据素养教学的主要途径,传统学分课程、在线课程和讲座是其主要辅助形式,机构可根据自身需要自由组织教学途径。

表1 高校图书馆数据素养教育教学模型

章	节	主要内容	教学途径	教学层次
入门:基础知识篇	数据管理基础知识	包括数据素养的内涵,数据生命周期,数据管理基本流程,数据管理政策和计划,数据伦理,数据引用规范等	传统学分课程	一般通识
	数据描述	包括数据定义,数据元数据	传统学分课程	一般通识
进阶:方法技能篇	数据命名与文件组织	包括数据命名规范,数据文件组织方式	传统学分课程	一般通识
	数据采集与数据分析处理工具	包括数据源,检索工具/平台介绍及使用方法,数据分析处理工具软件介绍及使用方法	传统学分课程	一般通识
高阶:实战演练篇	基于场景的数据分析实践	以具体案例的形式介绍数据计划、采集、管理、分析、利用的全过程	培训讲座	学科专业
	数据可视化工具	数据可视化工具介绍及使用方法	培训讲座	学科专业
升华:系统思维篇	问题驱动	树立利用数据解决问题的搜索逻辑	PBL研讨会	学科专业
	数据解读	发现数据之间的相互联系,挖掘数据背后的意义	PBL研讨会	学科专业

1.1.2 教学内容

依据科研工作流中的数据生命周期(数据产生与收集→数据处理与分析→数据保存与备份→数据存档与共享→数据发现与利用)进行设计,内容涵盖数据管理基础知识、数据管理政策和计划、数据类型和数据格式、数据命名与文件组织(版本控制)、数据描述与元数据、数据质量控制、数据保存安全与备份、数据遴选与评估、数据分析处理技术及工具、数据共享与长期保存、数据发现与检索、数据引用以及数据伦理与法律问题13个方面。80%以上的机构教授数据管理政策和计划、数据共享与长期保存、数据管理基础知识、数据描述与元数据、数据类型和数据格式等内容,75%的机构设有数据保存安全与备份、数据伦理与法律问题,55%~70%的机构设有数据发现与检索、数据分析处理技术及工具、数据命名与文件组织(版本控制)和数据引用,另有不足一半的机构设有数据质量控制和数据遴选与评估。

由此可见,英美各高校图书馆开展数据素养教育的内容虽不尽相同,但大多数都将数据管理政策和计划、数据共享与长期保存、数据管理基础知识、数据描述与元数据、数据类型和数据格式等内容纳入数据素养教学内容。

1.1.3 教学层次

教学层次大致分为数据素养一般通识教育和数据素养学科专业教育。数据素养一般通识教育主要面向研究生或者某一学科的研究人员,概览性地介绍数据管理的基本理论与方法,使学习者整体把握数据管理的基本知识,如麻省理工学院为研究者介绍数据管理基本问题与实践策略,讲授的内容涉及数据类型、长期保存的数据格式、数据安全、备份方案、元数据、文件组织等,辅之以小组讨论、相关的练习[11];弗吉尼亚大学介绍数据生命周期、数据管理流程以及研究数据管理指南,并提供联邦资助基金导引[12];约翰霍普金斯大学 Sheridan 图书馆设有 GIS 服务中心,为全校师生提供 ArcGIS 软件及培训服务[13]。数据素养学科专业教育主要针对特定学科的需要而设置,在不同的学科领域为特定学科研究人员提供专业的培训,如剑桥大学面向社会科学专业开设的心理测量学和比较历史研究方法等课程[14]。

1.2 国内高校图书馆数据素养教育研究现状

我国部分高校图书馆在数据素养教育方面开展了有益尝试,如一些图书馆开展的科研管理软件、商业统计数据库的使用培训等。北京大学图书馆在其网站首页列出"数据服务"[15],以一小时讲座的形式提供 Excel、SPSS 等数据分析软件培训[16];清华大学图书馆推出"统计数据、术语定义检索案例分析与信息获取之道"专题培训,并提供 Excel、SPSS 等数据分析软件培训[17];上海交通大学图书馆在"讲座与培训"栏目中开设数据素养专题,讲解"SPSS 使用方法"以及"研究数据的检索与利用"[18];武汉大学图书馆利用"90 分钟专题讲座"介绍科学数据管理方法、利用 Excel 进行数据分析和图标展示等[19]。

1.3 国内外高校图书馆数据素养教育对比分析

按照数据素养能力培养目标,笔者进一步将数据素养教育内容分为数据素养能力培养专业路径和数据素养能力培养实践路径两大类,如图1所示。通过对比分析国内外高校图书馆数据素养教育实践可以发现,国外高校图书馆走数据素养培养专业路径,80%以上都开设了数据管理基础知识、政策、数据类型和数据格式、数据命名与文件组织、数据元数据等内容,同时辅之以数据发现与检索、数据分析处理等实践操作。目前国内图书馆更注重数据素养培养实

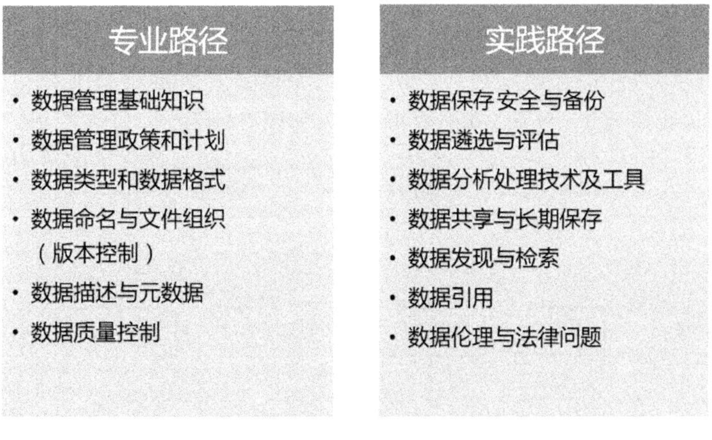

图1 数据素养能力培养路径

践路径,如针对数据分析软件的使用方法进行培训,或仅介绍数据资源的分布与获取方式。造成这种差异的可能原因在于不同层次对象的数据素养教育需求存在差异:科研人员关注的是数据生命周期如何很好地融入整个科研生命周期中,如何撰写符合数据管理与共享要求的科研数据管理计划;学生主要是参与完成项目研究的数据利用与管理,可能更为关注数据的收集、分析与处理过程[20]。国外图书馆数据素养教育不仅面向科研人员,也面向学生,而目前国内图书馆的数据素养教育更多的是面向学生。总体来看,国内高校图书馆数据素养教育的课程内容设计缺乏整体性和系统性。

2 我国高校图书馆数据素养教育教学设计探索

按照培养数据素养能力的要求,即培养"能够在复杂情景中识别有潜在价值的数据,使用合适的工具对数据进行采集、处理和分析,能够解释数据并进一步掌握利用数据对相关现实情境进行解释"的能力,结合高校图书馆馆员队伍优势以及科研人员和学生的实际需求,同时借鉴国外图书馆数据素养教育实践经验,本文探索设计了以提升数据素养能力为目标的高校图书馆数据素养教育模型。

本教学设计分为四大模块,八节教学内容,如表1所示,针对不同教学内容、面向不同层次采用不同教学途径,构建以提升数据素养能力为目标的高校图书馆数据素养教育教学模型,具体设计方案如下。

(1) 入门:基础知识篇

包括数据管理基础知识和数据描述两方面。该部分是数据元素养教育,因此建议采用传统学分课程,列入一般通识必修。

① 数据管理基础知识

数据管理基础知识包括数据素养的内涵,数据生命周期,数据管理基本流程,数据管理政策和计划以及数据伦理等。

解析数据素养内涵,明晰数据素养能力培养目标,是进行数据素养教育的灯塔,在此基础上才能有的放矢,采取有效手段实现教学目标。

管理研究项目中的数据是贯穿整个项目的一个过程。良好的数据管理是数据可重用的基础之一,同时良好的数据管理对于确保数据能够长期保存和访问也是至关重要的,这样数据就可以被未来的研究人员重复使用和理解。在开始收集数据之前,应考虑如何管理数据,了解数据生命周期,才能更好地进行数据管理。弗吉尼亚大学图书馆将数据生命周期[21]嵌入项目生命周期,大体包括:数据搜集、数据分析、数据共享,如图2所示。

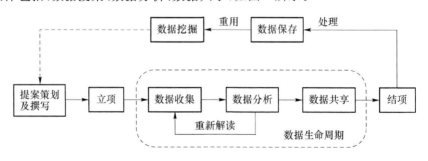

图2 嵌入项目生命周期的数据生命周期图

在说明数据生命周期之后,介绍数据管理的基本流程,包括在何处以及如何存档和共享数据,为何以及如何引用数据,数据隐私以及知识产权保护,如何记录数据,文件格式以及数据类型,文件组织与跟踪修改,数据安全,数据保存与备份等。这部分课程属于一般通识,目的是让学生对数据管理有一个基本认识,各部分并不展开详述。

数据管理政策和计划,主要介绍各主要国家、联盟或行业关于数据管理的政策和计划,如欧盟的通用数据保护条例(GDPR,General Data Protection Regulation),于2018年5月25日在欧盟正式全面施行,任何收集、传输、保留或处理涉及欧盟所有成员国内的个人信息的机构组织均受该条例的约束[22];中国国务院办公厅2018年4月2日印发的《科学数据管理办法》[23]等。

数据伦理涵盖数据道德内涵、网络和网络安全、法律法规等。

② 数据描述

数据描述包括数据定义(即数据格式和类型),数据元数据等。

数据定义一般是指对数据存储格式和数据类型进行说明。数据元数据,即描述数据的数据,用于揭示数据的外部形式和内部特征,以便用户对数据资源进行准确、高效与充分的开发和利用,总体分为图书情报领域的科学元数据和具体研究领域的科学元数据[24]。

(2)进阶:方法技能篇

包括数据命名与文件组织、数据采集与数据分析处理工具两大方面。该部分是初级实践课程,建议采用传统学分课程,列入一般通识必修。

① 数据命名与文件组织

长期以来,除程序员外,数据命名与文件组织并没有引起广泛重视,但随着数据的激增,如果没有通用或规范的格式对数据进行命名,规划文件夹层次结构,将给文件管理带来混乱。一般地,数据或文件命名考虑用户或其他人以后如何查找和访问文件,因此要包含重要的上下文信息,遵循"时间_事件_服务对象"或"事件_服务对象_版本号"的命名规则,如一个数据文件可命名为"20181025_数据清洗_for图书馆"。文件间的嵌套最好不要超过三层,同时不要重名。

② 数据采集与数据分析处理工具

数据素养的一项基本技能便是拥有对数据的敏感度和采集能力[25],课程主要介绍常用数据来源,相关检索系统(网络搜索引擎及数据库等)及其使用方法,旨在培养对数据发现、获取及数据格式处理的能力,并对上述能力进行初步实践。

数据素养能力的核心是培养对数据的分析与处理能力。"工欲善其事,必先利其器",课程将主要介绍数据分析统计软件及数据处理平台。通过对数据分析处理工具或平台的介绍,使用户了解这些工具/平台对数据可能产生的作用,促使其使用合适的管理平台来自动化批量处理和分析数据。

通过介绍分析工具和数据分析方法,培养用户对数据的批判性认识,从而使其能够对数据进一步处理与分析,深化对数据元数据的认识,评价数据质量。

(3)高级:实战演练篇

包括基于场景的数据分析实践和数据可视化工具两方面。该部分属于高阶实践课程,建议采用学科专业培训或嵌入专业课堂,列入学科专业数据素养教育。

① 基于场景的数据分析实践

数据素养能力的培养重在进行实践操作,通过具体场景的练习提高对数据的感知能力,熟悉数据管理的全流程,提高对数据处理工具和数据分析方法的使用技巧。

② 数据可视化工具

数据可视化工具将枯燥、无趣的数据转化为生动、形象的图表,以更友好、更直观的方式展示了数据可能蕴含的意义,提高了数据内涵的可解读性,因此在高阶实战阶段,增加对数据可视化工具的使用教学。

(4) 升华:系统思维篇

包括问题驱动的解决方案思维训练和结合实际的数据解读训练两方面。该部分属于思维体操训练课程,建议采用研讨会形式,列入学科专业数据素养教育。

① 问题驱动

从实际问题出发,树立利用数据解决问题的搜索逻辑,如预测未来五年深圳房价走势,或北京某城区租房价格变化等,这些都需要从数据中找出答案,在回答问题的过程中,要解决找什么样的数据、从哪里找数据、需要哪些数据等一系列搜索逻辑,其中可能不止包括当前房价数据,还要包括出生人口、常住人口等数据。

② 数据解读

一组数据之间通常存在关联,找出其内在联系,是解读数据的关键。在解读数据的过程中,除了运用数据分析方法之外,可能还需要借助管理学、经济学、社会学、心理学等其他学科知识,因此,从这个意义上说,数据素养能力与信息素养能力是分不开的。

3 小结

培养具备数据处理和分析能力、能够挖掘数据价值的数据素养人才是大数据时代数据素养教育的重要目标,然而国内学科领域内数据素养教育在课程设计上还不完善。本研究通过借鉴国外高校图书馆界数据素养教育相关实践课程,构建以提升数据素养能力为目标的数据素养教育教学设计模型,从专业路径和实践路径两个维度出发,提出从基础知识到方法技能再到高阶实战乃至顶层思维的数据素养能力提升路线,并给出具体操作,内容涵盖:①数据知识,包括数据基础知识,数据工具使用知识;②数据技能,从使用数据的整个过程分为数据获取能力、数据管理能力以及数据分析能力;③数据应用能力,包括利用数据探究和交流的能力,以及利用数据驱动的决策能力;④数据意识和态度,其中既涉及数据意识,也包括使用数据的伦理和道德。本研究可能存在考虑不周之处,仅为后续相关研究提供参考。

参考文献

[1] 张晓林. 颠覆性变革与后图书馆时代——推动知识服务的供给侧结构性改革[J]. 中国图书馆学报,2018,44(1):4-16.

[2] Means B,Chen E,DeBarger A,et al. Teachers' ability to use data to inform instruction:challenges and supports[R/OL]. [2018-09-21]. https://www2.ed.gov/rschstat/eval/data-to-inform-instruction/report.doc.

[3] ACRL Research Planning and Review Committee. Top ten trends in academic libraries:A review of the trends and issues affecting academic libraries in higher education. College and Research Libraries News,2014,75(6):294-302.

[4] AI科技大本营.《AI技术人才成长路线图》:完整版 PPT 及要点解读[EB/OL]. (2018-04-14)[2018-09-21]. https://mp.weixin.qq.com/s/EFL7SJk1ZYAxI2wEbEoSPA.

[5] 孟祥保,常娥,叶兰. 数据素养研究:源起、现状与展望[J]. 中国图书馆学报,2016,42(2):109-126.

[6] 黄如花,李白杨. 数据素养教育:大数据时代信息素养教育的拓展[J]. 图书情报知识,2016(1):21-29.

[7] Mandinach E B, Gummer E S. A Systemic View of Implementing Data Literacy in Educator Preparation[J]. Educational Researcher, 2013, 42(1):30-37.
[8] Carlson J, Fosmire M, Miller C C, et al. Determining Data Information Literacy Needs: A Study of Students and Research Faculty[J]. Portal Libraries & the Academy, 2011, 11(3):257-271.
[9] 胡卉, 吴鸣, 陈秀娟. 英美高校图书馆数据素养教育研究[J]. 图书与情报, 2016, (1):62-69.
[10] 孟祥保, 李爱国. 国外高校图书馆科学数据素养教育研究[J]. 大学图书馆学报, 2014, 32(3):11-16.
[11] MIT Library. Data Management[EB/OL]. [2018-10-12]. https://libraries.mit.edu/data-management/.
[12] University of Virginia Library. Research Data Management[EB/OL]. [2018-10-12]. https://data.library.virginia.edu/data-management/.
[13] Johns Hopkins Sheridan Libraries. GIS Services[EB/OL]. [2018-07-21]. https://www.library.jhu.edu/library-departments/gis-services/.
[14] Social Sciences Research Methods Centre course timetable [EB/OL]. [2018-10-12]. https://www.training.cam.ac.uk/jsss/Event-timetable.
[15] 北京大学图书馆. 科研数据管理[EB/OL]. [2018-10-23]. http://www.lib.pku.edu.cn/portal/cn/fw/sjfw/keyanshuju.
[16] 北京大学图书馆. 一小时讲座:软件达人[EB/OL]. [2018-10-23]. http://www.lib.pku.edu.cn/portal/cn/xxzc/yixiaoshi? qt-content_page_onehour=0#qt-content_page_onehour.
[17] 清华大学图书馆. 专题培训讲座[EB/OL]. [2018-10-23]. http://lib.tsinghua.edu.cn/service/workshop.html.
[18] 上海交通大学图书馆. 讲座与培训[EB/OL]. [2018-10-23]. http://www.lib.sjtu.edu.cn/index.php? m=content&c=index&a=lists&catid=152.
[19] 武汉大学图书馆. 培训讲座[EB/OL]. [2018-10-23]. http://www.lib.whu.edu.cn/web/index.asp? menu=v&obj_id=721&r=51124.
[20] 郝媛玲, 沈婷婷. 数据素养及其培养机制的构建与策略思考[J]. 情报理论与实践, 2016, 39(1):58-63.
[21] Steps in the Data Life Cycle [EB/OL]. [2018-10-25]. https://data.library.virginia.edu/data-management/lifecycle/.
[22] GDPR[2018-10-25]. https://www.eugdpr.org/.
[23] 国务院办公厅. 国务院办公厅关于印发科学数据管理办法的通知[EB/OL]. (2018-04-02)[2018-10-25]. http://www.gov.cn/zhengce/content/2018-04/02/content_5279272.htm.
[24] 赵华, 王健. 科学数据元数据功能与内容分析[J]. 科技管理研究, 2015(17):232-235.
[25] 黄如花, 林焱. 大数据背景下数据素养教育研究[J]. 数字图书馆论坛, 2016(5):19-26.

高校图书馆在智能化发展过程中如何做好自身人力资源结构优化的思考
——以北京林业大学图书馆为例

唐茂元

（北京林业大学图书馆，北京 100083）

摘　要：人力资源是图书馆综合实力的重要战略资源，而合理的人力资源结构是图书馆健康发展的重要保证。随着信息技术的快速发展，图书馆进入智能化发展时代，传统的图书馆人力资源结构已不再适用，如何优化人力资源结构已经成为各高校图书馆面临的问题。本文意图通过对本馆人力资源现状的分析找出优化图书馆人力资源结构的对策。高校图书馆在智能化图书馆发展的过程中，要适时做好人力资源结构的优化调整，保证高校图书馆建设的继续。

关键词：人力资源；高校图书馆；优化；智能化

分类号：G251

How to Optimize the Structure of Human Resources in the Process of Intelligent Development of University Libraries
—Take Beijing Forestry University Library as an Example

Tang Maoyuan

(Beijing Forestry University Library, Beijing 100083, China)

Abstract: Human resource is an important strategic resource of the comprehensive strength of the library, and a reasonable human resource structure is an important guarantee for the healthy development of the library. With the rapid development of information technology, the library has entered the era of intelligent development, the traditional structure of human resources in libraries is no longer applicable. How to optimize the structure of human resources in libraries has become a problem faced by all university libraries. The paper intends to find out the countermeasures to optimize the structure of human resources in libraries through the analysis of the present situation of human resources in the university. In the process of the development of the intelligent library, the university library should timely optimize and adjust its human resource structure to ensure the continuation of the construction of the university library.

Keywords: human resources; university library; optimization; intelligentization

　　图书馆界普遍认同一个观点：在图书馆服务所发挥作用的诸多要素中，图书馆建筑占

5%,信息资源占20%,图书馆员占75%。人力资源在图书馆行业发展中具有决定性的作用,随着物联网技术的成熟,国内高校图书馆先后完成了射频识别(RFID)改造,图书管理走进了智能化管理时代,传统的图书馆人力资源结构已不再适用,如何优化现有人力资源结构成为各高校图书馆面临的问题。本文拟以北京林业大学图书馆的人力资源现状为例,找出优化高校图书馆人力资源结构的对策。

1 北京林业大学图书馆人力资源现状

北京林业大学图书馆现有职工68人,其中在编人员51人,非在编合同制员工17人。性别结构上,男性职工20人,女性职工48人,男女比例为1∶2.4。年龄结构上,图书馆职工中50岁以上的33人,46~50岁的13人,41~45岁的12人,36~40岁的7人,35岁及以下的3人,如图1所示,平均年龄48.86岁。

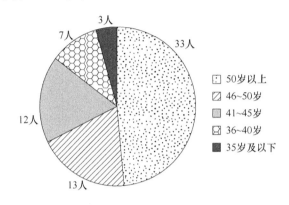

图1 北京林业大学图书馆员工年龄结构

知识结构方面,硕士及以上学历的20人,本科学历25人,本科以下学历23人,其中,图书情报相关专业10人(含函授5人),占总人数的14.7%,计算机及信息相关专业7人,占总人数的10.2%。

职称结构上,正高级职称1人、副高级职称29人、中级职称14人、初级职称7人、无职称人员17人,分别占1.47%、42.64%、20.58%、10.29%、25%,如图2所示。

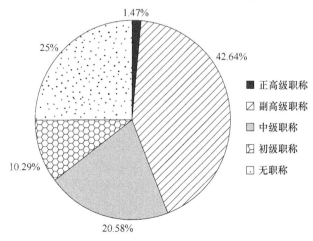

图2 北京林业大学图书馆员工职称结构

岗位人员分布方面,流通部 16 人,阅览部 20 人,特藏建设部 3 人,资源建设部 5 人,资源推广部 6 人,技术部 8 人,办公室 10 人。流通部、阅览部负责阅览室基层工作的岗位共有 34 人,占职工总数的 50%。

2 北京林业大学图书馆智能化发展现状

北京林业大学图书馆于 2014 年 9 月完成了第一阶段的智能化改造。经过改造,图书馆全面采用基于超高频无线射频识别(UHF-RFID)技术的图书自助借还系统,实现了图书的自助借还、上架图书的快速盘点、图书的快速查找,给广大读者带来了最大程度的借阅自由。

在完成自助借还系统的部署后,图书馆还引进了可以实现网络下单的自助式打印复印系统、电子资源自助下载终端、图书自助消毒系统和各种自助售卖机,极大地丰富了图书馆的服务,满足了广大读者的需求。

3 当前人力资源结构存在的问题

3.1 整体年龄结构老年化

从年龄结构来看,35 岁及以下职工比例仅为 4.4%,而 50 岁以上职工比例为 48.5%,接近职工总数的一半,虽然这些职工职称高,工作经验丰富,但是缺乏活力,计算机应用能力相对较弱,对新事物的接受能力有限。图书馆年轻职工数量太少,后备人力资源不足,势必会影响未来图书馆的智能化发展进程。

3.2 部分岗位性别比例不合理

从图书馆岗位的男女比例来看,流通和阅览的基层工作岗位上男女数量比为 7∶29,资源建设部采编岗位的男女数量比为 1∶4,技术部的男女数量比为 3∶5,资源推广部和特藏建设部的男女数量比都为 1∶2,办公室的男女数量比为 7∶3。

从岗位工作内容分析,阅览室基层岗位主要负责阅览室的书籍整理和一般性咨询的回答,属于偏重体力劳动的岗位,男性更适合此类岗位的工作,而本馆此类岗位的男性职工太少。实际工作中,部分阅览室由于只有女职工,厚重的书籍无法及时上架,影响了读者的借阅。

3.3 岗位设置不利于发展,缺乏核心专业人才

随着图书馆走向智能化发展,阅览室基层工作岗位数量将大幅减少,对技术维护、读者服务和资源推广岗位的需求将增加。以我馆为例,目前北京林业大学图书馆专职设备维护的员工只有 2 人,承担全馆十几台自助借阅设备、近百台计算机、几十台服务器、上百台楼宇网络设备、近千个网络端口、十几套应用系统以及各种数字资源的后台维护和日常管理,图书馆计算机技术维护力量严重不足。读者咨询服务岗位目前只有 1 人,肩负读者线上线下咨询的回答、对建议和意见的整理和回复、论文收引检索服务、BALIS 馆际互借相关业务的处理、我校各大检索系统论文收录情况的整理,任务极为繁重,服务质量无法保证。而由于技术部缺乏系统和数据库开发岗位,相关的数据整合和二次开发工作一直无法开展。除此之外,负责资源推广服务的员工人数也不足。因此,未来若想做好图书馆建设,根据本馆发展目标重新规划馆内岗位

设置是各高校图书馆无法回避的问题。

3.4 专业结构不合理,职工专业素养需提高

现代图书馆的发展是图书情报、信息技术、计算机技术有效结合的结果,因此理想的图书馆员应具备图书情报专业、信息专业和计算机专业的学科背景。而我校图书馆真正取得相关专业学位的人员数量非常少,图书情报专业取得学士以上学位的人员仅有1人,信息相关专业取得学士以上学位的人员5人,计算机相关专业取得学士以上学位的人员2人,另有7人通过函授方式取得了图书情报或计算机专业的学历,全馆具备图书馆相关专业背景的人员也仅有15人,占总人数的22%。专业人员的不足导致很多专业性较强的工作无法有效地开展,很多有意义的工作一拖再拖。

3.5 整体职称水平较高,但中青年中级职称人员太少,无职称人员比重依然较大

职称水平是员工专业技术能力的体现,作为校园文献资源的传递者,高校图书馆应有较高的职称水平结构。从表面上看,北京林业大学图书馆的职称结构非常合理,水平总体较高,但我馆自2005年至今仅有一名新职工入职,目前馆内50岁以下的中级职称专业技术人员仅有8人,人才储备不足,未形成人才培养梯队。图书馆还有无职称人员17人,占职工总人数的25%,都是在阅览室基层负责简单劳动工作的非在编合同制员工,这部分人群的特点是文化水平较低,人员相对年轻,具备一定的开发潜力。随着图书馆智能化建设的深入,基层工作岗位日益减少,如何利用好这部分人力资源是图书馆需要解决的问题。

4 优化人力资源结构的对策

4.1 着眼未来发展,制定图书馆人力资源建设规划

随着北京林业大学图书馆智能化建设的加快,图书馆人力资源的数量、质量和结构都需要随着发展战略的改变适时优化和修正,因此根据自身发展战略制定符合需求的人力资源规划,能够帮助图书馆明确自身人力资源需求,按规划做好人力补充工作,逐步完成人力资源结构的调整。人力资源建设规划可以每年进行修改,以保证人力资源建设符合图书馆发展建设的需要,对高校图书馆这种既没有人事自主权,又没有独立财政权的教辅单位来说,这是很有意义的。

4.2 依据建设需求,合理调整馆内岗位设置

图书馆完成第一阶段智能化改造后,阅览室基层岗位工作大量减少,读者咨询服务和技术维护的工作量大幅增加。而随着信息技术的发展,知识摄取的速度和便利开始被人们重视,电子资源的使用已经成为人们获取知识和信息的重要途径,摆脱了实体的诸多弊端的电子图书和电子期刊势必会成为未来文献的主力军,电子资源的运维和推广将成为高校图书馆的工作重点。

可以预见,未来图书馆智能化技术的投入将改变图书馆传统的业务工作,岗位设置调整势在必行。

4.3 多途径引进人才,做好人力资源储备,改善人力资源结构

2019—2027年,图书馆将有46名员工退休,占现有职工总数的67.6%,其中,副高级及以上职称有22人,占现有副高级及以上职称人数的73.3%,补充人力资源的需求量是大的,形势是紧迫的。

然而,当前正值党中央大力推进事业单位改革的时期,作为公益二类的高校在人力资源建设上必须遵循"精简机构,精炼队伍,提高效能"的原则,再加上北京地区未来发展定位,严格控制每年的留京人数,作为高校教辅部门,图书馆通过招聘在编人员的方式短期内满足自身人力资源的需求显然是不可行的。

因此,要想满足自身的人力资源需求,图书馆必须采取多途径引进的方式,不仅要努力向学校争取招聘在编高素质人才,还要立足图书馆岗位需求面向社会招聘具有专业背景的高素质合同制工作人员。

4.4 深挖自身资源潜力,提高本单位员工岗位素养

提高本馆员工岗位技能素养,帮助职工适应岗位工作的变化,同样可以改善图书馆人力资源现状,对图书馆建设来说这是与引进人才一样重要的事。

以往图书馆对本馆职工的培训并不重视,一般采取讲座的方式,培训没有反馈,对职工也没有要求,培训效果很差。建议高校图书馆设立职工岗位技能培训专员,负责本单位乃至全校相关岗位教师的图书情报业务培训,打破传统的教学方式,充分利用计算机和移动设备开展网络教学和教学内容推送,帮助员工增长知识、开阔视野,培训计入考勤,并将培训成绩计入年终考核,效果会更理想。

推行职业技能认证与收入挂钩,鼓励本单位非在编员工获取行业认证资格,激励非在编员工提高自身岗位专业技能,提升员工队伍整体素养。

4.5 做好管理工作,激发非在编职工的活力

在未来图书馆的发展中,非在编合同制员工将是人力资源结构中重要的一环,然而这部分员工的管理历来是各高校图书馆的难题,制度上严格管理是一方面,另一方面还应积极调动其工作积极性,从非在编员工最关注的几个方面入手。

(1) 提高优秀员工的工资待遇

根据岗位贡献的不同,提高工作积极者的工资待遇,调动员工的积极性。

(2) 发挥工会作用,提高非在编人员的单位归属感

吸收非在编人员加入工会组织,鼓励员工参与图书馆的各项活动,关心员工的生活,尽可能解决职工生活中遇到的困难,真正给员工以家的感觉。

(3) 在编职工和非在编职工一视同仁

在管理上不区别对待在编职工和非在编职工,杜绝"贴标签"的现象。

处理好以上几方面的问题,能够改善非在编员工的工作状态,激励这部分员工在图书馆建设中发挥更大作用。

5 结语

人力资源是图书馆综合实力的重要战略资源,而合理的人力资源结构是图书馆健康发展的重要保证。在高校图书馆的建设走向"智能化"的今天,很多传统业务的基层工作岗位面临被取代,对图书馆人来说这是进步也是挑战。只有适时调整、优化自身的人力资源结构,增强图书馆队伍的综合实力,才能保障图书馆建设工作顺利地开展,为读者提供优质的资源服务和舒适的图书馆环境。

参考文献

[1] 刘亦平,高桂芝.论图书馆服务职能的本位回归[J].图书馆,2004(5):38-40.
[2] 王琼,李书宁,史尚元.高校图书馆用工制度调查分析及未来实践路径[J].大学图书馆学报,2015,33(3):38-42.
[3] 吴汉华,张芳.对我国高校图书馆人力资源现状的分析[J].大学图书馆学报,2015,33(3):43-50.
[4] 刘淑银,彭雪红.高校图书馆人力资源管理现状探析[J].图书情报工作,2014,58(S1):213-214.
[5] 陆泉.珠海亿胜生物制药有限公司人力资源结构优化研究[D].兰州:兰州大学,2018.

高校图书馆自主研发信息服务实践与思考
——以中国政法大学图书馆为例

翟羽佳[①]

（中国政法大学图书馆，北京 100088）

摘 要：中国政法大学图书馆的自主研发工作起步较晚，但一直秉承"用户导向"的理念，依托开源的技术资源，自主研发了一些信息服务。本文介绍两个案例，一是针对毕业生的"图书馆记忆"，基于 Java 的开源架构 Struts 实现；二是面向新生的"入馆答题闯关小游戏"，借助 iH5 平台实现。中国政法大学图书馆由于资金、技术、人员等条件的限制，自主研发工作既没有软件服务公司的技术支持，也没有专门的研发团队支撑，但即使面对困难，馆员们也没有被动等待，而是在繁忙的系统维护工作中主动学习软件开发技术，在读者服务中发现需求，使自主研发工作不断向前推进，取得了一些成果，也总结了一些经验教训。

关键词：中国政法大学图书馆；自主研发；用户导向；信息服务
分类号：G250.7

Exploration on Independent Development of User-oriented Information Service of China University of Political Science and Law Library

Zhai Yujia

(China University of Political science and Law Library, Beijing 100088, China)

Abstract: The independent development work of China University of Political science and Law Library started relatively late, but it has been adhering to the concept of "user-oriented" and relying on open source technical resources. The two cases introduced in this paper are: a) "Library Memory" for the graduates, which is based on struts, an open source architecture of Java; b) "Answer and enter games" for the freshmen, which is realized by iH5 platform. The China University of Political science and Law Library has neither technical support of software service companies nor the support of special research teams due to the restrictions of capital, technology, personnel and other conditions. However, in the face of difficulties, librarians have not waited passively, instead, they have taken the initiative to learn the software development technology and look for the demand of readers during the busy system maintenance work. As a result, the independent development work continues to advance, and has achieved some results and summarized some experiences and lessons.

Keywords: China University of Political science and Law Library; independent research and

---

① 作者简介：翟羽佳，馆员，中国政法大学博士研究生在读，电子邮箱：yujiazhai@cupl.edu.cn。

development; user-oriented; information service

1 背景概述

1.1 "用户导向"是中国政法大学图书馆信息服务的人文内涵

中国政法大学是"211工程"院校中以法学学科见长的文科强校,中国政法大学图书馆(以下简称"法大图书馆")作为新中国成立后国内最早建立的以政治法律资料信息为重点的高校图书馆,一直着力提升信息服务水平,信息化建设方面取得了一些成果,为信息服务奠定了物质基础。但仅有物质基础是不够的,在用技术手段解决问题的同时,要注重以用户的需求为出发点和归宿的服务创新。只有"软""硬"兼施,技术与服务并重,才能够形成"效益更高、更能满足用户需求的系统工程"[1]。

2015年,国务院发布《统筹推进世界一流大学和一流学科建设总体方案》[2],2017年,中国政法大学的多门学科进入了9月公布的"双一流"名单,这给予了法大图书馆极大的动力。法大图书馆将更加明晰自身定位与职能,秉承"用户导向"的服务理念,助力学校的"双一流"建设。

1.2 开源运动是中国政法大学图书馆自主研发工作的机遇和挑战

与其他"211工程"高校相比,法大图书馆的自主研发工作起步较晚,还处在发展的前期阶段。20世纪90年代开源运动的展开,使开源软件在各个领域呈繁荣之势,国内外诸多高校都在使用开源软件,利用开源技术,如美国的纽约大学图书馆、哥伦比亚图书馆等,国内的清华大学图书馆、北京大学图书馆等[3]。在建设数字图书馆乃至智慧图书馆的大环境下,法大图书馆既面临着网络情报组织化、知识资源便捷化、信息服务个性化的挑战,也获得了一些机遇——馆员能够利用开源技术和软件实现服务目标,升级图书馆的信息服务。

但即便如此,开源软件是必须要进行二次开发才能得到有效利用的,这就对馆员提出了技术上的要求,如何对开源软件本身进行拓展性的评估,如何在已有技术的基础上开发出满足自身需求的服务是图书馆进行自主研发的永恒课题。法大图书馆对此也进行了一些思考,并依托开源技术,结合本馆工作实际,自主研发了一些服务案例。下文介绍的两个案例,一是针对毕业生的"图书馆记忆",二是面向新生的"入馆答题闯关小游戏",这两个案例从设计到实现完全基于开源的技术资源,从框架、平台,到IDE工具、各种类库,甚至前端设计的字体,均没有使用任何商业化的解决方案。

2 中国政法大学图书馆自主研发案例

2.1 图书馆记忆

为了增加毕业生的归属感,法大图书馆自2014年以来,在毕业季推出"法大图书馆记忆"系统(以下简称"图书馆记忆")。2017年,在世界第21个读书日来临之际,法大图书馆为配合阅读推广活动,变更了"图书馆记忆"的技术架构,推出以"玉兰花开,书香法大"为主题的"图书馆记忆读书日版"。

2.1.1 技术架构变迁

"图书馆记忆"的架构最早采用的是经典的 PHP＋MySQL 的动态网站式开发模式,系统的所有功能由用户通过 Web 页面访问和交互实现[4],以 MySQL 为底层数据库支持,将读者利用图书馆的数据,如门禁系统的进馆数据和汇文系统的借阅数据,按需导入"图书馆记忆"系统的自建库中。使用 PHP 语言编写数据交互业务,用 HTML＋CSS 完成前端的页面设计。"图书馆记忆"一开始选择 B/S 架构进行设计,是由于 Web 具有的动态性、交互性、分布性、跨平台等特点,而之所以选择 PHP,是因为 PHP 作为一种开源的网页脚本语言,具有网络程序开发方面的突出优势。MySQL 搭配 PHP 和 Apache 可以组成良好的开发环境,最初"图书馆记忆"的开发环境就是基于 XAMPP 搭建的,这是一个 MySQL、PHP 和 Apache 发行版的集成软件包[5]。早期的"图书馆记忆"为了门禁系统和汇文系统的数据安全,没有采用逻辑层代码与实际数据库直接连接查询的方式,而在 2017 年,由于"图书馆记忆读书日版"的需求,需要实现每一位在校生阅读记忆的实时展示,因此"图书馆记忆"做了技术方案的变更,将 PHP＋MySQL 的动态网站式开发架构更改为基于 Java 的开源架构 Struts 的 Java Web 项目。

作为最早的 Java 的开源架构,Struts 完美地体现着 MVC 的设计模式。MVC(Model View Controller),即模型－视图－控制器,指用业务逻辑、数据、界面显示相互分离的方法组织代码,将所有的业务逻辑聚集到一个部件里面,改进和个性化定制界面及用户交互时,不需要重新编写业务逻辑。Struts 定义了通用的 Controller(控制器),通过配置文件"Struts-config.xml"隔离了 Model(模型)和 View(视图),用 Action 对用户的请求进行了封装,使代码更加清晰易读,其技术架构如图 1 所示。MVC 模式同时也提供对 HTML、CSS 和 JavaScript 的完美控制。"图书馆记忆"的前端最早基于 HTML4,后变更为 HTML5,体现了对 HTML、CSS 和 JavaScript 三个方面的创新[6]。

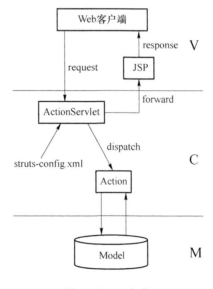

图 1　Struts 架构

2.1.2 设计与实现

(1) 总体设计

"图书馆记忆"开发的重点是数据的查询与呈现。在 PHP 的解决方案中,数据的查询以 PHP 连接自建数据库 MySQL 实现,在 Java Web 的解决方案中,数据的查询以编写数据库连接接口类的方式实现。以下主要以最新版的"图书馆记忆"为例说明。

系统基于 Java Web 开源框架 Struts,把程序分成三层结构,使其以最小的耦合协同工作[7]。Model 封装了所有的业务逻辑以及规则,通常用 JavaBean 实现。"图书馆记忆"从后台数据库(门禁系统和汇文系统)抽取读者的进馆与借阅数据,传递给前台界面,数据库的传输信息被封装在 JavaBean 里,数据库的信息(地址、库名、用户名、密码等)均以属性文件流的方式读取。Controller 管理和控制所有用户和应用程序间的交互,"图书馆记忆"使用 Servlet 实现这一层。

在数据呈现方面,"图书馆记忆"的 View 层将业务逻辑处理后的结果呈现给客户端,采用 JSP 实现。自 2016 年起,"图书馆记忆"基于 HTML5 技术和 CSS3 标准,利用 Turn.js 设计了虚拟翻书效果来实现对读者的阅读记忆的展示。"图书馆记忆"系统工作流程如图 2 所示。

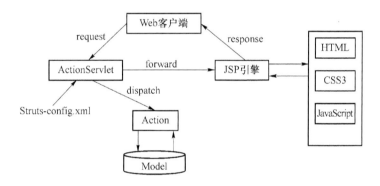

图 2 "图书馆记忆"系统工作流程图

(2) 后台逻辑

"图书馆记忆"的两个版本因其数据处理方式的不同在后台逻辑的实现上有很大差异。第一版不要求动态实时查询,所有数据事先准备在自建的 MySQL 数据库中,而"图书馆记忆读书日版"则通过数据访问对象(DAO,Data Access Object)连接门禁系统和汇文系统,实现在校读者数据的动态实时查询。查询出的数据有些可以直接使用,有些需要进行处理,如在我校学院路校区,门禁系统的安装晚于汇文系统,需要比较两个时间;又如,对借阅兴趣的分析需要将汇文系统的借阅记录表和书籍信息表进行联合查询,再与中图分类法进行匹配,得出读者的借阅偏好。在大数据时代,许多高校已经构建了一些个性化信息服务模式,对用户偏好、需求以及行为进行分析,满足用户的信息需求[8],这也是以用户为导向的信息服务的客观要求。

"图书馆记忆"添加了 LDAP 验证逻辑,使毕业生可直接通过一卡通的用户名和密码进行登录,流程图如图 3 所示。同时,需将读者输入的学号保存在 session 中,进行页面传值。

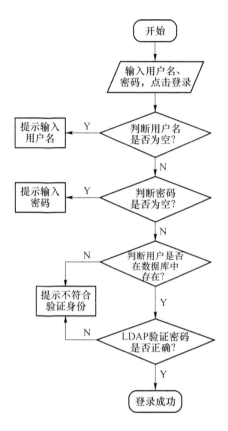

图3 "图书馆记忆"读者认证流程图

作为毕业留念系统,为毕业生下载纪念卡片和借阅记录是一个重要需求。早期的"图书馆记忆"通过 FPDF 类来实现 PDF 文件在 HTML 页面中的生成,利用 PHP 自身对数据输出到 Excel 的支持来实现查询结果的 Excel 输出[9]。变更技术架构后,阅读记忆报告的生成利用开源项目 iText 来实现 Java 对 PDF 的操作[10],借阅记录的下载则利用开源项目 Jxl(Java Excel API)来实现 Java 对 Excel 的操作[11]。"图书馆记忆"的功能框架如图 4 所示。

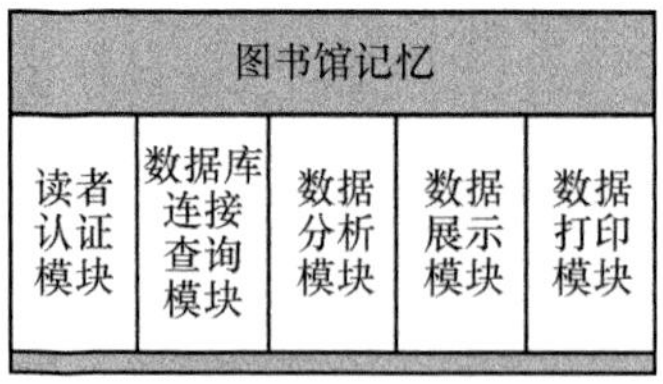

图书馆记忆				
读者认证模块	数据库连接查询模块	数据分析模块	数据展示模块	数据打印模块

图4 "图书馆记忆"的功能框架图

(3)前端界面

作为阅读推广服务的成果,"图书馆记忆"在前端界面设计上要求良好的视觉体验,在毕业季迎合毕业生的感情需求,给毕业生留下温馨和感动,读书日时期侧重新颖独特的宣传方式。在文字设计上,馆员们考察了当前流行的字体设计模型,采用了开源的创意字体。在部分数据的呈现上,采用了一些开源的数据可视化类库,如早期基于 PHP 的 JpGraph 类库,近两年基于 JavaScript 的 D3.js。

图5是2015年毕业季版"图书馆记忆"的截图,以偏暗黄色的颜色基调设计出怀旧风格的

背景,并在其中加入胶片、时钟、相片等元素来体现青春岁月的珍贵和美好。图6是2016年读书日版"图书馆记忆"截图,基于Turn.js框架实现翻书效果,虚拟书籍的单数页以名人名言为内容,双数页以读者利用图书馆情况的数据信息为内容。使用Turn.js时要注意先保证CSS的预加载,再创建flipbook,在与浏览器进行交互时,监听事件when用来判断是否有turn实例。图7是基于JpGraph类库实现的,对读者每学期借阅册数的数据可视化。

图5　2015年毕业季版"图书馆记忆"

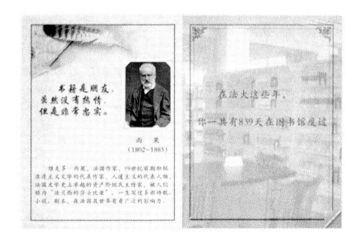

图6　2016年读书日版"图书馆记忆"

2.1.3　运行效果

"图书馆记忆"自上线以来,受到了广泛欢迎。在每一个毕业季,图书馆前台都会为毕业生打印"图书馆记忆"的生成报告,并加盖图书馆的印章,前往图书馆打印纪念卡片的毕业生络绎不绝。中国政法大学每一届毕业生约5 000人,借阅数据和门禁数据达到百万量级,在高并发时期,"图书馆记忆"一直保证了顺畅运行。通过后台统计,毕业季的访问量可以达到毕业生全

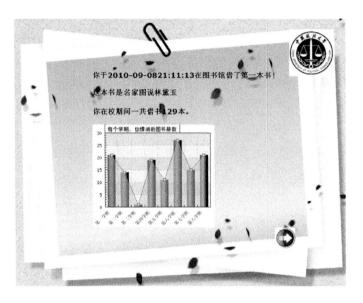

图 7　借阅册数柱形图

体数量的 70%。2016 年以来，每一个读书日阅读推广活动期间，四月的日均访问量也能达到 1 000 人次。图 8 是馆员在数据库后台查看到的"图书馆记忆"系统的访问量，State 字段表示访问次数，"0"表示该读者没有访问。

r_id	r_name	password	dep	State
20108...50	孙	45759EE756BA2F00836D910B6C3519CD	商学院	4
201(61	邱	3E3009C2DF41C25CBAFA9A89F009AB1D	商学院	1
201 62	张	7B64D9D973559F5DC740899DED3BBE5C	商学院	11
201(63	李	C40055636204D50B17C1C3F65AE18176	商学院	1
2010 64	方	DCB71698B0CF266ECB63D0B8F1A134E1	商学院	0
2010 5	喻	5B90A77C6BB09C729F6F6A361F22AE42	商学院	0
2010......3	蹇	66BD38DBAA18942C7A4444342E49214C	商学院	0
201(067	曹	CAF433F3138247C3981FADB41CB05A6D	商学院	1
2010 58	梁	59518B5A7D181125A08C9CC2AA41ABA3	国际法学院	0
2010....59	汪	1606FBC34F78AA1EC04116FDA43F5C82	国际法学院	0

图 8　数据库后台显示读者访问量

2.2　新生入馆答题闯关小游戏

新生入馆教育是法大图书馆读者服务中关键的一环，多年来，法大图书馆在新生入馆教育上一直采用馆员举办讲座、网上分享图书馆资源与服务介绍等传统的入馆教育形式。而面对当前信息技术、移动技术发展的现状，传统的授课培训模式已经事倍功半，更加没有评定新生究竟掌握多少的标准。目前，很多高校都采用了新形式的入馆教育手段，如北京大学图书馆、北京体育大学图书馆以游戏化的方式和寻宝闯关的故事情节，生动、直观地使读者了解图书馆。法大图书馆由于经费有限，在参考了这些新生入馆教育平台之后，自主设计了一款新生入馆答题闯关小游戏（以下简称"新生小游戏"），新生可以直接通过手机进行在线学习、答题来掌握图书馆的资源与服务，并以闯关形式提升入馆教育的趣味性，后台数据库记录闯关成功的新生，使馆员对入馆教育情况做到心中有数。

2.2.1 技术架构选择

新生小游戏的需求提出后,馆员曾经试图利用微信小程序(Weixin mini programs)来实现。由腾讯公司开发的微信小程序自2017年1月9日正式上线后,许多图书馆跟随着这一技术趋势开发了一些应用,如山东师范大学图书馆基于微信小程序制作的图书排架小游戏[12]。然而,我馆在利用微信小程序开发的过程中发现这种解决方案并不适用于本案例,原因主要有三点,第一,微信小程序基于XML+JS,尽管它的架构WXML、WXSS、JS与当前的HTML结构非常相似,但不支持也不兼容HTML,特别是它的JS部分,无法使用JavaScript的许多开源库和框架,HTML5的优势在小程序上无法很好地体现,而我馆的新生小游戏,对数据级应用的要求不高,追求一定的界面效果,在闯关之前还需使用多媒体技术让新生先学习再闯关,使用小程序并不方便;第二,小程序所占内存局限于1 MB,游戏对音乐、画面的要求,新生学习对素材的要求,使得无法将源代码控制在1 MB以内;第三,微信小程序的最终上线也需要一定的门槛,为使HTTPS完成与服务端的通信,需要开发者申请SSL证书、购买云服务、搭建部署HTTPS服务,流程冗长且需要一定的资金投入。

因此,对于新生小游戏这个案例,需要寻找一种能够满足基于移动端展现、方便微信生态圈使用和分享、满足页面效果与学习功能需求的解决方案,经过调研最终选取iH5平台来实现[13],原因也有三点:第一,iH5(原型为vxplo)作为一种基于云端的在线编辑H5网页和交互的平台工具,将JS代码做了合理的封装,成为一种"生产SaaS的SaaS",在实现了逻辑的可视化的同时集成了网页前后端几乎所有功能,感应式设计、前后台数据库组件、通信组件、物理引擎等均能涵盖;第二,iH5采用了VUE的内核进行优化,对开发者来说,就可以全面支持VUE库的嵌入,而经过iH5编译能够生成原生代码,方便开发者进行修改;第三,能够适用于各种场景的iH5对于游戏的支持非常友好,它对时间轴做了优化,把所有的运动控制"帧化"(量子化)。新生小游戏这个案例中,iH5对flash和HTML5的较好支持,对各种移动端设备和主流浏览器的较好兼容,能够满足新生小游戏展示和交互的功能需求。同时,iH5支持二维码分享,能够在微信生态圈完美生存。在性能方面,作为一个云计算平台,iH5能够动态分配计算、存储、数据库和带宽资源,满足突发流量暴增的需求,图9为其技术架构。

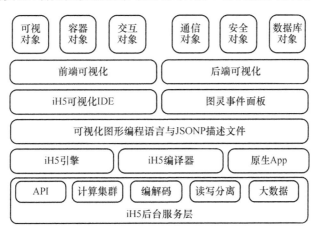

图9 iH5平台的技术架构

2.2.2 设计与实现

（1）总体设计

新生小游戏采取先学习再闯关的形式,读者无须登录就可以进行学习。但是如果要答题闯关,需要输入学号和密码登录认证,只有当年的新生有权限答题闯关。登录成功后倒计时开启,未在规定时间内通关则闯关失败。闯关部分共设置四个关卡——"入门篇""进阶篇""得分篇""终极篇",每关五道题,总计二十道题,题目设置由简到难,题目范围涵盖馆藏资料、馆舍布局、规章制度、自助服务、文献资源的使用与获取、馆际互借、书刊荐购等。读者答对当前题目才会出现下一道题,当前关卡题目全部回答正确才可进入下一关,回答错误则闯关失败。新生小游戏的流程图如图10所示。

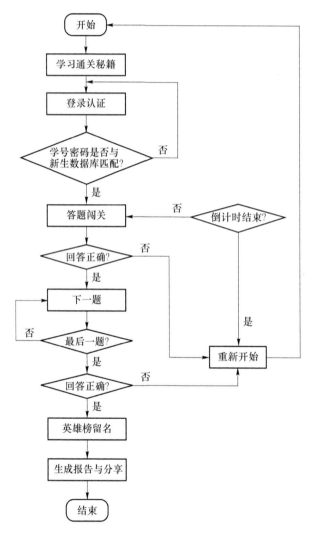

图 10 新生小游戏的流程图

作为一个以页面展示和交互为重点的游戏,新生小游戏功能逻辑的实现全部依赖于页面之间的层次结构,根据新生小游戏的流程图,它的页面结构设计如图11所示。此外,页面的美化渲染工作基于iH5的排版容器和素材组件即可实现,新生小游戏所涉及的一些简单动效,基于为对象添加轨迹和路径的方式也可方便达成。

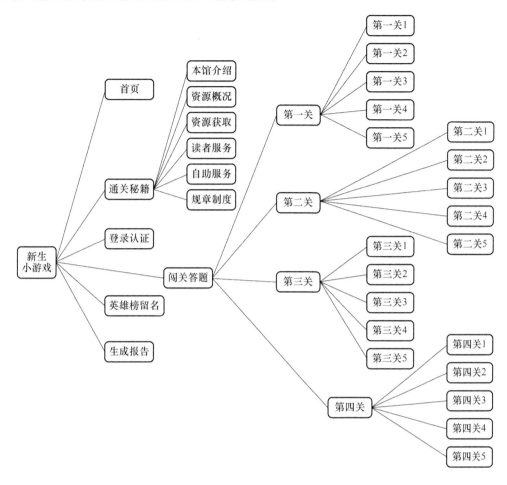

图 11　新生小游戏的页面结构图

（2）关卡与题目设计

关卡是游戏设计的精髓，合理的关卡设计能够实现对玩家和游戏节奏的把控，引导玩家达成目标，使游戏富有趣味性。新生小游戏作为答题类游戏，需要在关卡设计和题目选取方面做合理的设计。馆员首先将新生入馆教育内容以及图书馆的常见咨询问题整理成题库，划分为不同的类别；再将各个类别的题目设计成简、中、难三种等级；最后再从不同的类别中按照如下规则选取题目："入门篇"简 60%、中 40%，"进阶篇"简 40%、中 60%，"得分篇"中 60%、难 40%，"终极篇"中 40%、难 60%。为了增强趣味性，将部分题目的选项也尽量处得较为幽默，图 12 展示了一道难易程度为中级、关于文献资源获取的题目。

为了实现较好的互动娱乐体验，通关提示也尽量使用富有青春气息的话语，如通关"入门篇"时弹出"哎呦，不错呦！看来你已经对我们图书馆的情况有了基本了解！"；通关"进阶篇"时弹出"童鞋，这还只是热身！还敢继续闯一闯吗？"；通关"得分篇"时弹出"真令人刮目相看！你简直可以当图书馆的代言人了！"；通关"终极篇"时弹出"恭喜通关！英雄，你已经参透图书馆的奥秘！资深馆员也惊叹于你的信息素养！"。

（3）关键功能实现

新生小游戏的后台需要有数据库存放新生名单以供登录认证。iH5 的数据库组件可以很

图 12　新生小游戏题目示例

方便地在对象树下添加数据库,并添加相应的字段和导入数据。导入成功后,采用绑定事件的方式,加入判断读者输入的用户名和密码与数据库是否匹配的逻辑,如图 13 所示。此外,由于需要对通关成功的读者依据通关顺序和通关时长给予奖项,需要再设计一个数据库存放通关成功的新生的数据,并记录通关时间和所用时长,事件绑定的方法与用户认证的处理类似,但获取所用时长需要用到触发器。

图 13　为数据库绑定事件进行用户认证

iH5 的触发器组件可以实现触发后定时执行的操作。新生小游戏在认证成功后使触发器播放,最后一题回答正确时触发器暂停,将触发器的时长插入数据库的相关字段,这就是通关时长的数据来源。图 14 显示了通关读者数据的提交,此时系统将触发器的用时计数插入数据库。姓名和学号的值是两个静态变量,取自读者认证成功后在新生数据库中查找到的学号和姓名值,查找成功时将值赋给一维数组,再从数组中动态获取该值,如图 15 所示。

图 14　提交闯关成功者的相关数据

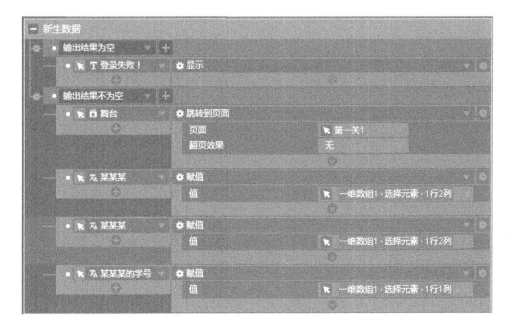

图 15　姓名与学号的动态赋值

新生小游戏利用 iH5 的倒计时组件设计了 300 秒的通关倒计时,未在此规定时间内答完全部题目,会出现闯关失败的提示,读者确认重新开始后整个小游戏将重新加载。为渲染游戏的轻松氛围,小游戏设计了背景音乐,读者开始闯关时自动触发,可通过点击音乐组件的标志停止或播放音乐。

2.2.3　运行效果

新生小游戏封面设计为收到一封新邮件的动效,引导读者点开邮件,读取游戏攻略,并将新生入馆教育内容嵌入其中,如图 16 所示;利用 iH5 的微信组件,小游戏实现闯关成功后基于微信生态圈的分享,并与移动设备和微信生态圈良好融合。图 17 和图 18 为通关成功界面和成功者提交信息界面。

图 16 通关秘籍内嵌新生入馆教育学习资源

图 17 通关成功界面

图18 通关成功者的信息提交

3 总结与思考

  法大图书馆由于资金、技术、人员等条件的限制,所有的自主研发工作既没有像大部分高校那样与软件服务公司进行合作,也没有成立专门的系统研发团队,而是全靠图书馆系统部的部分馆员在繁忙的系统维护中完成。事实上,法大图书馆面临的这两个条件的不足正是制约自主研发工作的瓶颈,重庆大学图书馆在推广其自主研发经验时曾说过,图书馆需求设计+软件服务商开发的建设模式值得推广[14],即使没有商业公司的支持,部分理工类院校或综合类院校的图书馆也可以采取与学院合作的方式完成自主研发,中国政法大学作为文科院校也没有这方面的支持。面对着新技术的不断冲击与现有客观条件局限性的张力,法大图书馆的自主研发工作历时五年,"艰难"地在服务中寻找需求,在实践中获取成长,在取得了一些经验的同时,也总结了一些不足。

  第一,法大图书馆自主研发的服务主要集中在阅读推广服务与信息素养教育上,倾向于"前端",缺憾在"后端"。相较于部分高校图书馆已经自主研发了能够建设、维护和管理各种数字化资源的数字集成系统,法大图书馆在数字资源管理、资源揭示上少有涉及,成果的规模也集中在"小"应用,但技术与服务的融合是图书馆的建设之道,"小"应用中也可见"大"服务。第二,信息技术在图书馆的发展中,已经历数代,图书馆界也相应提出了诸多理念。法大图书馆在发展过程中,既贴合图书馆新理念,又紧跟技术潮流,自主研发过程中将重点放在技术对图书馆服务的应用上,毕竟实践是检验真理的唯一标准,否则任何理念都只是概念的炒作和空谈,这一点是法大图书馆自主研发的核心价值。第三,事实证明,仅凭单个馆员对现有的开源软件进行开发和使用是远远不够的,如果不与其他馆或者软件公司的技术力量联合,只会越走越慢,因此,既要加强对技术人员专业知识的培养,还要走出去,加强与同行之间的交流,以便更好地为自主研发工作提供坚实的技术基础。第四,关于下一步努力的方向,一方面馆员要继续学习和利用当前的开源技术和开源软件,构建强有力的学科服务平台,特别是构建符合我校法学学科强校发展诉求的法学学科服务平台;另一方面,随着移动应用技术的不断发展以及移动终端功能的日益强大,图书馆的自主设计和研发服务应向移动应用拓展,而移动应用又必将朝着智能化、趣味化、多元化的方向发展。

尽管在自主研发工作方面有着诸多局限,但从事技术开发工作的馆员们一直秉承"读者至上"的服务理念和"终身学习"的专业精神。阮冈纳赞曾说:"图书馆是生长着的有机体。"图书馆之所以是有机体,就是因为馆员们始终以人的需求为起点,以自我价值的实现为旨归,不断学习和充实自己,只有馆员自身成为不断生长着的有机体,图书馆才能与时俱进。

参考文献

[1] 刘雪兰.基于用户导向的图书馆服务创新路径研究[J].图书馆工作与研究,2014(10):24-26.
[2] 国务院.国务院关于印发统筹推进世界一流大学和一流学科建设总体方案的通知[EB/OL].(2015-11-05)[2017-12-25].http://www.gov.cn/zhengce/content/2015-11/05/content_10269.htm.
[3] 都平平,蔡莉娴,黄敏,等.开放源码软件及开源软件DSpace在图书馆的应用[J].现代情报,2009,29(3):150-151,158.
[4] 刘增杰,姬远鹏.精通PHP MySQL动态网站开发[M].北京:清华大学出版社,2013.
[5] 翟羽佳.基于Web的高校图书馆毕业留念系统设计与实现[J].软件导刊,2015(9):113-115.
[6] W3C中国[EB/OL].[2017-12-02].http://www.chinaw3c.org/.
[7] 陈恒,张一鸣.Struts2框架应用教程[M].北京:清华大学出版社,2016.
[8] 胡昌平,邵其赶,孙高岭.个性化信息服务中的用户偏好与行为分析[J].情报理论与实践,2008(1):4-6.
[9] 软件开发技术联盟.PHP开发实例大全(提高卷)[M].北京:清华大学出版社,2016.
[10] iText项目主页[EB/OL].[2017-12-02].http://www.lowagie.com/iText/.
[11] java excel api(jxl.jar)库基础操作学习[EB/OL].[2017-12-02].http://blog.csdn.net/cloud_huan/article/details/61416467.
[12] 朱玉强.微信小程序在图书馆移动服务中的应用实践——以排架游戏为例[J].图书馆论坛,2017(7):132-138.
[13] iH5互动平台[EB/OL].[2018-06-06].https://www.ih5.cn.
[14] 许天才,杨新涯,田琳.自主创新为主导的图书馆系统研发历程——以重庆大学图书馆为例[J].图书馆论坛,2017(4):9-17.

国防大学图书馆转型应强化五种理念

贾玉霞

(国防大学图书馆,北京 100091)

摘 要:本文主要围绕国防大学重构重建重塑对图书馆建设发展转型提出的新的要求,结合军事斗争准备和国防建设新需求、大学转型发展的新变化、军地图书馆建设发展新趋势,对图书馆建设转型的指导思想、建设目标、服务方式等方面的理念进行了探索,以期进一步解放思想、更新观念,在更高层面上提升图书馆建设的水平和效益。

关键词:备战打仗;育人育能;多元发展;联建共享;主动服务

分类号:G251

Five Ideas Should be Strengthened in the Transformation of National Defense University Library

Jia Yuxia

(National Defense University Library, Beijing 100091, China)

Abstract: This paper mainly centers on the new requirements of the reconstruction of National Defense University for the development and transformation of library construction, and combines with the new requirements of military struggle preparation and national defense construction, the new changes of university transformation and development, the new trend of military map library construction and development, the guiding ideology, construction objectives and service modes of library construction and transformation, etc. In order to further emancipate the mind, renew the concept, and enhance the level and efficiency of library construction at a higher level.

Keywords: prepare for war; educate people and develop energy; develop pluralism; build and share together; serve actively

按照全军军队改革部署,国防大学进行了重建重构重塑,习近平主席训词和视察国防大学的重要指示,为国防大学建设发展转型提供了根本遵循。国防大学积极贯彻落实习近平主席强军思想,进一步端正办学育人导向,有效履行新时代国防大学职能使命,提出全校一切工作要深入学习贯彻习近平强军思想,向人才培养聚焦,为军队能打仗、打胜仗做出新的贡献。同时,随着国防大学的重建,培训对象、培训模式、学科专业等方面也发生了很大变化,这些都向图书馆建设发展提出了新的要求,也提供了很好的发展契机。为了积极适应这些新要求、新变化、新趋势,国防大学图书馆建设发展转型必须强化以下五种理念。

1 强化备战打仗的理念

备战打仗是习近平主席对全军提出的最高要求。提高备战打仗能力是国防大学的职责所在,也是图书馆建设发展必须遵循的一个理念。同时,作为全军最高军事学府,国防大学服务于国防建设和军队用户,因此应具备鲜明的军事特色,必须以备战打仗为牵引,尤其是当前国防大学教学改革处于转型期,任职教育需要更加贴近部队建设和军事斗争准备的实际,培养能打仗、打胜仗的合格军事人才,这些无疑对图书馆的信息保障和信息服务工作提出了更具军事特性的要求。同时,随着国防大学的重建重构,大学培养的专业更加宽泛,专业设置更加专而深,信息资源的专业性特征更加明显,如联合作战、作战指挥、武器装备等,图书馆必须将主要注意力放在这些专而深的专业信息建设上,开拓信息获取渠道,为学员用户构建针对性强,甚至是独一无二的信息资源。一方面,应根据国防大学新调整的学科门类,尽快健全和完善在建的学科专业数据库和重点学科专业网站,逐步形成适应教学需求和部队需要的信息资源体系。另一方面,还应根据国防大学各学院的不同类型、不同性质、不同层次、不同培训对象、不同教学模式,研究建立不同的信息利用模式,创建符合国防大学新的教学特点的信息服务方式。

2 强化育人育能的理念

在新的国防大学的定位中,有一条极为重要,就是高级军事任职教育院校。随着世界以及我军任职教育的认知与发展,自主创新学习已经成为任职教育学习的主要方法。从实践发展来看,课堂学习时间的比重越来越少,自主创新学习的时间越来越多。从最新掌握的数据来看,成熟的军事院校,学员自主创新学习时间甚至已经达到 70%～80%。图书馆作为信息资源的集中地,为学员自主创新学习提供了一个很好的平台和支撑,在人才培养中发挥的作用越来越大,这也为图书馆的建设发展提出了时代要求和发展契机。图书馆必须积极适应时代和大学人才培养的要求,大力强化育人育能的理念,拓展自己的空间,努力实现从以借阅为中心的服务体系向以学习为中心的多样化服务体系的转型,这也是世界图书馆发展的重要趋势。借阅作为图书馆的主要业务之一,其作用将越来越小,而伴随学习、能力培养将成为图书馆未来的主要业务发展方向。首先,要积极搭建自主学习的环境,使图书馆成为学员学习的主要场所和能力提升的阵地。其次,要创造自主学习的方式,广泛开展互动式、互助式学习,促进学员学习能力的提升。再次,要广泛开展学习讲座和培训,联合各个学院和学员组织,针对学员的不同需求,组织相关知识培训和交流,为学员能力提升搭建平台。

3 强化多元发展的理念

当前,国防大学发展转型以及读者的多元化需要对图书馆建设发展提出了新的、更高的要求。图书馆应充分利用先进技术提升自己的服务能力,把满足用户的多元需求作为首要任务,不仅要积极参与知识普及和更新,更要积极参与大学建设发展的决策咨询,参与全军部队建设最新实践,参与大学教学科研改革,加强与其他相关者的合作交流,实现多元发展。第一,图书馆应最大限度地开放和创新服务,特别是随着以印刷型为主体的时代向以数字化为主体发展的转型,采用新的技术提升服务水平,采取全开架形式,提升服务广度。第二,拓展参考咨询服务,在线咨询服务是信息服务的一个重要方面,也是现代技术在信息服务领域的应用,体现了及时、快捷等特性。第三,拓展公共讲座和展览,定时举办一些高层次、高质量的讲座和展览,内容可以涉及军事、政治、经济、社会、文化、生活等各个方面。第四,提供咨询服务,主要是针对部队指挥员、一线教员和广大学员时间少同时对专业领域研究少的情况,根据他们的需求,有针对性地提供专题咨询报告,为部队和院校教学服务。第五,为重大教学科研活动提供服务,包括信息服务、信息咨询、信息传播等。第六,设立面向全军的"国大之窗",与全军院校图书馆建立互借系统,更好地实现资源共享。

4 强化联建共享的理念

联建共享是总部对军队院校图书馆建设提出的发展道路,也是在国防大学转型发展中,图书馆建设需要重点把握的一个建设理念。联建共享的目标是构建开放式、集约化的军队院校图书馆联合服务保障体系,为院校教学、部队训练和机关决策提供高水平、高质量、高效率的信息服务。但是,目前我军图书馆建设在建设理念、资源建设、建设步调、组织机制、制度保障等方面,不同程度地存在自我保障、封闭建设、重复建设、标准制度数据格式不够规范等问题,也导致资源共享难、资源使用效益不高,这就需要进一步强化联建共享的理念,在图书馆发展转型中,提高图书馆服务保障水平,一是强化大局意识,克服本位主义,消除资源孤岛;二是强化进取意识,有效克服封闭建设、自我满足的问题;三是尽快加入全军资源保障体系和服务体系中;四是强化资源共享,做好信息资源建设;五是强化人本意识,不断提高服务水平。

5 强化主动服务的理念

图书馆建设的价值最根本的不是收集了多少文献和信息、建立了多少数据库,而是体现在服务的数量和质量上,体现在学员对图书馆的认可程度和满意程度上。图书馆的转型发展必须坚持需求导向,即以部队建设、大学发展、学员学习的需求为发展方向,以为用户提供服务、满足用户需求为建设的目标。因此,应转变传统的被动服务方式,积极适应信息时代发展的特征,适应大学素质教育、创新教育和培养高素质联合作战指挥人才的需要,参与教学科研的各个方面,实现向主动式服务的转变。一是树立为教学科研服务的思想,积极参与教学科研工作,了解大学教学科研的需求和重点,进行有针对性的信息资源采集、加工、重组和服务改革。二是围绕大学的学科专业设置,特别是重点学科的建设,订购、引进针对性、实用性强的资料、出版物和网络信息资源。三是加大专业网站建设力度,丰富数字化信息资源。四是数字化信息服务器实现全天候开放,不断提高服务能力、服务质量和服务效率。五是将服务空间拓展到课堂、宿舍、办公室,做到信息上门,服务到户。六是延伸服务,将服务范围扩大到全军部队、机关,为军事斗争准备提供支撑等。

参考文献

[1] 陈巧玲.图书馆的转型和超越:作为城市第三空间的价值和建设[J].四川图书馆学报,2013(6).
[2] 于芬,李双湘.军校图书馆事业发展及其方向[J].环球市场信息导报,2014(6):149-149.
[3] 总参军训部于清吉副部长在第五期军队院校图书馆馆长培训班结业典礼上的讲话[J].信息管理导刊,2001(4):1-5.
[4] 孙志,庞志雄,贾晓斌.适应新军事变革和信息技术发展 实现军校图书馆建设发展新跨越[J].信息管理:上海,2008.

聚焦备战打仗
推动军队院校图书馆文职人员队伍建设

杨小娜[①]

(国防大学图书馆,北京 100091)

摘　要：随着全军编制体制调整改革的深入推进,军队院校图书馆编制将实行全员文职化,这一变化给军队院校图书馆队伍建设带来新的挑战。本文以"姓军为战、备战打仗"为聚焦点,分析了当前军校图书馆队伍的现状,以及下一步建设发展需要把握的环节。

关键词：军队院校；图书馆；文职人员；队伍建设

分类号：G251.21

Focus on War Fighting
Promote the Construction of Civilian Personnel in Military Academies and Libraries

Yang Xiaona

(National Defense University Library, Beijing 100091, China)

Abstract: With the deepening of military restructuring and reform, the establishment of military academic libraries will be completely civilian. This change brings a new challenge to the construction of military university library team. This article takes "surname army for war, prepare for war" as the focal point, this paper analyzes the current situation of the army college library team, and the next step of construction development to grasp.

Keywords: military academies; library; civil personnel; team construction

2017年,全军院校体制编制调整改革工作全面展开。军校图书馆的人才队伍将改变以"文职干部"为主体的现状,"文职人员"将逐渐成为军校图书馆建设发展的主力军。这一重大改变,既是对图书馆人才队伍建设的严峻考验,同时也为图书馆未来的发展提供了一个良好的契机,必将对军队院校围绕"备战打仗"主责主业,做好服务保障工作产生深远的影响。

1　实行文职人员编配对军队备战打仗的重要意义

习近平主席和中央军委决定建立统一的文职人员制度,扩大文职人员编配范围,是军队力量构成和军事人力资源制度的重大调整,是适应我军职能任务需要和国家政策制度创新做出

---

① 作者简介：杨小娜,专业技术 10 级馆员,大学本科,电子邮箱：13718072813@163.com。

的重大决策,是推进军民融合深度发展的重大举措。我军文职人员在备战打仗中将发挥不可替代的重大作用。

1.1 为军队裁减现役员额提供分流途径

自新中国成立至21世纪初,我国在五十多年的时间里,对军队先后进行了十次大裁军,现役人员数额有了大幅下降。目前,230万军队员额中,许多教学科研、勤务保障等非作战岗位基本上都是由现役军人担任,现役员额仍然居高不下。2015年9月3日,习近平主席向世界宣布中国军队再次裁减员额30万,在这次改革中,国防大学图书馆编制33名文职人员,全员文职化,现有的13名现役文职干部全部面临身份的改变。大量现役干部转改文职人员,既能够确保军队建设任务的圆满完成,也能够进一步精干军队。

1.2 为调整军队力量构成创造条件

多年以来,中国军队在用人观念上相对滞后,用人的方式较为单一。针对当前现状,军队实行文职人员制度改革,为调整军队力量构成创造了积极有利的条件,很大程度上有助于理顺队伍比例关系,促进军队组织形态的现代化,使作战力量与保障力量的配比进一步趋于合理。通过构建与现代作战要求相适应的人力资源管理新模式,大量的现役人员能够将更多的精力和工作重心向谋打仗、谋打赢聚焦,同时也有利于打造一支能力素质过硬、作风纪律优良的专业化文职人员队伍。

1.3 为保留引进军地优秀人才搭建桥梁

实施文职人员制度,搭建起军地人力资源流动的桥梁,能够快速高效地引进社会人才充实部队力量、保障备战打仗,满足军队技术性要求,从而将有限的现役力量向一线投入,提高部队整体作战能力。自2003年我军首次面向地方招聘文职人员以来,国防大学图书馆先后引进地方高校优秀人才15名,其中硕士学位2名,学士学位13名,2名同志入职后经过培训、自主学习先后取得了研究生学历,现已完全能够胜任军校图书馆岗位。推行文职人员制度也是为那些部队情结深厚的退役军人继续建功军营开辟绿色通道,有利于将各行各业的优秀人才聚拢到强军兴军的光明大道上。

2 军校图书馆文职人员在备战打仗体系中的职能定位

军队院校作为军队人才的培养基地,无论编制体制如何调整,军校图书馆服务教学科研的宗旨始终不会发生改变。军校图书馆建设要"军"字当头,体现"姓军为战、备战打仗"的鲜明时代导向。军校图书馆文职人员队伍建设要始终坚持以习近平新时代强军思想为根本指导,以服务院校教学科研为核心职能和使命,把为广大教职员工研究战争、设计战争提供信息服务支撑,为能打仗、打胜仗的人才培养提供信息服务作为主责主业。这些工作完全由现役军人负责,会削弱一线兵力的投入,完全交给社会承担,又难以满足军事行动的特殊要求,若由文职人员单独或与现役军人共同来完成,则可以很好地取利除弊、执两用中,军校图书馆文职人员职能与部队备战打仗的结合点正在于此。

3 当前军校图书馆队伍建设面临的主要问题

全军院校体制编制调整改革过后,根据新的军队编制体系,全军院校图书馆都将成为文职人员较为集中的单位,人员构成的改变给图书馆队伍建设带来了一系列新的问题。

3.1 骨干人才流失严重

图书馆编制全员文职化,使得许多现役文职干部近两年内面临离开军队或由文职干部转改为文职人员的局面。虽然转改文职人员这种方式有助于保留技术骨干,保持工作不断线,但是由于该方式首次推行,很多现役干部仍然处于观望状态,基本没有主动转改的意愿,这就造成了各单位骨干流失严重。

3.2 现有文职人员核心骨干作用有待提高

目前,全军院校各馆现有文职人员,基本上都是2003年全军首次面向地方招聘的普通高等院校毕业生,他们接受过系统的理论培训,学习能力较强,对新业务适应较快,在岗位安排上,主要是配合现役文职干部从事图书馆基础性的保障工作。由于缺乏多岗位锻炼,对一些核心工作、重点大项活动和理论研究任务,还不具备独当一面的能力,素质水平亟待全面提高。

3.3 人才队伍面临断档风险

根据形势任务的需要,全军院校各图书馆文职人员编制数量大幅增加,下一步各馆将面向社会招收大批地方人才投身军队,军队文职人员岗位对地方人才是否有吸引力还不得而知,这就造成了新的文职人员尚未招聘进来,现役文职干部又要离开的局面,对保持干部队伍稳定产生了不利影响。一段时期内,队伍整体建设可能会处于"青黄不接"的状态,即使从社会上招聘到文职人员,也存在着工作经验缺乏,对军队的工作性质、规定要求了解不够等问题,短时期内很难满足工作需要,各馆都要花费大量的时间和精力,对他们进行培训和文化融合,使其在长期的实践工作中积累解决问题的经验。

4 突出"姓军为战"指向,明确军校图书馆文职人员队伍发展方向

军校图书馆文职人员虽然没有军籍、不穿军装,但是这个群体植根军营、服务军队,属于军队组成中不可分割的一部分。因此,加强军校图书馆文职人员队伍建设必须突出"姓军为战"指向,秉承"备战打仗"的宗旨,体现"兵味、军味、战味",只有这样才能真正实现军队文职人员的使命和价值。

第一,军校图书馆文职人员具有社会人才与军事人才的双重属性,特别是面向地方招聘的文职人员,军队对于他们是一个全新陌生的环境。入职之初,要按照军事化标准,进行严格的军事训练和正规化管理,增强文职人员服从命令、听从指挥的军队工作意识,提高军事素质,磨炼意志品质,使其尽快融入军营,浓厚"兵味、军味、战味",激发其勇于担当、干事创业的责任心和使命感。

第二,各级组织要充分发挥军队政治工作生命线的作用,积极开展思想政治工作,教育文职人员自觉坚定扎根军营、服务部队、从军报国的理想信念,自觉摒弃"打零工"的消极观念,以

主人翁姿态积极主动地投身军队和国防建设,在强军兴军的征程中实现自身价值。

第三,军校图书馆文职人员的岗位属于院校的教学保障单位,虽然不直接参与作战,但是肩负服务于军队培养联合作战指挥人才的光荣使命,可以说是军队备战打仗、提升战斗力的"加油站"。加强军校图书馆文职人员队伍建设就要着眼于军队建设需要,全力打造一支既懂图书情报专业又熟悉掌握军队院校学科专业的高素质人才队伍,使其为服务保障院校教学科研,实现强军目标做出自己应有的贡献。

5 加强军校图书馆文职人员培养的有效途径

习近平主席指出,科技人才培养和成长有其规律,要大兴识才爱才敬才用才之风,为科技干部发展提供良好环境,在创新实践中发现人才,在创新活动中培育人才,在创新事业中凝聚人才。人民军队历来把在军事实践中锻炼摔打人才作为培养和造就人才的重要途径,要培养造就新一代的高素质优秀文职人员,必须为之搭建广阔的实践平台,创造展现才华和实现自身价值的有利空间。

5.1 立足在本职岗位上历练

岗位是人才成长的"磨刀石"。立足本职岗位历练是加强文职人员队伍建设的重要途径,根据《中国人民解放军文职人员条例》和军队院校图书馆的建设规划,图书馆应为文职人员制定科学合理的职业发展规划,从政治素养、科研水平、工作能力、作风养成等方面确立目标体系和具体举措,为文职人员的成长进步提供政策保证。建立文职人员岗位培养机制和制定岗位责任书,系统规范各个等级的职责、标准、工作要求,从而引导文职人员自觉提升履职能力和业务水平。结合图书馆年度任务计划和工作安排,广泛开展岗位业务水平和能力素质考核等活动,努力提高文职人员履职尽责的能力。结合年终总结,评选表彰先进文职人员,通过树立典型,激励引导文职人员把本职岗位作为强军实践的最好舞台,使他们真正立足本职岗位为图书馆建设做出贡献。

5.2 注重在完成任务中摔打

工作中,要大胆地给文职人员交任务、压担子,通过实践锻炼文职人员,这既是一种有效的培养方式,也是单位和领导检验考察文职人员的有效途径。随着图书馆全员文职化的推进,现役干部数量逐年递减,为了推动图书馆工作正常开展,要敢于在大项任务和重要岗位中给文职人员提供崭露头角的机会。同时,要积极利用院校资源,推荐优秀文职人员参加联教联训、军事演习、国际维和、出国留学等军事活动,与现役军人深度融合,经受实战化训练,增强文职人员职业认同感,使他们从中经受锻炼、有所作为。通过岗位和实战化的历练,使文职人员逐渐由一名普通馆员向业务骨干甚至是领导岗位转化。

5.3 加强在学术科研中提升理论素养

图书馆是院校文献信息中心,也是院校学术研究的交流平台。作为图书馆的馆员,要在学术研究中不断提升理论素养。一方面,图书馆要立足馆藏资源为教研人员搭建学术研究平台,提供学术研究文献资源,同时,在保障服务的过程中积极参与学术研究,学习最新的理论研究成果,为院校的建设发展做好知识储备。另一方面,图书馆要结合自身的实际工作,鼓励和倡导文职人员对图书馆领域前沿问题进行研究,撰写学术文章,组织兄弟单位和单位内部的学术交流。这种互助式的学术交流,既有助于增强文职人员的主人翁意识,提高文职人员分析问题、解决问题的能力,又能锻炼队伍,提高文职人员学术研究水平和科研创新能力。

新时期,新使命,军队院校图书馆文职人员在新的历史起点上,应突出"姓军为战、备战打仗"的鲜明导向,加强岗位历练,注重科研创新,提高军事素养,努力培养出一支政治可靠、素质过硬、结构合理、作风优良的新型文职人员队伍。

参考文献

[1] 黄永强.加强和改进军队文职人员队伍建设的思考[EB/OL].全军政工网.http://www.ZZ/.

浅谈军队院校图书馆情报开发人员素质及队伍建设

赵 莉

(国防大学图书馆,北京 100091)

摘 要:情报开发工作是图书馆建设发展的强大支柱之一。随着现代信息技术的快速发展,信息爆炸、知识聚增化,尤其是随着军队改革的深入推进,作战样式、训练模式、人员及编成结构的变化,为军校图书馆建设带来了巨大而深远的影响,也对军校图书馆情报开发人员提出了更高的要求。强化图书情报人员素质、健全图书情报人才培养体系、创新图书馆人才培养模式对军队院校图书馆建设具有深远的影响。

关键词:情报开发工作;军队改革;情报开发人员;素质

分类号:G251.2

Talking about the Quality and Team Building of Information Development in Military Academy Library

Zhao Li

(National Defence University Library, Beijing 100091, China)

Abstract: Information development is one of the strong pillars of library development. The rapid development of modern information technology, especially with the deepening of military reform, has brought far-reaching impact on the construction of military academy libraries, and put forward higher requirements of information developers of military academy libraries. Strengthening the quality of library and information personnel, perfecting the training system of library and information personnel, and innovating the training model of library personnel have far-reaching influence on the construction of military academy library.

Keywords: intelligence development; military reform; intelligence developers; quality

作为军队院校图书馆建设发展的强大支柱之一,图书馆情报开发工作越来越显现出其重要性。站在知识的桥头堡,敏锐地把握有价值的信息,是情报开发人员必须具备的素质。随着现代信息技术的快速发展,信息爆炸、知识聚增化,尤其是作战样式、训练模式、人员及编成结构的变化,为军队院校图书馆建设带来了巨大而深远的影响,也对军校图书馆情报开发人员提出了更高的要求,这就迫切需要努力强化图书情报人员素质、健全图书情报人才培养体系、创新图书馆人才培养模式。

1 情报人员应具备的素质与角色定位

图书情报开发人员是用户和某一领域知识之间的联系人和中间人,相对于其他人员来说,其工作具有一定的特殊性、综合性和技术性,必须具备一定的专业素质才能胜任情报开发工作。

1.1 具备良好的政治思想素质和职业道德素养

与其他领域的情报开发工作相比,军队情报开发工作具有特殊的研究属性和严格的执行标准,其工作性质决定了对从事这项工作人员的特殊要求,在职业道德素质和个人品行情操方面的要求与其他岗位相比显得更为严格。首先,情报人员在政治上必须靠得住,牢固树立为打赢打胜服务的意识,树立情报开发无小事的责任意识,将职业认同建立在做好情报开发工作上,把好情报的源头关。其次,情报开发工作质量的好坏直接影响科研水平的提升,关系到能否打赢能否打胜,需要长期做好默默无闻的背后工作。因此,爱岗敬业、尽责守则,甘为人梯、甘当铺路石是对情报开发人员的基本要求。再次,情报开发的工作量十分繁重,其工作历来具有烦琐复杂、枯燥乏味的特点,特别是在大数据时代,信息量空前庞大,大量细致的文献情报工作需要人工完成。因此,要想胜任情报开发工作,图书馆情报人员必须养成严谨细致的工作作风、扎实肯干的吃苦精神和一丝不苟的工作态度,激发工作热情,在工作中不断开拓进取,持续攀登情报开发的高峰。

1.2 具备良好的情报意识和优秀的信息素质

情报开发人员的信息素质主要包括信息获取、信息识别、信息加工和信息传递等方面。开发人员的工作对象是各类信息,其信息素养的高低决定了情报开发的质量。在信息时代,大量原始信息未经编辑加工,各类信息充斥着人们的生活,大量虚假、重复、冗余的信息影响着信息质量,为情报开发人员带来了严峻的挑战。情报开发人员必须紧盯信息前沿,在众多情报信息中,识别获取有价值的信息资源,有针对性地做好信息处理工作,并将所开展的工作以相应的形式呈现给读者和科研人员。情报开发人员首先必须具备敏锐的情报意识和信息感受力,敏于发现有价值的信息,善于感知信息与用户的需求关系,主动分析重点用户的信息需求,通过预知预测抓住关键信息,对纷乱复杂的信息资源进行收集整理,使其集中有序、发挥作用。此外,情报开发人员必须具备一定的信息开发利用和分析把握能力,能够对所关注的信息资源进行识别和判断,挖掘信息资源的使用价值,快速准确地开发出良好的情报信息产品。识别是基础,开发是关键,运用是目的,作为情报开发人员,不仅要做到提供信息,更要做到提供的信息能派上大用场。因此只有具备了良好的信息素质,图书馆情报开发人员才能更加有效地获取所需信息,为军队院校的教学和科研事业提供良好的信息服务。

1.3 具备良好的专业知识和过硬的职业技能

情报工作相对于其他工作来说具有较强的技术性和专业性,良好的专业素养是军队院校图书馆情报开发人员开展情报工作的基础。精于专业,熟于技能,关键在于练就扎实的基本功,掌握过硬的技术和技能。要提供更好的专业化信息情报服务,就必须具备良好的情报专业知识和专业技能,掌握先进的情报处理技术和方法,具备综合的信息搜集能力,在广泛收集本单位所设学科知识的基础上,围绕服务对象的各类信息需求,快速筛选自身掌握的前沿文献和情报信息,收集整理与需求相关的信息资源,把握研究领域的最新动态,靠自身的能力和精湛的技术实现情报信息的价值。在此基础上,通过开展信息分析工作,研究信息资源的内在联系和价值作用,对所掌握的文献信息资源进行加工整理和分类重组,进一步筛选评估、去伪存真,储存有用的信息,形成体系结构完整、信息密度充实的情报产品,从而更好地为院校教育和军事科研服务。

1.4 具备复合型的知识结构和较强的跨文化交际能力

随着社会的不断发展,知识技术层出不穷,加上知识的更新越来越快,情报开发人员仅掌握一定的情报专业知识是不够的,必须综合掌握各领域知识,不断充实拓展知识结构的广度和宽度。一方面,图书馆是信息资源的综合性服务部门,情报开发人员必须具备相关学科知识,了解并掌握本单位所涉及的信息领域和学科架构,特别是对重点学科的历史发展和研究前沿有着深入全面的把握,只有这样,才能提高信息服务的质量和水平。另一方面,情报开发人员还应以广博的知识储备作为支撑,掌握一定的科学文化知识,能够综合运用管理、经济、法律、计算机等知识解决图书情报工作的实际问题,并能够不断积累、融会贯通,使自身的知识体系既有一定的文化底蕴,又有一定的政策水平,既有全面的知识背景,又有坚实的专业基础,努力成为"百科式""复合型"图书情报开发人才。

1.5 具有较高的外语水平和文字表达能力

在信息资源全球化、网络化的时代,信息来源得到极大的拓展,全球的信息资源不胜枚举。除我国研究领域的信息资源外,许多领域的研究对象或最前沿的学科资讯都在国外,大量第一手资料都是用英文撰写的,而英语作为国际通用的语言,是获取情报信息时不可或缺的工具,一些以外语为载体的信息资源也是情报开发的重点。因此,情报开发人员必须具备扎实的英语水平,突破语言的障碍,能在国际性的学术报告、期刊以及国际互联网上搜索英文版的文献资料,跟踪并获取最新的学科资料和信息资源,并解读有用的信息资源,为有需要的读者提供丰富的信息服务。除此之外,情报信息是以语言文字为载体呈现给读者的,好的情报成果必须是文字精练、语言流畅的,因此,情报开发人员必须具备良好的文字表达能力,通过分析研究热点问题和前沿动态,提高观察问题和发现问题的能力,将所研究的信息成果用准确无误的语言文字表达出来。

1.6 具备一定的计算机操作能力和网络知识

计算机和网络技术的快速发展给情报开发工作带来了质的变化,信息资源及其获取方式正全面向数字化、网络化发展。作为图书情报信息的提供者,情报开发人员必须站在时代前沿,运用娴熟的计算机操作能力和全面的信息网络知识,组织、检索、分析、评价和开发各类信息资源,具体来讲,首先,要掌握一定的信息获取存储、分析处理等理论知识,图书馆网站相关知识和数据库建设知识,只有精通相关信息化知识,养成良好的大数据意识和信息化思维,才能更好地开发出有价值的信息情报产品,达到事半功倍的效果;其次,情报开发人员需要既能熟练地操作使用计算机和网络平台等硬件设备,进行信息检索存储和分析开发,又会使用各种应用和系统软件,熟练掌握数字信息和网络检索方法,具备一定的图书馆网站及数据库的建设开发能力,同时还能够维护信息系统及数据库,排除一般性故障。只有具备了这些能力,情报开发人员才能有效地利用网络和计算机等技术手段为情报科研工作服务。

2 军队图书馆情报开发人员队伍建设面临的问题

新时期,现代信息技术快速发展,信息爆炸、知识聚增化,尤其是随着军队改革的深入推进,作战样式、训练模式、人员及编成结构的变化,向情报开发人员提出了更高的要求,情报开发人员在工作过程中出现了一些与工作任务要求不相适应的问题,亟待解决。

2.1 思想观念不利于图书情报队伍的发展

情报开发人员是军队院校文献情报提供者,是服务学校教学和科研工作的重要环节,但一些同志还没有充分认识到情报开发人员专业性强的特点,将情报开发工作当成可有可无的任务,将情报开发人员当成教学辅助人员,在思想观念上对图书情报开发工作的重要性认识不足,使图书情报工作没能得到足够的重视。一方面,相关职能部门人员思想还有些保守,对信息化条件下军队院校图书馆情报开发工作的服务转型认识不足,只注重图书馆信息的数量而忽视对数字信息资源的开发,只重视图书馆硬件建设而忽视深层次的信息服务水平。另一方面,部分情报开发人员认为平时工作非常辛苦但其地位作用没有得到认可,致使情报开发人员产生低人一等的感觉,心理上不平衡,久而久之,不能安心于军队院校图书情报服务工作,工作也浮于表面,总想找机会另谋出路。

2.2 人才队伍结构不合理

图书情报开发工作对教学科研工作来说十分重要,但其地位却没有得到应有的重视,导致人才队伍的编制结构还不尽合理。首先,情报开发人员的编制人数不足,军队院校图书馆在人员编制上没有较为明确的规定,情报开发人员的数量普遍少于地方院校的数量,工作超负荷导致情报产品质量下降。其次,图书馆情报开发人员没有形成合理的队伍结构和梯次搭配,反映在高、中、初三级人员的梯次搭配和老、中、青三个年龄层次以及男女人员的比例上,导致队伍不稳、素质不高等问题,不仅影响个人能力素质的提高,也影响整体效能的发挥。

2.3 提供高质量情报信息服务的人才不足

提供高质量的情报信息对情报开发人员的综合素质要求很高,然而与繁重的工作任务要求相比,现有情报人员的数量还不能有效满足服务国防和军队建设的需要,导致一些情报开发人员超负荷工作,基本没有专门的时间系统地学习情报开发所需的理论知识,提高情报开发的质量水平。大多数图书馆情报开发人员只能在参与具体业务工作时边干边学,不能系统地、全面地掌握情报开发知识技能,情报开发的能力素质越来越难以适应日益发展的信息需求,致使图书情报开发的骨干奇缺,精品文献和质量较高的情报产品不多,极大地影响了教学科研服务的质量。此外,从掌握的情况来看,军队院校图书馆中情报学专业毕业的人员较少,大多是半路出家,且因为名额受限,一些情报开发人员尽管业务能力水平较高,但晋升空间有限。文职人员在成为图书馆情报开发的主力军的同时,军事知识背景和军事理论素质较为欠缺,难以满足军队院校图书情报的信息需求。

2.4 人才流失问题严重

当前我军院校图书馆还没有形成情报开发人才培养使用的良性机制,在管理情报人才时缺乏相关的激励机制,缺乏人才培养的长远规划,因编制待遇和发展空间等问题没能得到妥善的解决,致使人员工作动力不足,一些同志觉得情报开发工作压力大任务重,投入大见效慢,对从事情报开发工作的兴趣不大,有些情报开发人员认为工作枯燥单调,时间弹性差,缺乏自主权,无论是工作满意度还是职业升迁需求都得不到满足,为寻求更好的发展机会以及较高的工作报酬而利用各种机会离开情报工作岗位,导致人才保留工作面临着尴尬的处境,一些军队院校图书馆多年不能引进图书情报专业人才,给情报开发工作带来了很大的负面影响。这些问题不同程度地影响了图书情报开发工作,成为军队院校图书馆转型发展的"拦路虎"。

3　对策措施

在新的历史条件下,情报开发人员必须着眼目标任务,紧跟改革形势,锻炼提高情报开发的能力素质,为教学科研服务。

3.1　加强情报人才培养的宏观规划

图书情报人才的培养是一个长期的系统工程,为使图书馆情报人才队伍建设能够可持续发展,形成一支比例协调的图书情报专业人才团队,必须做好情报开发人才的长远规划,改善队伍职称结构,优化馆员知识结构,在实际工作中要尊重每位同志的性格特点,充分发挥个人优势,合理安排工作任务,使大家能够在整体建设中取长补短、优势互补,形成一支既整体优化、搭配得当,又层次分明、相辅相成的图书情报人才队伍,使图书情报人才建设工程良性运转,达到人尽其才的目的。此外,要根据情报工作的实际需要,引进事业心、责任感强的复合型图书情报专业人才,每年提出年度图书馆情报开发及学术研究的具体任务指标,帮助情报开发人员结合自身实际设立职业发展目标,制订发展计划,加强情报开发工作的具体指导帮带,使情报开发人员从初期模仿到独立思考,再到能够全面驾驭情报信息,形成一支专业基础知识过关,具备系统的现代信息技术和丰富的学科知识体系的情报开发团队。

3.2　创新情报人才培养的工作机制

好的人才培养机制能够稳定地催生情报人才,使情报开发人员的供应源源不断。因此,必须形成适当的情报人才培养工作机制,在外部建立全军图书馆联合开发工作机制,发挥各单位学科优势,共享科研成果,避免重复开发,使情报开发人员学有所专;在内部要主动建立院校专家学者、学员群体和情报开发人员共同学习研究的联系机制,定期或不定期地对信息情报问题进行交流沟通,使情报开发人员能够找准情报需求,有针对性地开展情报服务。以能力素质为导向,在军队院校图书馆建立健全人才竞争机制,通过业务考核和定岗定编等措施,打破传统的论资排辈的做法,使情报开发人员能够在公平公正的环境下开展业务工作,激发情报开发人员的工作热情,提高情报开发团队的凝聚力和人才队伍的向心力,确保军校图书馆高素质馆员队伍建设的稳步发展。建立科学的考核评价机制,按照定性与定量相结合的原则,考察情报开发人员的职业道德、工作业绩和行为规范,定期进行图书馆及院校的考核监督,督促情报开发人员养成良好的职业素养。建立适当的激励机制,通过物质奖励与精神激励相结合、工作绩效与岗位任务相结合的方式,在职位升迁、荣誉激励和提高报酬等方面给予一定的倾斜,发挥情报人员的工作潜能,激发工作的积极性和主动性,实现人才素质的全面提升。

3.3 搭建情报人才培养的渠道平台

一是实施学习培训。培训是提高情报开发人员素质的有效途径,实践中要围绕情报事业对情报人才的知识素质要求,本着学以致用和查漏补缺的原则,有计划、有针对性地鼓励情报开发人员进行系统培训,采取脱产学习、在职教育和短期培训等形式,运用团队学习、案例分析、现场研究、模拟训练等方法,使其系统学习图书馆学、情报学、军事学及相关专业的基础知识和前沿理论,熟练掌握计算机技术、信息网络技术和数字图书馆技术等知识,不断开阔视野,优化知识结构,培养情报开发人员的分析能力和创造性解决实际问题的能力。

二是强化岗位锻炼。本职岗位是提高能力素质的有效平台,军队院校图书馆应充分利用工作岗位的实践优势,发挥情报人员各自所长,让情报开发人员在本职岗位上得到充分锻炼,在大项任务中摔打磨砺,在岗位实践中培养信息素质,同时,有针对性地定期进行岗位轮换,使其能够站在全局工作的角度,具备综合思维能力,实现自身价值,实现从"用人干工作"到"用工作育人"的转变。

三是组织研讨交流。研讨交流活动既是情报开发人员加强学习、互通有无的重要方式,也是切磋技能、获取信息的有效途径。图书馆应经常举办各种形式的情报交流会,鼓励情报开发人员参加教学研讨和学术交流活动,使其能通过学术交流,学习前沿理论,了解学科的发展趋势,相互沟通信息、取长补短,激发情报开发人员的工作学习兴趣。此外,可以有计划地组织情报开发人员到各教学单位帮助工作,下部队经受代职锻炼,使其能够了解部队建设和院校教育现状以及情报需求,在比较交流中开阔视野、拓展思路,进而提供更好的信息情报服务。

3.4 打造情报人才培养的人文环境

"海空凭鱼跃,天高任鸟飞。"图书馆是充满人文气息的场所,良好的人文环境能够使情报开发人员在其中得到源源不断的滋养。要树立以人为本的思想,将情报开发事业目标与个人理想有机结合起来,悉心指导和激励情报开发人员成长进步,鼓励情报开发人员利用自身的信息情报优势,著书立说,成为名家学者,解决每名情报开发人员的发展和出路问题。工作中,要为情报开发人员的学习成才搭建平台,使其将自身发展与图书馆建设、集体荣誉融为一体,培养和深化情报开发人员的主人翁意识和团队精神,激发他们的内在潜力,使其以乐观积极的心态对待团队任务,让其在宽松舒适、奋发向上的人文环境中,发挥积极性、主动性和创造性,使情报人才愿意来、来了能有发展、有出路。要注重加强对情报开发人员的情感关怀,了解掌握其精神需求,关心关注其生活需要,积极为其排忧解难,营造拴心留人的环境,让他们能够感受到集体的温暖与关怀,养成强烈的集体归属感和团队认同感,从而积极投身情报开发事业,为国防和军队建设创造高质量的信息情报成果。

参考文献

[1] 魏忠秀.充分发挥高校图书馆的情报职能[J].西北师大学报(社会科学版),1995(1):27.
[2] 张静.知识经济时代提高图书馆员素质和能力的途径[J].现代经济信息,2017(9):36.

基于情景分析的上海 2040 人口预测

卢 璐

(南京林业大学图书馆,南京 210037)

摘　要:由于人口发展与一个地区的政治、经济和社会生活的发展密切相关,因此,人口预测对研究未来经济社会的发展具有极其重要的意义。为防止上海市人口急剧扩张,本文对上海市城市总规划中提及的 2040 年人口控制在 2 500 万左右的远期调控目标进行进一步剖析与探讨。本文对上海市常住人口规模的模拟应用了 PEST 情景分析方法,紧扣"人口-经济"系统的连接点和作用点——劳动年龄人口以及"开放二胎"的生育政策,将队列要素法运用到人口规模预测中,经济和生育率作为显著变量在最大程度上影响人口的发展规模,最后根据政府规划中为调控人口制定的相关政策进行人口增长减缓的预估,最终对上海市 2040 年的常住人口规模进行预估。在政府将规划与相应的人口政策落实到位的前提下,2040 年上海市的常住人口将控制在 3 042 万左右,并趋于稳定。本方法可以广泛应用于与上海具有相似人口年龄结构和人口规模变化趋势的大型城市和特大型城市。

关键词:人口增长;劳动年龄人口;队列要素法;情景分析

分类号:G350

Prediction of Population Prospects in Shanghai in 2040 Based on Scenario Analysis

Lu Lu

(The Library of Nanjing Forestry University, Jiangsu Nanjing 210037, China)

Abstract: Because population development is closely related to the development of political, economic and social life in a region, population prediction is of great significance to study the future economic and social development. In order to prevent the rapid population expansion of Shanghai, this paper further analyzes and discusses the long-term control goal of the population control in 2040 in the urban master plan of Shanghai. The purpose of this paper is to use pest scenario analysis method to analyze the connection point and function point of "population - economy" system, the labor age population and "open second birth" policy, use the queue factor method to population size prediction, the economic and fertility as significant variables affect the population development scale, finally, according to the government planning to regulate the population growth mitigation forecast, the resident population size of Shanghai in 2040 is estimated. Based on the government plan and the corresponding population policy in place, the resident population in Shanghai will be controlled at about 3 042 million people in 2040, and tend to be stable. This method can be widely used in large cities and special large cities with similar population age structure and population scale change in Shanghai.

Keywords：population growth；working age population；cohort factor method；scenario analysis

人口是城市发展必须考量的因素,上一轮上海城市人口规划中提到,2020年上海常住人口目标为1 800万,然而上海的常住人口在2016年高达2 419.7万,此外还有很多因超生、不符合流动政策等其他原因没有登记的上海流入人口,因此,上海市目前的人口应该远远超过了官方的统计数据,人口规模大大超出了2020年的预测[1]。2016年上海新一轮城市规划草案问世,草案为了将上海打造成一个集聚创新、人文和生态为一体的卓越城市,对人口进行控制和约束,计划将上海市在2040年的常住人口控制在2 500万左右,引起了轩然大波。

本文根据人口增长情景的分析方法,对上海市的人口规模进行了重新预估,分析了直至2040年,上海市能否守住人口的上限,从而管控上海市人口规模迅速增长的态势,实现上海人口的远期调控目标。

1 相关理论及概念综述

1.1 人口转变理论的研究

国外早期学者通过对西欧国家历史数据进行归纳、整理和分析,总结提出了人口转变理论。20世纪初,法国学者Adolphe Landry根据人口出生率和死亡率两个变动维度预测下一阶段人口变动的大体趋势[2]。F. W. Notestein认为经济社会发展与人口转变是紧密相连的[3]。Leibenstein肯定了人口转变理论普遍适用于发展中国家,建立了"经济-人口"的关系模型[4]。D. J. Bagne提出的"推拉理论"用于解释个体做出是否进行迁移的决策。舒尔茨学者是从成本-收益的视角对人口迁移行为进行更具体的解读[5],认为个体的迁移行为是迁移成本与迁移收益之间的博弈。国内学者于涛方[6]和王桂新[7]认为特大型城市可以给社会人口提供更多的就业、医疗和教育机会,这些"综合机会"作为强有力的拉力弱化了流动人口的搬迁成本。张航空[8]认为省际的人口流动不仅需要丰厚的物质回报,社会的认同感和城市的接纳度也是至关重要的,在一定程度上决定流动人口是否可以长期居留或是带眷流动。通过对国内外学者的相关研究进行梳理,再结合中国高速发展的大背景来看,目前我国特大型城市影响人口迁移的主要因素包括四个方面:就业空间的吸纳程度,大型城市的承载程度,空间距离和区域吸引力。

1.2 情景分析法

情景分析法是指在未来发展进程中事件变化莫测,充满不确定性,恰恰这种不确定性可以有依据去推导出其发生的概率,从而预测事件的结果。事件的不确定性主要分为两个维度,第一个维度是对事件的发生有影响的因素,其本身就包含一定的不确定性,第二个维度是指研究人员主观上的不确定性,不能完全保证对事件有精细的掌控及了解[9]。

情景分析法的预测结果具有不确定性,同时也具备了主观能动性的特点[10],因此,需要构建预警情报分析机制缩减情景的数量,将发展趋势最趋近化的因子进行顺势组合。在不确定因素里面设置上限和下限,分别表示最差和最好的情景,方便决策者高效地进行战略分析[11]。

情景分析法最早是第二次世界大战之后,美军空军为了制定有效的防御措施和反攻战略,开始想象他们的对手部队会依据当时的战况和地势采取怎样的进攻举措。后来在20世纪60年代左右,赫尔曼·卡恩将这种方法提炼出来用于商业规划,当时兰德公司率先在商业领域运用了这种方法。目前情景分析法在企业的竞争战略中应用相对广泛,也有部分学者将其延伸至矿产资源等领域[12],而本文创造性地将情景分析方法应用于人口规模的预测。

"情景分析"中对环境的分析可以运用多种分析工具,一般分为三种,即PEST分析、基于SWOT分析的道斯矩阵、利益相关性分析。本文对上海市常住人口规模的模拟应用了PEST情景分析方法,从政治、经济、社会、技术的层面对所预测的事物进行影响因子数值的确定,再将各个影响因子的结果进行有序汇总得出预测值。

2 上海市人口发展历程的回顾及分析

1993年开始,上海市本地人口生育率呈现负相关的增长,户籍人口出生率降到死亡率以下,如表1和表2所示。从上海市的人口发展趋势来看,若是上海市失去外省市人口的迁入补给,本地的人口自然增长将长期处于负增长阶段。

表1 上海市人口发展历程回顾

时间段	影响人口发展因素	人口发展状态
1910—1936年	上海民族工业兴起	吸引大量外来人口
1953—1964年	上海行政区域扩大;新中国成立,社会稳定	迎来生育高峰,1954年更是高达52.7‰
1964—1982年	计划生育政策的实施;文化大革命的开展,政府拨乱反正	人口增长的低潮期
1982—1990年	知青回沪,20世纪五六十年代生育高潮期的婴儿进入生育年龄	人口增长速率回升
1991—2000年	计划生育力度加大	人口自然增长率下降,1993年生育人口呈负增长
2000—2015年	加入世贸组织,经济发展迅猛	外来人口迅猛增长
2015—2017年	二胎政策	人口自然增长率小幅度回升

表2 上海户籍人口自然变动(1990—2015年)

年份	出生		死亡		自然增长	
	人数/万人	出生率(‰)	人数/万人	死亡率(‰)	人数/万人	自然增长率(‰)
1990	13.12	10.25	8.63	6.74	4.49	3.51
1995	7.11	5.47	9.79	7.53	−2.68	−2.06
2000	6.95	5.27	9.45	7.17	−2.50	−1.90
2001	5.76	4.34	9.34	7.05	−3.58	−2.71
2002	6.20	4.66	9.67	7.27	−3.47	−2.61
2003	5.73	4.28	10.07	7.52	−4.34	−3.24

续表

年份	出生		死亡		自然增长	
	人数/万人	出生率(‰)	人数/万人	死亡率(‰)	人数/万人	自然增长率(‰)
2004	8.09	6.00	9.65	7.16	−1.56	−1.16
2005	8.25	6.08	10.23	7.54	−1.98	−1.46
2006	8.12	5.95	9.80	7.19	−1.68	−1.24
2007	10.08	7.34	10.22	7.44	−0.14	−0.10
2008	9.67	6.98	10.70	7.73	−1.03	−0.75
2009	9.23	6.62	10.67	7.64	−1.44	−1.02
2010	10.02	7.13	10.87	7.73	−0.84	−0.60
2011	10.15	7.17	11.11	7.85	−0.96	−0.68
2012	12.11	8.51	11.74	8.25	0.37	0.26
2013	10.89	7.62	11.67	8.16	−0.78	−0.54
2014	12.41	8.64	11.95	8.32	0.46	0.32
2015	10.59	7.35	12.42	8.62	−1.83	−1.27

数据来源:《上海统计年鉴(2015)》。

3 基于情景分析的上海2040年的人口增长预测

3.1 将来预测期间的上海死亡模式假定

世界卫生组织最新发布的报告显示,2015年上海男性的预期寿命为80.47岁,女性的预期寿命更是高达85.09岁,如表3所示,在目前的寿命延长趋势下,日本寿命年龄领先中国大概五、六年之久。

表3 目前上海人口预期寿命

年份	男性	女性
1970	70.21	73.86
1975	69.36	73.80
1980	71.25	75.36
1985	72.14	76.37
1990	73.16	77.74
1995	74.11	77.97
2000	76.71	80.81
2005	77.89	82.36
2010	79.82	84.44
2015	80.47	85.09

数据来源:上海市统计局。

中日地理位置相近,饮食习惯和风俗文化相似,因此中日的死亡模式也非常接近。从2000年的上海男性死亡模式来看,2000年上海男性和1995年日本男性的预期寿命不过相差

0.35,且二者当年的少年、中年和老年人口的死亡模式都非常接近。据联合国人口署的数据统计,日本的发展比中国前进30年,富裕超出40年,日本前二三十年的死亡率和死亡模式对中国未来二十五年的人口预测有启发性的作用,因此,日本的人口死亡模式对于上海市未来人口死亡模式的研究有重要的借鉴意义。

日本目前的男女平均寿命是83.23和86.78岁左右,并趋于稳定,上海的男性和女性的预期寿命也早已接近世界领先水平,大幅度上升是很困难,基于医疗科学的进步,在日本1975年统计的死亡率的基础上进行微调,假定了未来25年的上海男性平均预期寿命将为81.54岁,女性的平均预期寿命为86.84岁,得出了2016年年底至2040年年底这段时间内,上海市常住人口不同年龄段的人口死亡模式的假定数据,如表4所示,考虑到死亡模式具有比较稳定的发展变动趋势,因此只假定一种死亡模式。

表4 上海人口死亡模式假定

年龄组	男性	女性
0	0.003 088	0.003 308
5	0.000 48	0.000 39
10	0.000 52	0.000 31
15	0.001 439	0.000 76
20	0.002 188	0.001 04
25	0.002 408	0.001 119
30	0.003 026	0.001 479
35	0.003 934	0.002 268
40	0.006 044	0.003 744
45	0.010 379	0.005 916
50	0.017 576	0.008 956
55	0.026 293	0.013 144
60	0.038 997	0.018 493
65	0.061 874	0.030 311
70	0.093 875	0.051 216
75	0.150 459	0.092 741
80	0.253 775	0.169 478
85	0.407 03	0.283 114
90	0.586 584	0.439 575
预期寿命	81.54	86.84

数据来源:上海市统计局。

3.2 生育政策情景下的上海生育人口预测

3.2.1 将来预测期间上海生育率假定

(1) 社会经济地位对生育率的影响

杨慧通过建立对角线模型,对人口生育率进行系统的分析,得出公民在社会上获取的经济地位和公民的自愿生育率之间存在一个连续稳定的关系[13],上海市的公民经济富裕,思想超前,更加追求自由、独立和自我,这些因素与生育率呈负相关。

(2)生育率低于临界值的影响

生育率低于临界值1.6后,就很难再有提升,在发达国家都有先例,而上海市的总和生育率从1995年开始一直低于1.6,上海市在1970—2015年人口普查中的总和生育率如表5所示。

表5 上海市的总和生育率

年份	总和生育率
1970	2.280
1975	1.120
1980	0.870
1985	1.120
1990	1.310
1995	0.960
2000	0.960
2005	0.870
2010	0.890
2015	0.970

数据来源:上海市人口和计划生育委员会。

(3)生育政策下生育模式的假定

根据以上的论述可知,上海依旧处于生育率较低的人口自然增长的情景之下。考虑以上论述的经济发展、社会地位、教育程度以及政策调整这些主观、客观因素对生育率可能造成的影响,笔者假定上海2015年年底至2040年年底的上海生育率维持在第六次全国人口普查时的1.1倍,如表6所示,按年龄分段,大体确定的生育率数值还是维持在较低水平,明显低于更替水平。

表6 上海生育模式假定

年龄段	生育率
15～19岁	0.004 488
20～24岁	0.035 75
25～29岁	0.062 92
30～34岁	0.041 261
35～39岁	0.012 958
40～44岁	0.003 344
45～49岁	0.001 342

数据来源:上海市人口和计划生育委员会。

3.2.2 低生育率自然增长情景下的上海常住人口预测计算

此部分计算先不考虑人口迁移情景,仅从死亡率、死亡模式和生育率着手,计算人口的自

然增长情景下的数值,出生率用 y 表示,存活率用 S 表示,计算公式如下(公式解释参见表7):

$$Z_{n,x,i} = Z_{n-5,x,i-5} \times S_{n,i} (5 \leqslant i \leqslant 85) \tag{1}$$

$$Z_{n,x,0} = \sum_{i=15}^{45}(Z_{n-5,2,i} \times y_i) \times S_{x,0} \times \alpha_x \times 5 \tag{2}$$

$$Z_{n,x,90} = (Z_{n-5,x,85} + Z_{n-5,x,90}) \times S_{n,90} \tag{3}$$

$$Z = \sum_{i=0}^{90}\sum_{x=1}^{2} Z_{n,x,i} \tag{4}$$

表7 公式解释(一)

符号	解释
n	年份
x	性别(1为男性,2为女性)
i	年龄组
y	妇女生育率
S	存活率
α	性别比(取2010年人口普查数值)
Z	自然生育情景下的常住人口

根据上述公式分别计算出上海市自然增长情景下常住人口以及各个年龄段的人数(2015—2040年),如表8所示。

表8 低生育率自然增长情景下上海常住人口   单位:人

年份	常住人口	0～19岁	20～59岁	60岁以上
2015	23 435 454	2 829 954	15 773 810	4 831 688
2020	23 450 184	2 862 199	14 483 054	6 104 930
2025	23 088 511	2 592 703	13 284 797	7 211 010
2030	22 492 421	2 086 525	12 177 942	8 227 952
2035	21 725 350	1 528 817	11 090 511	9 106 021
2040	20 734 933	1 224 675	9 552 651	9 957 605

从表8数据可以看出,在自然增长的情景下,由于没有了迁入人口,上海的常住人口中劳动年龄人口所占比例急剧下降,从67%降为46%,并且中老年劳动力所占比重也加大了,因此在这种情景下,上海将存在很大的劳动力缺口,上海要想更好地发展也将依赖于迁入人口不断输送新的劳动力,这样才能够维持一定比例的劳动年龄人口。

3.3 劳动年龄人口情景下的上海净迁移人口预测

3.3.1 将来预测期间上海人口迁移模式假定

(1)上海作为强势吸引中心的现状

上海因其丰富的公共资源和强大的承载力,辐射范围较为广泛[14]。以上海为据点,呈点线状向外部扩展,发生回流效应的范围应该是以其为中心的100公里以内[15]。前十年的上海常住人口增长率为 37.5%,约是同期全国人口平均增长率的 6.5 倍,并且北京和上海这样的超大型城市外来人口流入量占人口增长量的 97%。

(2) 将来预测期间上海人口迁移模式假定

根据上海统计年鉴和东京统计年鉴的相关数据计算,2010 年上海市常住人口密度为 3 631 人/平方千米,而东京的常住人口为 6 077 人/平方千米,因此,与东京相比,上海市拥有更大的发展空间。2000 年,东京的劳动年龄人口的占比为 72.00%,上海为 76.30%,2010 年,东京的劳动年龄人口的占比为 67.25%,而上海为 71.44%,通过上海与东京的劳动年龄人口占比变化的比较发现,城市的劳动年龄人口占比都有先增加后减少至逐步稳定的趋势,由于上海与东京在经济、社会等各方面仍存在一定差距,从东京目前的发展状态可以预测上海未来的发展趋势,因此,在劳动年龄人口高增长情景下,假定 2020—2040 年,上海每五年的劳动年龄人口占常住人口的比例维持在与东京 2010 年以来相似的水平,这里取其值为 68%。

3.3.2 劳动年龄人口高迁移情景下的上海常住人口预测计算

假设新迁入的劳动年龄人口全部在 20~29 岁,平均分配到 20~24 岁和 25~29 岁两个年龄组,不带入非劳动年龄家眷;假定新迁入劳动年龄人口的性别比与 2010 年上海外来人口的性别比相同,且生育率和死亡率与上海居民相同。劳动年龄人口的增长情景下的预测结果,与自然增长人口叠加后即为常住人口的增长情景。为使劳动年龄人口比例保持在 68%,需使 n 年的前五年内净迁入劳动年龄人口数量为 Q,计算公式如下(公式解释参见表 9):

$$\frac{L_n + Q_n}{Z_n + Q_n} = M \tag{5}$$

$$Q_{n,x,i} = Q_{n,i} \times \alpha_x \tag{6}$$

表 9 公式解释(二)

符号	解释
L	劳动年龄人口
Q	过去五年中净迁移人口
M	目标比例(取 68%)
Z	自然生育情景下的常住人口

根据附表 1 和附表 2 可以计算出 2015—2040 年,每年净迁入人口需维持在 70 万~90 万,且人数逐年下降,如表 10 所示。

表 10 上海市 2020—2040 年净迁入人口预测

年份	五年中净迁入人口
2020	4 729 038
2025	4 323 750
2030	4 056 250
2035	3 711 030
2040	3 622 549

3.4 基于自然增长情景下的上海 2040 年人口预测结果

本部分的自然增长情景主要由上海市的生育人口和上海市外来的迁入人口构成,本研究基于劳动年龄人口的高迁移率情景下每五年的净迁入人口进行计算,并与当年低生育率的自然增长人口叠加,将补足劳动年龄人口以后的人口队列带入下一个五年的自然增长计算模型中,可以得到下一个五年的常住人口和劳动年龄人口模拟结果。若劳动年龄人口继续减少,按照同样的计算方法补足,依次递推得到此后若干年的人口规模,计算公式如下(公式解释参见表 11):

$$H_{n,x,i} = Z_{n,x,i} + Q_{n,x,i} \tag{7}$$

$$H_n = \sum_{i=0}^{90}\sum_{x=1}^{2} H_{n,x,i} \tag{8}$$

表 11 公式解释(三)

符号	解释
Q	过去五年中净迁移人口
H	自然增长情景下的常住人口
Z	自然生育情景下的常住人口

由于城市发展需要靠一定规模的劳动年龄人口维持,而城市发展到一定阶段后,其劳动年龄人口数量或比例可能维持在相对稳定水平,因此,本方法适用于对劳动年龄人口需求较大、每年净迁入人口数量非单纯增长的城市。在低生育率情景和劳动年龄人口高迁移率情景下,上海市人口将持续增长,2040 年上海市自然增长情景下的常住人口将达到 4 518 万人,如表 12 所示。

表 12 基于自然增长情景下的上海常住人口   单位:人

年份	常住人口	0~19 岁	20~59 岁	60 岁以上
2020	29 019 111	3 181 199	19 732 982	6 104 930
2025	33 603 210	3 542 846	22 849 354	7 211 010
2030	37 904 810	3 900 944	25 775 913	8 227 953
2035	41 719 338	4 244 122	28 369 194	9 106 021
2040	45 183 655	4 500 184	30 725 864	9 957 606

由表 12 可知,少年儿童、劳动年龄人口和老龄人口占比分别为 10%、68% 和 22%。劳动年龄人口的年龄组分布较为均匀,20~39 岁和 40~59 岁人口分别占劳动年龄人口的 54% 和 46%,该情景能保证上海市健康的总体人口结构和较低的抚养比,从而维持较高水平的城市活力和经济增长。

3.5 基于上海人口调控政策情景的上海人口预测结果

本文还将对人口调控政策这一情景进行分析,上海市政府计划到 2040 年将实现在上海周边具有九个副中心、五个新城和两个核心镇。同时,上海将充分发挥在"一带一路"和长江经济带中的作用,强化对长三角城市群的引领,以上海大都市圈承载国家战略和要求,划定了包括上海、苏州、无锡、南通、宁波、嘉兴、舟山在内的"1+6"上海大都市圈,作为上海区域一体化发展的核心,形成90分钟的交通出行圈,构建新城和大都市圈的规划大大分散了原本上海主城区的人口。

1950年前后,日本政府开始进行产业结构调整,并着手制定一系列以大型城市为据点、向周边辐射发展的规划政策,人口变化如图1所示。

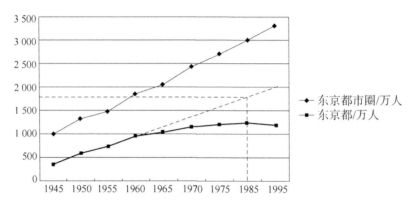

图1 东京进行人口调控政策后的人口变化趋势

从图1可以看出,在20世纪60年代之前,未实施调控政策时的东京都人口逐年稳步增长,在实施之后东京都人口趋于平稳,东京都市圈人口则开始逐年增长,可以看出,在实施调控后,由于产业转移和周边城市的发展,东京都人口得到有效的控制。

假设日本政府未进行调控,则之后东京都的人口增长将按照50年代的人口增长轨迹持续增长,由图1中的20世纪50年代后的人口发展趋势线可以发现,根据东京都20世纪50年代的人口发展曲率,1985年将达到1 750万人,而由于进行了人口调控,其实际人口为1 183万人,由此可以计算出因政策影响东京都人口减少率为32.4%,设减少率为X,调控25年后人口为T,计算公式如下(公式解释参见表13):

$$T_n = H_n \times (1-X)$$

表13 公式解释(四)

符号	解释
T	进行人口政策调控后的常住人口
X	进行人口调控25年后的人口减少率(假定为32.4%)
H	自然增长情景下的常住人口(取劳动年龄情景下2040年常住人口)

因此,在上海政府产业结构调整、构建新城计划以及大都市圈规划的背景下,笔者参照东京都的发展轨迹对2040年上海人口进行预测,假定到2040年上海人口受人口调控的减少率为32.4%,而根据之前的分析,在无外界人口政策调控的情况下得出的上海人口为4 500万人左右,在此基础上根据政府政策对上海常住人口产生的影响进行调整,可得2040年上海市的常住人口将控制在3 042万人左右,并趋于稳定,当然这也建立在政府将规划与相应的人口政策落实到位的基础之上。届时,上海将拥有一个人口稳定的中心城市和一个规模庞大的大型都市圈。

附表1 上海男性的常住人口预测(自然增长情景)

年龄组	2020	2025	2030	2035	2040
0	469 227	513 712	593 342	619 466	601 637
5	436 470	467 778	512 125.7	591 509.8	617 553.1
10	421 083.8	436 260.5	467 553.5	511 879.8	591 225.8
15	340 091.7	420 864.9	436 033.6	467 310.4	511 613.7
20	1 511 709	1 452 967	1 464 743	1 390 996	1 399 443
25	1 920 357	2 621 766	2 489 787	2 417 120	2 320 759
30	1 463 767	1 915 733	2 615 453	2 483 792	2 411 300
35	1 312 461	1 459 337	1 909 936	2 607 538	2 476 276
40	1 106 114	1 307 298	1 453 596	1 902 422	2 597 280
45	1 015 567	1 099 428	1 299 396	1 444 811	1 890 924
50	984 669.6	1 005 027	1 088 018	1 285 910	1 429 815
55	930 165	967 363	987 362.3	1 068 895	1 263 309
60	892 154.1	905 708.1	941 928.2	961 401.5	1 040 790
65	816 788.4	857 362.8	870 388.2	905 195.8	923 909.8
70	529 439.5	766 250.4	804 314.3	816 533.8	849 187.7
75	287 938.1	479 738.4	694 318.7	728 809.3	739 881.7
80	193 704.7	244 615.2	407 557.4	589 852.2	619 153.4
85	157 784.8	144 547.3	182 538	304 129.5	440 162.5
90	84 654	128 558	138 859	165 645	248 819

附表2 上海女性的常住人口预测(自然增长情景)

年龄组	2020	2025	2030	2035	2040
0	441 893	483 787	558 778	574 905	566 590
5	410 953.1	440 431.2	482 186.6	556 929.6	573 003.2
10	369 333.6	410 792.8	440 259.4	481 998.6	556 712.4
15	292 146.4	369 219.1	410 665.4	440 123	481 849.2
20	1 409 214	1 340 433	1 352 578	1 310 353	1 319 788
25	1 821 978	2 456 257	2 322 679	2 251 171	2 188 990
30	1 408 387	1 819 939	2 453 508	2 320 080	2 248 652
35	1 248 310	1 406 304	1 817 248	2 449 880	2 316 649
40	1 010 466	1 245 478	1 403 115	1 813 126	2 444 323
45	890 142.7	1 006 683	1 240 815	1 397 861	1 806 338
50	868 239.6	884 876.7	1 000 727	1 233 475	1 389 592
55	831 435.6	860 463.6	876 951.7	991 764.7	1 222 428
60	850 958.5	820 507.2	849 153.7	865 425.1	978 729
65	823 824.6	835 221.8	805 333.6	833 450.3	849 420.7
70	524 495.9	798 853.7	809 905.4	780 923.1	808 187.6
75	300 504.2	497 633.3	757 939.6	768 425.2	740 927.4
80	233 631.2	272 635.2	451 482.3	687 647.5	697 160.7

续 表

年龄组	2020	2025	2030	2035	2040
85	230 734.1	194 035.9	226 429.5	374 966	571 106.4
90	178 318	265 343	287 805	323 617	450 170

参考文献

[1] 王裕明,吉祥,刘彩云.上海市人口结构变化预测研究[J].上海经济研究,2014(3):89-98.

[2] Landry A. Adolphe Landry on the Demographic Revolution[J]. Population & Development Review,1987,13(4):731.

[3] Notestein F W. Population: the long view.[J]. Schultz Tw Ed,1945.

[4] Leibenstein H. The Population Problem—Introductory Notes[J]. Quarterly Journal of Economics,1975,89(2):230-235.

[5] 舒尔茨.论人力资本投资[M].北京:北京经济学院出版社,1992.

[6] 于涛方.中国城市人口流动增长的空间类型及影响因素[J].中国人口科学,2012(4):47-58,111-112.

[7] 王桂新,潘泽瀚,陆燕秋.中国省际人口迁移区域模式变化及其影响因素——基于2000和2010年人口普查资料的分析[J].中国人口科学,2012(5):2-13,111.

[8] 张航空.流动人口带眷流动意愿研究[J].南方人口,2013(3):65-72.

[9] 岳珍,赖茂生.国外"情景分析"方法的进展[J].情报杂志,2006(7):59-60,64.

[10] 李志成.港口物流中心发展战略的情景规划[D].天津:天津大学,2010.

[11] 包昌火,谢新洲.竞争环境监视[M].北京:华夏出版社,2006.

[12] 徐曙光,陈丽萍,张迎新,等.铜下游行业的未来需求[J].国土资源情报,2010(12):23-25,31.

[13] 杨慧,张克胜.社会迁移对永久性迁移人口生育率的影响研究——基于对角线模型的实证分析[J].生产力研究,2015(7):113-118.

[14] 张晓军,潘芳,张若曦,等.我国特大城市发展的状况、特征及问题刍议[J].城市发展研究,2009(12):12-21.

[15] 柯善咨.中国城市与区域经济增长的扩散回流与市场区效应[J].经济研究,2009(8):85-98.

基于文献计量的人脸识别技术演进分析

王正为

(北方工业大学图书馆,北京 100144)

摘　要:通过文献计量方法分析和梳理人脸识别技术演变过程,把握人脸识别的知识流动过程。基于 WOS 中人脸识别领域的研究论文,利用 HistCite 和 Pajek 软件绘制引文编年图对人脸识别的技术演化路径进行分析。人脸识别的技术演进经过了传统算法和深度学习算法两个阶段。深度学习是目前人脸识别研究中的主流算法,提高在非理想环境下的人脸辨识度是目前人脸识别研究的重点。

关键词:人脸识别;文献计量;HistCite;Pajek

分类号:G353.1;G252;TP18

Bibliometrics Analysis of the Development of Face Recognition Technology

Wang Zhengwei

(The Library of North China University of Technology, Beijing 100144, China)

Abstract: The paper analyzed the development of face recognition technology by bibliometric methods summarize the trend of face recognition. Based on the research papers in the field of face recognition in WOS, the technology evolution path of face recognition is analyzed by drawing citation chronological maps with HistCite and Pajek software. Face recognition technology evolution has gone through two stages, namely, the artifical extraction method to obtain feature representation and deep neural network to extract and express features. Deep learning is currently the mainstream algorithm in face recognition research, and the research of face recognition in non-ideal environment and object mismatch will be the focus in the future.

Keywords: face recognition; bibliometrics; HistCite; Pajek

人脸识别技术因其方便快捷、应用广泛而成为人工智能领域备受关注的课题[1]。2016 年以来,美国、日本、法国、英国等各国政府均发布了人工智能相关研发战略或计划,彰显了各国政府部门对人工智能研发的重视。我国工信部联合国家发改委、财政部于 2016 年 4 月共同发布《机器人产业发展规划(2016—2020 年)》,国务院 2017 年 7 月发布《新一代人工智能发展规划》[2],2017 年和 2018 年连续两年将人工智能写入国家政府工作报告[3],良好的政策环境极大地推动了我国包括人脸识别技术在内的人工智能领域的发展。数据显示,2017 年中国在人工智能领域投资达到 10.3 亿美元[4]。

2011 年,中国科学院重庆绿色智能技术研究院智能多媒体技术研究中心主任周曦带领团队成功研发出国内首套"人脸识别支付"系统[5]。2015年,汤晓鸥领导的计算机视觉研究组开发的DeepID深度学习模型,再次超越人眼识别率,测试识别率达到了99.15%[6]。2015年,由周曦为带头人创立的云从科技相继发布了以"双层异构深度神经网络""3D结构光人脸识别技术""跨镜追踪技术"为代表的技术和产品,不仅打破了苹果公司FaceID的技术垄断,还在相关指标参数上刷新了领域内的世界纪录[7]。北京中科奥森数据科技有限公司为人民银行征信系统提供身份核验及多光谱活体防伪技术授权,累计完成5 000万次人证比对,无一误报[8]。为支付宝、Uber等提供人脸识别技术的北京旷视科技有限公司(FACE++)2017年完成了4.6亿美元融资,打破了国际范围内人工智能领域的融资纪录[9]。

在现代科技发展过程中,科研论文可以为技术应用提供基础性支持和研究,它体现了学科领域的知识形态、理论形态、数据基础性研究,属于科学范畴。科学知识具有可积累性与结构紧密性特征,新的知识来源于过去的知识[10],基于对人脸识别相关文献的计量分析,可以看出人脸识别基础性科学研究中的特点、趋势,并预测未来。

1 工具介绍和研究综述

1955年"科学引文索引之父"尤金·加菲尔德[11]提出了引文贯穿观念知识联系的思想后,1964年科学引文索引(SCI)建立,从此引文分析法成为科学计量学的一种主流方法。科学由知识传承与创造的不断螺旋演化累积形成,科学引文之间的关系体现了知识的流动,沿着这一轨迹,可以对科学知识的历史进行追溯[12][13]。已有的研究成果表明,通过对引文之间的施引关系进行研究可以深入探究某一学科领域的发展脉络、重要成果以及发展方向。

HistCite[14]是加菲尔德博士牵头研发的一款引文编年可视化系统,2001年公开使用,它通过对Web of Science(WOS)网站上检索的数据进行批量分析和组构,显示学科领域作者的文献数量及引证关系,能够帮助研究者快速地从海量文献中找到对自己学科研究有帮助的关键文献。HistCite基于引文数据绘制的可视化引文编年图,按照时间顺序显示关键文献及其相互影响,有助于研究者理解与把握学科发展脉络和重大进展,追溯学科研究轨迹,更好地理解学科领域的结构和历史,如雾霾的发展脉络和趋势研究[15]、基于ESI的地球学科发展趋势分析[16]。Pajek[17]是大型社会网络分析工具,它提供了复杂网络分析算法,实现图形可视化和数据处理,可用于非线性网络关系的引文有向链状研究。主路径分析方法能够弥补引文编年图的不足,两者结合能够更好地揭示科学发展的主要过程[18]。引文有向链状分析可以反映某一技术或学科发展的脉络与源流,揭示技术发展路径及其规律,如对国际竞争力[19]、学校心理学[20]、人胚胎干细胞[21]、抗疟药[22]、3D打印技术[23]等技术领域的发展路径及演变过程的研究。

部分学者已经对人脸识别的研究发展状况做出了分析。闫娟等[24]介绍了人脸识别技术的发展概况,对比了典型人脸识别商用产品和经典人脸识别技术的识别效果。邹志煌等[25]介绍了人脸识别技术产品的发展概况和当前的市场状况,对目前国内外典型人脸识别商用产品的实用算法进行了分析和比较。黄智等[26]基于人脸识别的专利文献对人脸识别领域专利总体变化情况进行了统计分析,对人脸识别专利发展趋势进行了预测。

本文对WOS中1991年以来的人脸识别领域相关的论文和专利进行了统计分析,利用HistCite、Pajek分析软件对人脸识别技术的演进过程进行了梳理,从文献计量的角度了解人脸识别的技术演进路线。

2 数据来源与分析方法

数据来源是 Web of Science 核心合集。用人脸识别的同义词进行检索,WOS 类型选择与人脸识别相关的计算机科学人工智能、工程电子电气、计算机科学理论方法、影像科学摄影技术等共计 13 类,数据库选择 SCI Expanded、CPCI-S 和 CPCI-SSH,文献类型选择 Article、Review 和 Proceedings Article,时间跨度选择 1991—2018 年,语言不限。

检索式为 TS=("FACIAL DETECTION"OR"FACIAL RECOGNITION"OR"FACIAL PERCEPTION" OR " FACE RECOGNITION " OR " FACE PERCEPTION " OR " FACE DETECTION"OR "FACE DETECT") AND WC=(COMPUTER SCIENCE ARTIFICIAL INTELLIGENCE OR ENGINEERING ELECTRICAL ELECTRONIC OR COMPUTER SCIENCE THEORY METHODS OR IMAGING SCIENCE PHOTOGRAPHIC TECHNOLOGY OR COMPUTER SCIENCE INFORMATION SYSTEMS OR COMPUTER SCIENCE SOFTWARE ENGINEERING OR TELECOMMUNICATIONS OR OPTICS OR COMPUTER SCIENCE INTERDISCIPLINARY APPLICATIONS OR AUTOMATION CONTROL SYSTEMS OR COMPUTER SCIENCE HARDWARE ARCHITECTURE OR COMPUTER SCIENCE CYBERNETICS OR ROBOTICS) AND DT=(PROCEEDINGS PAPER OR ARTICLE OR REVIEW) AND PY=(1991-2018)。检索日期为 2018 年 8 月 16 日,检索结果为 21 611 条。研究方法是将检索结果以全记录方式下载后,导入 HistCite 中,生成引文编年图,再根据引文编年图对人脸识别发展脉络进行整理分析,将复杂网络图导入 Pajek 中进行凝练生成主路径分析图,分析人脸识别的技术发展历程。

3 人脸识别技术演进分析

3.1 LCS 排名前 50 位的高被引文献引文编年图

HistCite(History of Cite)即引文的历史分析。HistCite 的引文编年图采用高被引论文的被引关系形成的网络图来说明学科的演进脉络。引文编年图能够体现学科的发展史是基于两点考虑:一是高被引文献,科学文献被引用的频次越高,说明这个文献的影响力越大,文献中的内容就可以代表这一时期的重要研究成果;二是文献的引用关系,科学发展既有创造性又有继承性,科学的发展是沿着一个轨迹向前运行的,这个轨迹就是科学文献的引用关系。本文利用 HistCite 对被引频次排名前 50 位的文献进行了编年图分析,来体现人脸识别的进展。本文研究的目标是人脸识别技术本身的发展脉络,因此采用的是本地被引频次(LCS),即被本领域论文引用的次数来绘制引文编年图。

图 1 所示编年图中文献被分为两部分,左侧是单独的一个 2014 年的 13509 号文献,右侧是由 1991 年的 1 号文献到 2011 年的 9466 号文献构成的一个复杂化网络,这说明 1991—2011 年的文献构成了人脸识别技术的一个发展脉络,称之为人脸识别发展脉络 1,即基于传统算法的人脸识别发展阶段。2014 年的 13509 号文献构成了人脸识别的另一个脉络,称之为人脸识别发展脉络 2,即基于深度学习的人脸识别发展阶段。

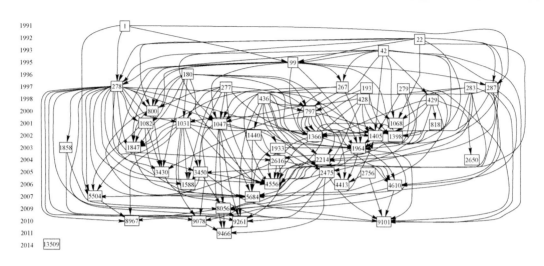

图 1 人脸识别引文编年图

由于脉络 1 与脉络 2 差别很大,为了验证这一关系是否正确,本文选取了 LRC 值为前 60、80、100 位的文献分别进行测试,结果与 LRC 值排名前 50 位的文献所形成的编年图类似,但结构更复杂,不利于观察,因此依然采用 LRC 值排名前 50 位的文献编制编年图。

3.2 人脸识别技术发展的历史演进路线分析

脉络 1 的网络过于复杂,不利于对学科发展脉络的把握,利用社会化软件 Pajek 对编年图中的复杂网络进行处理后,梳理出主路径,如图 2 所示,该路径由 1991 年的 1 号文献、1992 年的 22 号文献和 1993 年的 42 号文献作为开端,由 2010 年的 8967 号文献和 2011 年的 9466 号文献收尾,其中的文献即人脸识别发展脉络 1 的主路径文献。表 1 为 1991—2011 年脉络 1 主路径中的文献和脉络 2 的 2014 年的 13509 号文献的信息,这些文献的内容能够代表人脸识别的发展历程。

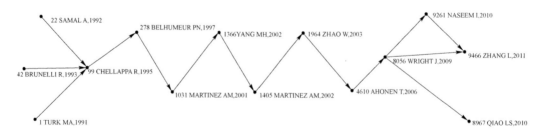

图 2 人脸识别发展脉络 1 中的主路径图

表 1 人脸识别研究主路径文献列表

序号	文献题名	文献来源	本地被引频次(LCS)	其他领域被引频次(GCS)
1	"FACE RECOGNITION USING EIGENFACES"	TURK MA, 1991, 1991 IEEE COMPUTER SOCIETY CO, P586	1 117	4

续表

序号	文献题名	文献来源	本地被引频次（LCS）	其他领域被引频次（GCS）
22	"AUTOMATIC RECOGNITION AND ANALYSIS OF HUMAN FACES AND FACIAL EXPRESSIONS: A SURVEY"	SAMAL A, 1992, PATTERN RECOGN, V25, P65	288	460
42	"FACE RECOGNITION-FEATURES VERSUS TEMPLATES"	BRUNELLI R, 1993, IEEE T PATTERN ANAL, V15, P1042	747	1 172
99	"HUMAN AND MACHINE RECOGNITION OF FACES: A SURVEY"	CHELLAPPA R, 1995, P IEEE, V83, P705	881	1 240
278	"EIGENFACES VS. FISHERFACES: RECOGNITION USING CLASS SPECIFIC LINEAR PROJECTION"	BELHUMEUR PN, 1997, IEEE T PATTERN ANAL, V19, P711	3 868	5 897
1031	"PCA VERSUS LDA"	MARTINEZ AM, 2001, IEEE T PATTERN ANAL, V23, P228	656	1 470
1366	"DETECTING FACES IN IMAGES: A SURVEY"	YANG MH, 2002, IEEE T PATTERN ANAL, V24, P34	991	1 586
1405	"RECOGNIZING IMPRECISELY LOCALIZED, PARTIALLY OCCLUDED, AND EXPRESSION VARIANT FACES FROM A SINGLE SAMPLE PER CLASS"	MARTINEZ AM, 2002, IEEE T PATTERN ANAL, V24, P748	346	480
1964	"FACE RECOGNITION: A LITERATURE SURVEY"	ZHAO W, 2003, ACM COMPUT SURV, V35, P399	1 932	2 708
4610	"FACE DESCRIPTION WITH LOCAL BINARY PATTERNS: APPLICATION TO FACE RECOGNITION"	AHONEN T, 2006, IEEE T PATTERN ANAL, V28, P2037	1 313	2 304
8056	"ROBUST FACE RECOGNITION VIA SPARSE REPRESENTATION"	WRIGHT J, 2009, IEEE T PATTERN ANAL, V31, P210	2 065	4 416
8967	"SPARSITY PRESERVING PROJECTIONS WITH APPLICATIONS TO FACE RECOGNITION"	QIAO LS, 2010, PATTERN RECOGN, V43, P331	300	378
9261	"LINEAR REGRESSION FOR FACE RECOGNITION"	NASEEM I, 2010, IEEE T PATTERN ANAL, V32, P2106	361	454
9466	"SPARSE REPRESENTATION OR COLLABORATIVE REPRESENTATION: WHICH HELPS FACE RECOGNITION?"	ZHANG L, 2011, P471	417	622
13509	"DEEPFACE:CLOSING THE GAP TO HUMAN-LEVEL PERFORMANCE IN FACE VERIFICATION"	TAIGMAN Y, 2014, PROC CVPR IEEE, P1701	298	768

注：文献来源包括作者，发表时间，期刊及页码。

3.2.1 基于人工特征提取的人脸识别传统算法演进脉络

1991—2011 年的人脸识别演进脉络 1 是人脸识别传统算法演进时期,这条脉络是研究者们寻找合适的算法进行人脸属性分离、特征提取和分类判别,不断克服非理想状态的影响达到人脸识别辨识度最佳的过程。有别于深度神经网络人脸特征值提取的是,这一时期实现特征值提取的方法是基于人工的方法。通过对脉络 1 中文献的阅读,本文将人脸识别传统算法的发展与演变过程梳理如下。

1991 年的 1 号文献是麻省理工学院的 Turk 和 Pentland 提出的特征脸(Eigenface)方法,这种方法对人脸检测和识别进行跟踪比对,用特征脸定义一个包含特征向量的人脸集合空间,然后把新的人脸头像当作一个 2D 的直立头像,将头像投影到这个特征脸空间中进行比对,从而达到识别目的。特征脸方法被认为是第一种有效的人脸识别方法,也是人脸识别应用最早、最广的一种方法。1992 年的 22 号文献是对自动化系统进行人脸检测、识别人脸、分析人脸的表达函数、人脸物理特征分类等人脸检测与识别方面的子问题的综述,并对这些问题提出了解决算法。1993 年的 42 号文献是麻省理工学院的 Brunelli 提出的两种新的人脸识别算法,一种是基于几何特征(如鼻子宽度和长度、嘴巴位置、下巴特征等)的人脸识别方法,另一种是基于灰度模板匹配的人脸识别算法,测试集结果表明,使用几何特征的正确识别和模板匹配的完美识别度约为 90%。

1991 年的特征脸算法、1992 年自动化系统人脸识别的调查综述以及 1993 年的几何特征和模板匹配算法 3 篇文献构成了人脸识别算法的开端,它们汇集到 1995 年的 99 号文献,99 号文献是对前一个时期各类人脸算法的总结。在此基础上,1997 年的 278 号文献则是 Belhumeur 等提出的著名的 Fisherface 算法,Fisherface 方法先利用主成分分析(PCA)对图像进行降维,再用线性判断分析(LDA)变换降维处理后得到的主成分,这个方法是这一时期人脸识别技术研究的一项非常重要的成果,大量的测试表明,Fisherface 方法的错误率要明显低于早期特征脸方法的错误率。这里所提到的 LDA 和 PCA 其实是机器学习的重要方法,LDA 是考虑数据集中每个样本的类别输出的监督学习的降维技术,而 PCA 是不考虑样本类别输出的无监督降维技术,一般认为 LDA 算法优于 PCA 算法。2001 年的 1031 号文献是对上述观点进行的检验,即 LDA 和 PCA 的对比研究,由美国普渡大学的 Martinez 等完成,Martinez 等通过实验得出了一个十分有价值的结论,即当训练数据集小时,PCA 可以优于 LDA,同时 PCA 对不同的训练数据集不太敏感。这一结论对后来的线性判断和降维方法在人脸识别中的应用产生了重要的影响。

2002 年的 1366 号文献是对当前已经存在的多种检测单个图像中人脸的算法的分类和评估,其中包括基于主成分分析、支持向量机、隐马尔可夫模型和神经网络等方法,研究认为,鲁棒性高的有效面部检测系统要面对光照变化、方向、姿势、部分遮挡、面部表情、眼镜、发型等影响带来的挑战,这为以后的人脸识别研究提供了方向。此时,光照、遮挡等非理想化识别问题已经被正式提出。针对非理想化状态的人脸识别问题,2002 年美国普渡大学的 Martinez 再次提出一种能够为不精确局部化、部分遮挡和表情变化的人脸做出补偿的概率方法,即 1405 号文献,研究指出为了解决局部遮挡问题,可以将人脸图像划分成局部小块进行分析,再对每个局部区域上获得的结果加权,从而实现识别率的提高。2003 年的 1964 号文献又是对前期人脸识别的综述,该文献除指出广泛的商业和执法应用是人脸识别技术引起广泛关注的原因以及对一些人脸识别算法的述评外,还认为现阶段的算法在应对室外环境以及光照变化方面仍存在挑战。2006年的4610号文献提出基于局部二值模式(LBP)纹理特征的人脸图像表示方法,Ahonen将改善的LBP方法应用到人脸识别中,该文献提出的算法在FERET数据集上进行了测试,并与PCA、贝叶斯等算法进行了对比,实验结果表明在该数据集的fc和dupⅡ部分,LBP算法取得了最优的检测效果。2009年的8056号文献是基于稀疏表示的鲁棒性人脸识别研究,其中的算法框架结构对人脸识别中的特征提取和遮挡鲁棒性问题提出了新的研究范式。在这个文献后面出现了两个分支,一个是直达8967号文献作为终点,另一个是经过9261号文献后以9466号文献作为终点。

2010年的8967号文献提出了一个新的无监督的降维方法,即稀疏保持投影(SPP)方法,这种方法与局部保持投影(LPP)和邻域保持嵌入(NPE)技术保持局部信息领域不同的是,SPP方法在降维过程中的目的是通过最小化的L1正则化相关目标函数来实现保持稀疏的重建关系的数据,所获得的投影对于数据的旋转、重新缩放和平移能够保持不变,更重要的是,即使没有提供类标签,也能包含自然鉴别信息。SPP方法能够自动选择其邻域,相较于LPP和NPE方法在实践中能更方便地使用,在美国AR人脸库、耶鲁大学脸部数据库和耶鲁大学拓展脸部数据库B等主流人脸库得到有效性验证并取得了可喜的成果。

2010年的9261号文献提出通过线性回归方式(LRC)来制定模式识别问题,从而进行人脸识别,该算法定义人脸识别为一个线性回归问题,使用最小二乘估计参数向量。LRC算法处理了面部表情变化和连续遮挡的问题,大量实验说明,LRC方法能产生高识别精度,且不需要任何面部定位和标准化的预处理步骤。2011年的9466号文献对稀疏表示和协同表示在人脸识别中的作用进行了分析。当时多数文献忽略了协同表示在稀疏表示分类中的使用,该文献对稀疏表示分类的工作机制进行了分析,指出了稀疏表示的优点在于协同表示而不是L1范数稀疏性,使得稀疏表示分类具有强大的人脸分类能力,提出了一个简单有效的人脸分类方案,即基于正则化最小二乘的协同表示分类。

提高人脸识别的精准度是人脸识别的最终目的。1991—2011年的人脸识别主脉络1其实就是研究者在不断地寻找新的算法,尝试使用新的函数来提高人脸的辨识度的过程。遮挡、光线等非理想化状态的环境一直是影响识别度的重要因素,脉络1还是不断地在解决环境的影响带来的识别度的影响,提高人脸识别鲁棒性,这一阶段对人脸特征值的提取是人工特征值提取的办法。

3.2.2 基于深度神经网络的人脸识别算法演进脉络

脉络2体现的是基于深度学习方法的人脸识别研究,这一时期人脸识别算法研究的典型特征是基于深度神经网络方法来进行人脸特征提取。脉络2中仅有2014年发表的13509号一篇文献,是Taigman等[27]在Facebook人工智能实验室的研究结果,DeepFace使用3D对齐技术将对齐的结果送入一个9层网络进行处理,是基于深度学习的卷积神经网络的人脸识别方法。

文献被引频次会受到时间的影响,发表于2014年之后的基于深度学习的人脸识别研究文献在编年图中还没有得到体现。随着世界人工智能领域研究的不断深化,目前基于深度神经网络的人脸识别研究是人脸识别的主流。除Taigman的DeepFace外,还有谷歌提出的FaceNet网络结构[28],以及用深度学习的方法来提取人脸高级特征(high-level features)的DeepID算法[29]等,汤晓鸥团队的DeepID算法的人脸识别率达到了97.53%,首次超越了人眼识别率[30]。第三代基于卷积神经网络的DeepID3[31]技术针对CNN的结构做了较大改进,采用图像识别方面的最新网络结构,虽然没有比上一代 DeepID2 识别精度更高,但其网络层数与上一代相比有所加深,可以说从这个时候开始人脸识别真正进入了人工智能时代,用深度神经网络的方法进行人脸特征提取成为人脸识别研究的主流算法。

综上,人脸识别分为两个阶段,即传统算法和深度神经网络算法。脉络 1 是人脸识别的传统算法的发展过程,脉络 2 代表基于深度神经网络的人脸识别发展的新方向。二者的共同之处在于,其目的都是不断克服非理想状态化的影响,提高识别度,核心思想都是对人脸特征值的提取;不同之处在于前者对特征值的提取是基于人工的办法,后者则是基于深度神经网络的方法,后者是目前的主流算法和人脸识别技术研究的发展趋势。

4 结论

HistCite 能够对 WOS 中的文献进行梳理和分析,Pajek 对 HistCite 引文编年图中的复杂网络的简化处理可以方便科研人员把握和了解学科发展的主脉络。通过引文编年图,笔者发现从 1991 年开始,人脸识别技术演进可以分为两个阶段,1991—2011 年前后,人脸识别技术演进主要是在基于人工办法提取人脸特征值的传统算法领域中的研究和不断突破。在 2014 年前后,人脸识别的算法进入了基于深度神经网络的算法时期,这一时期人脸识别技术的发展特征主要是对人脸特征值的提取是基于深度神经网络特征值的表达式提取。基于深度神经网络的算法在特征提取和辨识度上都优于传统的人脸识别算法,这一算法已经成为目前的主流算法。克服遮挡等非理想化状态环境带来的影响,从而提高识别度是传统算法和深度神经网络算法都需要面临的挑战。不断地克服非理想化状态带来的影响,提高识别度是人脸识别技术发展的目的,同时也是人脸识别技术发展的内部动力。

参考文献

[1] 赵天闻. 基于机器学习方法的人脸识别研究[D]. 上海:上海交通大学,2008.
[2] 房俊民,唐川,张娟. 信息科技领域发展态势及趋势分析[J]. 世界科技研究与发展,2018,40(1):17-26.
[3] 周岩. 国家大力发展人工智能[N]. 中国食品报,2018-05-15(1).
[4] 王莉莉. 全球工业机器人需求旺盛 中国大步争先[J]. 中国对外贸易,2018(7):68-69.
[5] 刘晓娜. 短短三年 中国 AI 领域"独角兽"是怎样炼成的?[N]. 重庆商报,2018-04-23(4).
[6] 港中大教授研发 DeepID 人脸识别技术 准确率超 99%[EB/OL]. (2015-01-12)[2018-08-19]. https://blog.csdn.net/real_myth/article/details/42642049.
[7] 叶伊倩,刘启强. 云从科技:用人脸识别技术为中国发展护航[J]. 广东科技,2018,27(7):42-45.
[8] 马亚平. 精耕 AI:创新解决当下赋能安防未来——访北京中科奥森数据科技有限公司安防事业部总经理刘冬[J]. 中国安防,2018(5):17-22.
[9] 杨清清. Face++融资 4.6 亿美元人工智能进入规模竞赛[N]. 21 世纪经济报道,2017-11-03(16).
[10] Price D J D S. Is technology historically independent of science? A study in statistical historiography[J]. Technology and Culture,1965,6(4):553-568.
[11] Garfield E. Citation Indexes for Science:A New Dimension in Documentation through Association of Ideas[J]. Science,1955(122):108-111.
[12] Fujigaki Y. The citation system:Citation networks as repeatedly focusing on difference, continuous reevaluation, and as persistent knowledge accumulation[J]. Scientometrics,1998,43(1):77-85.
[13] Cronin B. The Need for A Theory of Citing[J]. Journal of Documentation,1981,37(1):16-24.
[14] 张月红. HistCite——一个新的科学文献分析工具[J]. 中国科技期刊研究,2007,18(6):1096.

[15] 穆亚凤,都平平,齐迈图,等.基于引文分析工具的学科发展态势研究[J].现代情报,2017,37(3):126-131,147.

[16] 穆亚凤,都平平.Histcite 引文分析工具在 ESI 学科评价分析中的应用研究[J].现代情报,2017,37(5):157-161.

[17] Bonacich P. Exploratory Social Network Analysis with Pajek[J]. Sociological Methods and Research,2008(36):563-564.

[18] 董克,刘德洪,江洪,等.基于主路径分析的 HistCite 结果改进研究[J].情报理论与实践,2011,34(3):113-116.

[19] Olczyk M. Bibliometric approach to tracking the concept of international competitiveness [J]. Journal of Business Economics and Management,2016,17(6):945-959.

[20] Liu S,Oakland T. The Emergence and Evolution of School Psychology Literature:A Scientometric Analysis From 1907 Through 2014[J]. School Psychology Quarterly,2016,31(1):104-121.

[21] 董立平,郭继军.利用 HistCite 的人胚胎干细胞引文编年图主要路径分析[J].医学信息学杂志,2010,31(11):38-40,49.

[22] 闫雷,关晶,崔雷.基于 HistCite 的抗疟药研究相关文献引文编年图和主要路径[J].医学信息学杂志,2012,33(9):51-54.

[23] 吴菲菲,段国辉,黄鲁成,等.基于引文分析的 3D 打印技术研究主题发展趋势[J].情报杂志,2014,33(12):64-70.

[24] 闫娟,程武山,孙鑫.人脸识别的技术研究与发展概况[J].电视技术,2006(12):81-84.

[25] 邹志煌,孙鑫,程武山.人脸识别技术产品的发展概况[J].电视技术,2008(1):91-93.

[26] 黄智,罗永.从专利角度看人脸识别技术的发展[J].电视技术,2013,37(S2):92-95.

[27] Taigman Y,Yang M,Ranzato M,et al. DeepFace:Closing the Gap to Human-Level Performance in Face Verification[C]// IEEE Conference on Computer Vision and Pattern Recognition. IEEE Computer Society,2014:1701-1708.

[28] Schroff F,Kalenichenko D,Philbin J. FaceNet:A unified embedding for face recognition and clustering[J]. 2015:815-823.

[29] Sun Y,Wang X,Tang X. Deep Learning Face Representation from Predicting 10,000 Classes[C]// IEEE Conference on Computer Vision and Pattern Recognition. IEEE Computer Society,2014:1891-1898.

[30] Chen Y,Chen Y,Wang X,et al. Deep learning face representation by joint identification-verification[J]. 2014(27):1988-1996.

[31] Sun Y,Liang D,Wang X,et al. DeepID3:Face Recognition with Very Deep Neural Networks[J]. Computer Science,2015.

对未来国防大学红山口教学区图书馆馆舍设计理念的思考

司文委

(国防大学图书馆,北京 100091)

摘　要:随着军队院校不断发展壮大,图书馆界的改扩建工作如火如荼地进行着。本文从军队院校图书馆的实际特点出发,简单介绍了国防大学红山口教学区图书馆的特色,进而思考了本校图书馆馆舍的设计理念,其中除了有与地方大学图书馆相似的理念之外,还提出了军队院校图书馆特有的理念。最后,本文提出了图书馆馆舍设计过程中的一些意见和建议,以期把图书馆建成精品,为部队人才培养提供优秀平台和强力支撑。

关键词:军队院校图书馆;特点;国防大学红山口教学区图书馆;设计理念

分类号:EJ9141

Thinking on the Design Concept of the Library of the Hongshankou Teaching Area of National Defense University in the Future

Si Wenwei

(National Defense University Library, Beijing 100091, China)

Abstract: With the continuous development and expansion of military academies, the reform and expansion of library circles are in full swing. Starting from the actual characteristics of military academy libraries, this paper briefly introduces the characteristics of the library in Hongshankou teaching area of National Defense University, and then considers the design concept of the library building of this university. In addition to similar concepts with those of local university libraries, it also puts forward some concepts which conform to the special characteristics of military academy libraries. Finally, some suggestions in the process of library building design are put forward in order to build the library into a high-quality product and provide an excellent platform and strong support for military personnel training.

Keywords: military academy library; characteristics; library of Hongshankou teaching area of National Defense University; design concept

随着数字化、网络化和智能化技术的广泛应用以及我军院校教学信息化建设的深入发展,军队院校图书馆事业不断发展壮大,已成为我军院校信息化保障体系的重要组成部分。站在新的历史起点上,国防大学作为我国最高军事学府,办学目标是建成世界一流综合性联合指挥大学,一流的大学要有一流的图书馆作为支撑。国防大学红山口教学区图书馆(以下简称"国防大学图书馆")因使用年限已久,难以满足现代化图书馆发展和应用需求,建设新馆势在必行。笔者有幸参与新馆建设相关工作,现正处于新馆建设调研论证需求阶段。作为图书馆的一员,笔者立足当前形势,根据军队院校特点,在新馆馆舍设计理念方面进行了一些思考。

1 军队院校图书馆的特点

军队院校图书馆与地方图书馆的服务方式一样,都是对图书馆资料进行收集、整理、保存,通过交流和传播为用户提供信息服务,其基本属性是中介性、社会性、依附性和学术性。但军队院校图书馆又不同于地方院校图书馆,首先军队院校图书馆姓"军",是我军人才培养体系的重要组成部分,肩负着为院校教学科研提供信息保障和为部队建设提供信息服务的职责,与地方院校图书馆相比有以下特点。

1.1 军事性

军事性是军队院校图书馆有别于地方图书馆的最显著特征,首先表现在隶属关系上,军队院校图书馆隶属于军队系统的各院校,是国防力量的重要组成部分,所处的环境是军营,服务的对象主要是军人,其图书类型及事业发展都服从于军队现代化建设和军队院校教学科研活动的需要。例如,国防大学是综合性联合指挥大学,承担着培养联合作战人才和高中级领导干部的职责,图书馆的工作主要围绕着军队人才培养的目标开展,包括构建具有浓厚军事特色的信息资源体系,满足教员、学员及研究人员的学习需求。

1.2 保密性

区别于地方图书馆的完全开放,军队院校图书馆具有保密性的特点,这是由其工作性质决定的。军队院校图书馆从事的工作和活动与其隶属关系相关,而涉及的活动和信息又会关系到国家的安全利益,其保密性主要体现在以下几个方面:一是馆藏资源具有保密性,军队院校图书馆的军事馆藏资源直接涉及我军军事部署、军事指挥和军事装备等方面的核心内容,不同程度地关系着国家军事的安全利益;二是网络资源具有隔离性,军队院校图书馆的网络与地方网络是物理隔离的,首先,就硬件载体来说,严禁一机上两网,并且上过军网的硬盘坚决不允许再作为互联网载体,其次,就这类数字资源的使用者来说,必须具备使用权限才能上机查阅。国防大学图书馆的馆藏军事资源是由院校课程体系及人才培养的方向和内容决定的,间接反映了我校的研究方向和培养目标,尤其是我校硕博论文,更是包含对我军建设情况的介绍和周边国家安全形势的分析,这类资源的密级程度不等,分别为内部、秘密、机密、绝密四个级别。密级网络资源是对涉密资料的数字化,负责这类资源的工作人员必须接受专业培训,对从事本职工作所要承担的保密责任要有清醒的认识,严格遵守保密规定,不能泄露任何军事秘密。

1.3 一体性

从隶属关系上看,军队院校图书馆分别隶属于军队各单位、各军兵种,图书馆的特色是由培训层次和培训任务决定的,因此图书馆应与各所属院校步调一致,包括外观建筑及内部装饰。从业务管理角度看,经过军事编制体制改革,很多院校进行了合并,在业务管理上要做好合并后的统一管理。国防大学图书馆在此次军改中进行了重建、重构、重塑,新国防大学由原国防大学、南京政治学院、西安政治学院、艺术学院、后勤学院、石家庄陆军指挥学院、武警政治学院以及装备学院装备指挥、采办专业组成。作为院校第二课堂的图书馆,将从各自为战、独立行动的运行模式转变为在统一的组织下进行规划协调和发展,全军院校图书馆的正规化建设、自动化建设、数字化建设都在统一组织下,作为一个整体来规划和实施,实现军队院校图书馆事业的一体化。

2 国防大学图书馆馆舍的设计理念

站在新的历史起点上,国防大学图书馆的建设应以强军目标为统领,瞄准建设世界一流军队院校图书馆的发展目标,积极贯彻落实党的十九大报告中提出的"创新、协调、绿色、开放、共享"发展理念,突出体现中国最高军事学府的特色,坚持"三个面向"的服务宗旨,坚持专业化人才培养的价值取向,积极吸收和借鉴国内外图书馆最先进的设计理念和技术手段,精心打造适合军队院校发展和令广大教员、学员满意的图书馆。

2.1 特色设计

在外观设计上,既要体现学校的学术风格,又要与学校的整体环境相融合;既要呈现造型新颖、美观大方的现代精神,又要展现军队特有的铮铮铁骨、锐不可当的士气。在内部结构设计上,要解放思想,敞开大门,吸收西方文化精髓和成功经验,在内部空间、结构造型、色彩搭配和材质选择等方面与周围环境相融合,注重整体视觉效果。在区域划分上,做好军事资源特色布设工作。无论外观设计还是内部布设,都应充分体现姓军为战、备战打仗的理念,特别是突出专业化人才培养的鲜明导向,以服务保障联合作战人才和高中级领导干部人才培养为战略定位,以服务保障高素质联合作战指挥和参谋人才为核心职能,为推动教学科研的管理创新提供重要的智力支撑和知识服务。

2.2 全开放与半开放相结合

目前图书馆追求大开间、全开放、无阻碍式阅览环境,但由于军队院校图书馆的保密性特点,在全开放、无阻碍的理念下,也要做好涉密资源的保护工作,将涉密资源分等级布设。对于机密级资源应设立机要阅览室,物理隔离,对阅览对象应严控把握,做好人员登记工作,机要室应设立在楼层相对较高、与工作人员距离较近的位置。对于能够反映我校人才培养方向的馆藏资源,也应做到半开放式阅览,即针对我校教员、学员完全开放,不符合身份的读者禁止入内。

2.3 一体化设计

首先,图书馆应与所属院校步调一致,在选址上从方便读者的角度出发,馆址应处于学校中心;在外形设计上应与学校主体建设基本保持风格一致;在面积设计上应小于学校的主体建筑,设计出具有特色的馆舍。其次,对于此次院校调整改革新合并的图书馆,要实现一体化设计、专业化管理,实现资源共享,既有整体规划,又有专业特色,从而提高图书馆的服务质量和效益。

2.4 以人为本

规划设计馆舍应树立为人所建、为人所用、为人所管的思想[1]。国防大学图书馆建筑应以读者为中心,以馆员为核心,其规划设计应围绕人的需求展开,为读者和馆员营造良好的人居环境,使科学化的管理和人性化的管理达到统一。读者是院校图书馆自始至终的主人,在选址问题上应重点从读者角度考虑,既突出图书馆作为文化标志的特点,又方便广大教员、学员阅读和查找资料;在功能设计和空间划分上,以读者的需求为导向,以能使读者方便利用文献资源为标准。馆员是图书馆的管理者、组织者、引导者和咨询者,在规划院校图书馆的设计时,应重点考虑馆员的长期健康问题,如工作环境的温湿度、采光性等问题。

2.5 灵活开放

灵活性是指在满足当前需要的同时,在不改变建筑结构的条件下,为适应将来的发展变化而具有改变内部空间布局、组合、划分和使用的可能性[2]。要实现将建筑的固定功能转变为动态功能,对建筑的设计要求必须达到同层高、同荷载、同柱网[3],使图书馆在以后的发展中,能够以不变应万变,根据需要做出变化。但这种"三同"模式成本太高,在后期的使用中需要人工采光和通风,可能会出现建得起用不起的现象,为解决这种矛盾,图书馆在最初设计时可划分为进出口区、学习区、研讨区、馆藏区、活动区和办公区,将整个建筑结构划分为模数式框架结构,对一些辅助区可排除"三同"模式,从而减少成本。开放即冲破传统的藏阅分离理念,将有围墙的、小面积的空间以"三同""大开间""开放"的形式面向读者,真正实现"管、藏、借、阅"一体化。开放理念还体现在合作共筑上,即院校重组后,合并院校应树立"全校一个馆"的意识,促进各馆之间开放共享,有机融合。

2.6 智能创新

图书馆智能化是指采用电子信息技术、通信技术、计算机技术对建筑大楼的设备进行自动监控,对信息资源进行管理和向使用者提供综合服务[4]。实现办公自动化,主要指对馆藏文献的管理与服务;实现通信自动化,在以计算机网络为主的环境里,要充分利用现有网络开展文献信息服务,实现信息资源共享;实现楼宇自动化,以计算机为核心,对消防、空调、闭路电视、门禁、能源、给排水、停车、安全保卫及电梯等管理系统,实行集中监控和集中管理;实现综合布线,这是图书馆实现智能化的必要条件,统一规划设计照明线、动力线、网络线(局域区、互联网)和通信线等线路,综合布线时还应区分强电系统和弱电系统,以免发生干扰现象。新馆建设规划还应积极引入"知识共享空间""自主学习空间""个性研讨空间""主题图书馆""军事创客空间""新科技体验空间""第三空间"等主题空间,致力打造全军一流的集知识存储、利用、共享、研究、交流等功能于一体的现代化智慧型图书馆。

2.7 协调发展

着眼图书馆整体化建设发展,统筹协调,力求做到人、建筑和周围自然环境一体化设计、和谐发展的理念。在功能设计上,要将现实需求与未来需求、软件建设与硬件建设、物理空间与虚拟空间、人工服务空间与智能服务空间相结合,实现功能多元化、管理智能化、服务人性化,建造适应军队现代化图书馆功能要求的绿色生态图书馆建筑,以吸引更多读者走进图书馆。

2.8 绿色环保

着眼图书馆可持续健康发展,充分体现绿色节能、环保安全的发展理念。在建筑施工中不用或少用对人体有害的化学材料,尽可能地选用绿色环保、无污染、无放射性的材料,减少对人体的伤害。对于日常必需的取暖、照明和热水尽可能采用无污染的再生能源。在新馆建设规划上,还必须做好采光和通风规划,人体每天光照 2～3 小时,不仅可以杀灭病菌,提高机体免疫力,也是健康和发育的最低需求,通风可使室内空气流通起来,提高空气清洁度,也是对人体最好的保护。在功能设计上,一切从方便读者的角度出发,建设科学合理、安全实用、舒适美观的馆舍格局,创造人、书、设备和谐适宜的图书馆空间环境,体现出国防大学独有的军事人文特色,打造极富人性化的绿色服务空间。

3 国防大学图书馆馆舍设计的若干建议

应认清部队赋予院校图书馆的使命和读者对图书馆的需求期望,依据图书馆界有关建筑规定,遵循图书馆建筑的内在规律,立足现在,着眼未来,在国防大学图书馆的建筑设计中应把握以下基本要求。

3.1 图书馆人全程参与

图书馆建筑是为读者利用文献信息资源和参加交流活动而建造的,图书馆的各项服务活动也是馆长和馆员共同组织实施的,其设计方案和验收结果直接影响使用效果,因此,图书馆人应自始至终地参与整个建造的过程,必要时聘请有经验的专家学者,及时发现问题、纠正问题,在新馆建设的整个过程中发挥积极作用。

3.2 考虑未来发展需要

图书馆是个不断生长的有机体,新馆建筑体量应以现有馆藏纸质文献总数和数字资源总量为核算基础,按照资源年增长量计算,至少满足图书馆未来 30 年的发展需求。在规划设计时,立足当前,放眼未来,适当超前,为未来的发展留有余地。在科技要素上,要考虑未来 30 年的科学发展状况。在信息化水平上,要充分前瞻,保证处于信息化发展前沿。

3.3 借鉴国内外先进的设计理念

国防大学图书馆新馆建筑应多方实地考察、调研,充分借鉴国内外先进的设计理念,借鉴地方高校图书馆有特色的设计方案,打造具有我军特色的现代化图书馆建筑。

3.4 利于服务管理

国防大学图书馆建筑设计应与时俱进,充分体现新的服务理念,在空间布局上,从方便读者的角度出发,设计出科学合理、安全实用、舒适美观的馆舍格局,创造人、书、设备和谐的空间环境;从利于馆员的角度出发,设计出有利于馆员身心健康、心情愉悦、管理的工作环境。在资源布局上,重要资源放置在重要、显眼、低楼层的位置,密级资源放置在高楼层、靠近工作人员的位置,一些次要资源可放置在边缘位置。着眼未来发展,适应科学管理模式手段,满足服务管理的要求,使布局与管理方式、服务手段相适应。

3.5 满足相关规范、标准及条例规定

JGJ 38—2015《图书馆建筑设计规范》是强制性条文,是规划设计图书馆建筑时必须遵循的基本技术依据;《公共图书馆建设标准》和《公共图书馆建设用地指标》是公共图书馆建设的指导性文件,对于军队院校图书馆也有借鉴和指导意义;设计还必须严格遵循《民用建筑节能

条例》《公共建筑节能设计标准》,从而达到 GB/T 50378—2014《绿色建筑评价标准》的要求。

4 结语

总之,国防大学图书馆的建设要体现个性特点,符合建筑设计的基本要求,坚持新馆建设的设计理念,以开放作为空间条件,以交流作为主要功能,以便捷作为用户体验关键,以人作为运行管理目标,努力把图书馆建设成为精品,为培养人才提供优秀平台和强力支撑。

参考文献

[1] 郭蕾.传承人文精神 构建现代图书馆[J].邯郸职业技术学院学报,2009,22(3):88-90.
[2] 刘乃熙.谈呼伦贝尔学院图书馆建筑的特点[J].河北科技图苑,2009,22(1):24-26.
[3] 高淑华.图书馆功能演化与建筑设计刍议[J].吉林高校图书馆,1992(2):57-59.
[4] 柏志霞.高校图书馆建设的思考[J].安徽电子信息职业技术学院学报,2007,6(3):24-25.

阅读文化与阅读推广

关于图书馆开展阅读推广活动的若干思考

李 楠①

(国防大学图书馆,北京 100091)

摘 要:现今阅读推广已经成为全球性话题,在阅读推广的大潮中,图书馆因其分布广泛、资源丰富、更具专业性的特点成为阅读推广体系中的核心力量。本文通过阐述图书馆所处的阅读推广体系的现状,针对存在的问题提出针对性的解决策略,以期推动图书馆阅读推广的发展。

关键词:阅读推广;体系;图书馆;策略

分类号:G252

Certain Ideas on Reading Promotion Activity of the Library

Li Nan

(National Defense University Library, Beijing 100091, China)

Abstract:At present, reading promotion has become a global topic. Due to its broad distribution, rich resources, and high specialization, library has become the core force of reading promotion system in this trend. Through explaining the status quo of the reading promotion system where the library is in, putting forward strategy and solutions to the existing problems, the paper expects to promote the development of library reading promotion activity.

Keywords:reading promotion; system; library; strategy

人类作为高级动物,与其他动物的根本区别在于其丰富的精神追求,因此人类极其重视彼此之间信息、精神的交流和能共塑价值观的阅读行为。阅读方便了人与人的沟通交流、经验分享,使人类更具有向心力和创造力。正因为阅读如此重要,阅读推广自然成了全球性话题。在阅读推广的大潮中,图书馆因具有体系成熟、分布广泛、资源丰富、更具专业性的特点,当之无愧地成为阅读推广的核心力量。

1 图书馆阅读推广的定义

"图书馆阅读推广,是指图书馆通过精心创意、策划,将读者的注意力从海量馆藏引导到小范围的有吸引力的馆藏,以提高馆藏的流通量和利用率的活动。"[1]

从定义中可以确定图书馆阅读推广的方法,一是要聚焦,不能推广全馆藏书,这样相当于

---

① 作者简介:李楠,国防大学图书馆助理馆员,初职,本科学历,电子邮箱:565283375@qq.com。

没有推荐,要聚焦到有一定吸引力的馆藏。选择的依据可以是名家推荐的书目,可以是调查问卷的结果,也可以是馆员的推荐,学校图书馆还可以根据学校教研特点来选择推广图书,总的目的就是提高流通率和利用率。怎样将读者视线聚焦到有吸引力的馆藏呢?这就要提到另一个方法,策划,这和以往的新书推荐等活动有一定区别,更类似于广告设计。所有开展的阅读推广活动,只要具有创意,这个活动就算成功一半。本身有一定吸引力的馆藏,也需要通过策划将其宣传得更好;没有吸引力的馆藏,则更需要通过策划将其包装,推送给读者,吸引读者的注意力,如深圳技术学院图书馆就把所有借阅率为零的图书挑选出来,以"谁都没借过的书"为主题进行阅读推广,激发学生的猎奇心和挑战欲。

从定义中还能划定图书馆阅读推广的边界:推广图书馆馆藏的图书。第一是现有馆藏,即馆里最有价值、吸引力的馆藏。第二是未来馆藏,如好书榜上的书,图书馆应先进行查重,如果没有则应一边推荐一边将图书补齐。第三是延伸馆藏,如想要推荐一本书,但是馆藏没有,可以通过文献传递或馆际互借来实现,若实现不了,可以为读者提供路径,如告知哪些图书馆有此资源或提供网址来指引读者获得资源。图书馆不能推广图书馆馆藏以外的图书,即无法延伸到的馆藏。图书馆的阅读推广和出版界的阅读推广或社会上的阅读推广不同,出版界的阅读推广或社会上的阅读推广可以推广自己没有的书,但是图书馆不行,如果一个图书馆经常推荐自己没有的书,会给读者树立"渎职""不作为"的形象。

在推广活动结束后,如何理解是否成功:于良芝教授2014年发表在《国家图书馆学刊》的《图书馆阅读推广——循证图书馆学(EBL)的典型领域》一文中提及,所有的阅读推广活动,只要能将读者的目光聚焦到有吸引力的小部分馆藏,肯定就是成功的,只不过成功有大有小。

2 图书馆所处的阅读推广环境现状分析

2.1 国际阅读推广政策

1995年,联合国教科文组织宣布每年的4月23日为"世界读书与版权日",后于1996年更名为"世界读书日"。1997年在埃及阿斯旺举行第一届国际"全民阅读"专门委员会会议,倡导国际社会开展阅读推广。当前世界各国的全民阅读推广活动,追根溯源都是对联合国教科文组织上述两项倡议的积极落实。

2.2 国家阅读推广政策

2011年10月,国家发布《中共中央关于深化文化体制改革、推动社会主义文化大发展大繁荣若干重大问题的决定》,明确提出了"深入开展全民阅读、全民健身活动"。国家虽在政策层面日渐重视全民阅读,但实际在各项政策文件中关于全民阅读只有只言片语,还没有政府牵头的专项行动,也没有出台促进阅读的专项法案。虽有人大代表、政协委员连年提出设立国家读书节的提案,但都迟迟没有实现。

2.3 全国阅读推广活动

近年来,国家广播电视总局一直致力于阅读推广活动。虽然先后提出了"全民阅读""书香中国"两个响亮的口号,但是没有提出统一、规范的活动内容和具体的活动指南,显然不具备指导性。此外,还在图书馆体系之外设立"农家书屋"向基层推广阅读,此举没有利用好现有的图书馆等基础设施,其做法和效益受到广泛质疑。

中国图书馆学会于2009年成立了阅读推广委员会,下设15个专业委员,用于推动、促进基层图书馆创新阅读推广的方式,鼓励各馆创新,但没有提出常规活动内容和指南。

2.4 各图书馆阅读推广活动

在整个阅读推广体系中,只有各图书馆的阅读推广活动堪称丰富多彩、创意十足。一般在每年世界读书日前后,各图书馆"各显神通",开展好书展览、读书讲座、电影展播、知识竞赛、诗文朗诵、有奖征文、自助书屋、主题摄影、图书漂流等阅读推广活动,效果显著。

3 目前阅读推广中存在的若干问题

3.1 领导主体

回顾"全民阅读"在中国的发展史可以发现,"全民阅读"在中国最早是以"知识工程"的形式出现的。在此之后,在由谁来领导全民阅读的问题上,国家的态度一直都是谁主动、谁倡导、谁领导,在此基础上,由中宣部行使指导权和监督权。在2006年以前是由文化部牵头,2006年以后改为国家新闻出版总署牵头。就舆论造势、资金保障而言,国家广播电视总局无疑是有优势的,但这毕竟是一种商业行为,追逐利益的本质很难保证电视台、出版社等以公正、客观的公益态度从事全民阅读的推广工作。

3.2 经费

目前国家虽然倡导全民阅读,但在阅读推广方面并没有划拨专项的经费,阅读推广的支出通常靠活动举办单位自筹。作为不营利的公益机构,图书馆要想开展阅读推广活动,只能自己支出经费,或者从合作商那里拉赞助,这使得图书馆的阅读推广活动历年只能保持现有规模甚至更趋小型,很难进一步发展。

3.3 活动"代言人"

通常,受重视程度和资金等方面影响,图书馆阅读推广活动的代言人或者没有,或者由活动出资方的领导出任。近年来,个别阅读推广活动邀请到了一些文化名人来担任嘉宾,起到了一定的推广作用,但这显然是远远不够的。

4 图书馆开展阅读推广活动的建议

4.1 尽快出台阅读推广专项法案,设立读书节

目前我国还缺少专门的阅读促进法案,为填补空白,政府应尽快出台《全民阅读促进条例》。政府还应顺应民意,重视人大代表等关于"设立国家读书节"的提案。如果政府认为没有从国家层面设立读书节的必要,那么也应鼓励各地、各专业组织及社会团体自行设立与阅读推广有关的节日。

4.2 优化图书馆在全民阅读中的领导地位

谁来领导全民阅读,谁就决定着这个事业的性质和发展方向,仅靠积极性来决定领导主体显然是不科学的。若是从阅读推广的条件和辐射的广度而言,各类型图书馆的优势显然更大,应成为推动全民阅读的主力军。图书馆既有经过历史积累的全面、系统的文献资源优势,又有庞大的空间和人员队伍优势,还有推荐文献、指导读书的专业优势,而且推广阅读也是其职责所在。

4.3 改革阅读推广的资金模式

据调查,全民阅读推广做得好的发达国家,都有相应的基金支持,如美国的国家艺术基金会、俄罗斯的读书基金会、英国的图书信托基金会、德国的促进阅读基金会等。全国政协委员朱永新曾以提案的形式,向政府呼吁设立国家阅读资金,专门用于全民阅读推广活动和国民阅读扶持项目。基金会还可以和图书馆形成战略合作伙伴关系,由图书馆提供场地和保障人员,充分利用现有社会资源,更加有效地落实阅读推广活动。

4.4 多角度选择阅读推广大使

为推进阅读推广,图书馆聘请阅读推广大使是非常有必要的。一些图书馆聘请文化名人的做法固然有效,但影响辐射范围过小。众所周知,当前社会粉丝群体庞大,明星在大中小城市均有为数众多的粉丝团,发在博客、微博等社交网络平台的某些话题的影响力甚至超过国家级的新闻社。如果选择这种粉丝数达百万、千万的明星作为阅读推广大使,显然能达到事半功倍的效果。

此外,由于女性柔和的形象和阅读安静的氛围相吻合,国外发达国家往往会以女性阅读的形象来推广阅读活动。例如,美国前第一夫人劳拉·布什是图书管理员出身,她设立了美国的"国家图书节",之后一直是图书阅读推广的代言人。苏联列宁的夫人对图书馆事业的支持,也很大程度上推动了苏联图书馆事业的发展。我国国家领导人习近平主席经常谈读书,人民日报也经常发布"跟着习大大一起去读书"等微博,我国的第一夫人是著名歌唱艺术家,有了其他国家的成功案例,假设在中国的阅读推广活动中,图书馆和社会各界能通过各种渠道,呼吁和邀请第一夫人,推而广之总理夫人、女部长等有影响力的女性成为阅读推广的倡导者和代言人,将会大大提高全民阅读的社会影响,带动更多人参与阅读,热爱阅读。

图书馆阅读推广活动不仅可以构建书香社会、和谐社会,还能传承民族文化价值,增强民族凝聚力,提高民族精神素养和气质,对个人而言,可以获得知识,丰富心灵,提高品位,完善人格甚至改变命运。在阅读推广方面,各图书馆都竭尽全力,然而还需要更多国家层面的支持。要实现上述对策,还面临着许多难题,但只要起步了,总有到达目的地的一天。

参考文献

[1] 王波.阅读推广、图书馆阅读推广的定义——兼论如何认识和学习图书馆时尚阅读推广案例[J].图书馆论坛,2015(10):1-7.
[2] 王波.中外图书馆阅读推广活动研究[M].北京:海洋出版社,2017.
[3] 王波.对促进图书馆阅读推广活动的十大建议[J].公共图书馆,2015(4):4-11.
[4] 于良芝.图书馆阅读推广——循证图书馆学(EBL)的典型领域[J].国家图书馆学刊,2014(6):9-16.

浅析网络阅读时代图书馆的创新服务

肖 莉[①]

(国防大学图书馆,北京 100091)

摘 要：飞速发展的技术改变着世界，新技术下的电子图书比传统纸质图书更方便使用，便于携带。随着文本多元化发展，人类的阅读与丰富多彩、鲜活的文本世界融为一体，阅读进入网络阅读时代。在网络阅读时代，针对读者行为与需求的改变，本文对提升图书馆服务构想了几点思路，包括扩大数字资源馆藏比例、加强本馆特色资源建设、建立统一检索平台、图书馆自助服务、创新参考咨询服务、开展移动图书馆服务、全方位多途径搭建读者交流平台、提高图书馆员素质等，让图书馆服务跟随时代变化，对用户而言变得更简单、更智能、更贴近。

关键词：新技术；文本；网络阅读；图书馆；创新服务

分类号：G251

Brief Analysis on the Innovation Service of Library in Internet Reading Age

Xiao Li

(National Defense University Library, Beijing 100091, China)

Abstract: The rapidly developing technology is changing the world. The e-book of the new technology is more convenient and easier to carry than the traditional paper book. With the diversified development of the text, people's reading is integrated into the rich, colorful and vivid text world, and the reading has entered the internet reading age. In the internet reading age, with regard to the changes in the reader's behavior and demand, the paper has put forward certain ideas on improving library service, including expanding the proportion of digital resources, strengthening the resource building with our library's own feature, building a unified research platform and library self-service, innovating the reference service, carrying out mobile library service, establishing communication platform with readers from all aspects and multiple ways, and improving the quality of librarian, so that the library service can catch up with the changes of the times, become simpler, more intelligent, and closer for the users.

Keywords: new technology; text; internet reading; library; innovation service

技术改变世界，随着平板计算机、手机、电子阅读器等新型阅读工具不断涌现，现代化信息技术的发展改变了人们的阅读行为。图书馆已经敏锐地感受到读者行为与需求的改变，尝试

---

① 作者简介：肖莉，国防大学图书馆员，中职，大学本科，电子邮箱：565283375@qq.com。

在馆藏建设、检索平台、工作内容、服务方式等多方面进行调整,为读者提供便利性服务。

1 网络阅读时代读者需求的新变化

新兴的"超文本"技术以计算机储存的大量数据为基础,将纸质文本转换为电子文本,集文字、图像、声音于一体的电子文本,能与读者积极互动,具有功能齐全、容量大、查找迅速、便于携带等特点。人们在阅读活动中,借助计算机、阅读器、手机等新设备,可以灵活地选择文本及相关内容,并随时链接到其他所需信息界面。在线或离线阅读已经成为新的阅读方式,人们已经进入网络阅读时代。

网络阅读不受时间、空间的限制,图书馆传统的借还服务,已经不能满足读者的新需求。

2 网络阅读时代开展创新服务的困惑

随着网络阅读时代的到来,图书馆在尝试开展创新服务中遇到的困惑如下所述。

2.1 依赖的技术存在缺陷

图书馆创新服务中新技术具有重大作用,在整合数字资源、特色资源、统一检索平台、自助服务、建设移动图书馆等方面,都离不开新技术的支持。但是,新技术既具有积极的一面,也由于技术本身永远是不完美的,存在着缺陷,因此新技术也有不成熟的、消极的一面,如依赖硬件设备,数字资源各家制作、内容来源不规范等消极因素。

2.2 各项费用要求较高

图书馆要适应读者需求变化,改进阅读服务,提升服务质量,需要具备各项新技术、新设备,但是各项技术成本费用较高,新设备的购置成本也较高。例如,不仅要采购原来的纸质资源,还增添了数字资源这一大项,具备自助借还功能的借还设备的采购与更新成本也较高,建设移动图书馆也需要采购大批移动设备。此外,只具有自助打印功能的复印机对经费的要求也越来越高。图书馆如果不及时购买和更新各项新技术与新设备,会影响读者的使用。

2.3 读者用户认知度低

图书馆开展的各项新服务,由于宣传力度不到位,许多用户并不熟悉,认知度低,因此图书馆需要对各项新服务加大宣传力度。首先要在本馆网站上进行新闻公告宣传,并设置相关服务的链接,还可以专门设置一个二级宣传网站,对本馆改进的各项服务进行宣传,加大用户认知度。其次,可利用各大社交网络平台,如微博、微信公众号等新媒体进行宣传推广,定期定量推送本馆新型服务,提升认知度。

3 网络阅读时代创新图书馆服务的对策思考

技术影响阅读,网络阅读时代的到来使得图书馆在馆藏比例、资源建设、藏书体系、检索平台、工作内容、服务方式等方面都发生了变化。日新月异的各种新技术为图书馆服务提供了强大助力与支撑,丰富多彩的各类服务拉近了图书馆与读者的距离。

3.1 扩大数字馆藏比例

通过对纸质文献数字化,可以完整地保持原有文字、图像数据,各图书馆均对馆内纸质资源进行了数字化,对本馆资源数字化重视度很高。但数字资源不仅包括各馆自建的数字资源,还包括商用电子资源,如各类型数据库、电子期刊、报纸等,以及网上公开的有学术收藏价值的各类资源。图书馆应充分利用各种信息渠道,全面充实数字馆藏,并建立有效的数字资源使用评估体系,评估引进的数字资源是否得到有效利用,性价比是否合理。

越来越多的学科需要建立在海量数据分析的基础上,单个图书馆的资源再丰富,数字化程度再高,也难以充分满足读者的需求。读者对图书馆服务的要求越来越个性化、学科化,要求图书馆从大量数据中分析选取有价值的资源,因此,馆际互借、馆际资源共享是大势所趋。

3.2 加强特色资源建设

经过长时间的积累,各图书馆根据本馆工作需要,在特定学科、特定领域收集整理的文献资料会较多,这些文献资料就是本馆的特色资源。将独具特色的馆藏资源进行整理、开发和利用,建立专项数据库、重点数据库,构建精品化,突出亮点,在竞争中做到人无我有、人有我优,可以提高图书馆社会影响力和信息服务竞争力。

3.3 建立统一检索平台

随着数字资源的发展,数据库、电子期刊、电子图书、光盘、视音频资料、多媒体资料、计算机文件等层出不穷,数字资源的类型越来越丰富,数据量越来越大。由于制作单位不同,数字资源较为广泛,各数据库商、出版商、其他机构、图书馆自建的特色资源库在类型、格式、版本等方面存在一定的差异性,给读者检索与应用造成了一定的困扰。因此,建立一个馆藏目录统一的检索平台,让读者在任何一个拥有网络的地方,登录移动图书馆 App,通过一次检索行为就可以访问图书馆的所有数字资源是大势所趋。

通过统一的检索平台的运用,读者能对海量的数字资源方便、快捷地进行检索,提升读者的资源利用率。读者通过一次检索,应能直接跳转至该检索的馆藏书目界面,并可设置智能链接,将电子图书、视频、音频各链接设置成读者点击后就能马上显示全文并播放该资源,智能链接还可直接链接到网上书店、各媒体网站等其他外网资源。

3.4 图书馆自助服务

图书馆自助服务是指在图书流通环节,读者可以自行办理图书借阅证、检索文献信息、自助馆藏查询、取书、借还书,还能自行缴纳图书超期罚款,自助打印、复印查找的资料等,图书馆自助服务的发展与新技术的发展密不可分,如射频识别(RFID)技术,为每本书贴上磁条可以支持读者 24 小时不间断地进行借、还书操作,节省了大量的人力和管理成本,自动化程度大大提高。在自助缴纳图书超期罚款方面,随着移动支付技术的普及,读者只要在自助借还机的"扫码窗口",扫描支付条码,就可以轻松缴纳图书超期罚款并打印凭条。

3.5 创新参考咨询服务

图书馆的一项重要服务是参考咨询服务。图书馆员以往通过面对面咨询、电话咨询、电子邮件咨询来处理各种类型的咨询。随着新技术的介入,智能机器人咨询、在线视频咨询、网上表单咨询、网上实时咨询、论坛互动咨询等数字方式相继出现,参考咨询服务的形式和内容发生根本改变。借助新技术,图书馆员不仅能为读者提供科研课题查新、专题咨询、代查代检、定题跟踪等参考咨询服务,还能轻松地帮助读者查找国内外各种同类信息资源,联系读者与不同学科领域专家进行问答型服务。新技术不仅为读者提供了实时、动态、便捷、高效的咨询服务,还为读者提供了具有一定深度、高质量、高水平的参考咨询服务。

3.6 开展移动图书馆服务

传统的移动图书馆是通过流动借阅站深入各社区或者异地进行图书借阅,随着手机、电子阅读器、平板计算机等的蓬勃发展,移动图书馆服务不再以流动借阅站形式存在。读者通过手机、电子阅读器、平板计算机下载移动图书馆 App,即可一站式检索图书馆的各项纸质或数字资源,预约、借阅、续借图书,还可以下载电子版本,进行在线阅读或离线阅读。移动图书馆还可以向读者提供新闻动态和短信提醒服务,让读者随时随地享受图书馆的服务。

3.7 全方位多途径搭建读者交流平台

为做好图书馆服务工作要与读者互动,多渠道征询读者意见。图书馆除利用自身资源优势如设置咨询台等外,还必须利用网络信息技术,全方位、多途径搭建读者交流平台,如手机短信通知、掌上图书馆、电子书阅读器、平板计算机、在线阅读等,利用各种社交网络平台进行馆内资源参考咨询、发布馆内新闻动态、新书通报、新书推荐、近期新书目录查询等。建立图书馆俱乐部,定期发布图书馆讲座、活动等动态信息,还可以设立专家咨询频道,免费会员制,定期推荐会员深读一本书,并鼓励会员交流读书感受等。

3.8 提高图书馆员素质

借助于新技术的高速发展,图书馆创新各项服务,也对图书馆员的素质提出了更高的要求。图书馆员不仅要以用户为中心,具有敏锐的职业意识和一定的技术能力,还必须具有较强的团队合作意识,争取在图书馆各项新技术、新平台的探索、开发和应用中发挥骨干作用。图书馆员必须紧跟新技术的发展,努力学习,更新知识结构,才能与时俱进,不被淘汰。

随着网络阅读时代的到来、新技术的发展、社会的进步,图书馆的服务将跟随时代的变化,变得对读者而言更简单、更智能、更贴近。

参考文献

[1] 郭丽霞,谢强,季士妍.公共图书馆电子书服务平台设计与研究[J].图书馆理论与实践.2017(3):104-108.
[2] 张春红.新技术、图书馆空间与服务[M].北京:海洋出版社,2014.
[3] 王余光.图书馆阅读推广研究[M].北京:朝华出版社,2015.

新媒体环境下高校图书馆阅读推广方法探析
——以北京交通大学图书馆为例

高爱军　朱　宁

（北京交通大学图书馆，北京 100044）

摘　要：高校图书馆作为学校的文献信息文化中心和阅读教育基地，占有重要的地位，在当今数字化媒体飞速发展的背景下，新媒体的发展给推广服务带来了巨大的发展空间和严峻的挑战。笔者结合新媒体环境下高校大学生阅读方式的转变和需求多元化等新情况与高校图书馆开展阅读推广的现状，对北京交通大学图书馆阅读推广实例进行分析，总结出新媒体环境下高校图书馆阅读推广经验，希望能为新媒体环境下的全国高校图书馆阅读推广提供参考。

关键词：新媒体；高校图书馆；北京交通大学；阅读推广

An Analysis of Reading Extension Methods in University Library under New Media Environment—Taking Beijing Jiaotong University Library as an Example

Gao Aijun　Zhu Ning

(The Library of Beijing Jiaotong University, Beijing 100044, China)

Abstract: The university library, as the literature information and culture center of the university and the reading education base, occupies an important position. Under the background of the rapid development of digital media nowadays, the development of new media brings huge development space and severe challenges to the promotion service. The combination of college students under the new media environment changes the way of reading and diversified needs, such as the new situation and the present situation of the university library to carry out the reading promotion, reading promotion of Beijing Jiaotong University Library instance analysis. Sum up the new media environment the university library reading promotion experience, and hope for the new media environment of the university library reading promotion to provide the reference.

Keywords: new media; university library; Beijing Jiaotong University; reading promotion

　　阅读是提高国家实力、提升全民科学素质的引擎，是人类文化交流的纽带、知识传承和发展的手段。信息技术发展日新月异，给人们的生活带来了翻天覆地的变化，全新的信息生产方式、信息传播载体和信息消费形式逐渐产生，在新的信息环境中，阅读推广作为图书馆的基本任务不会改变，但是，阅读推广的方法与途径需要与时俱进，在新媒体时代下如何借助快速发展的信息技术，更好地促进高校图书馆的阅读推广，是需要考虑的问题，笔者结合北京交通大学图书馆阅读推广实例进行了分析，提出了新媒体环境下高校图书馆开展阅读推广的措施。

1 新媒体与图书馆阅读推广

1.1 新媒体阅读

1.1.1 新媒体阅读的界定

新媒体是指借助数字互联网技术或渠道,以及以计算机、手机等为代表的 PC 或移动终端,为受众提供娱乐性服务和多样信息,总而言之,新媒体是以数字化媒体为代表的新型媒体。当前的新媒体有互联网、电子杂志、数字电影、移动电视、电子书、手机短信等媒介形态,其特点是满足受众碎片化的娱乐休闲需求,迎合受众对互动性娱乐、信息和表达的需求,受众对使用新媒体的选择主动性与目的性更加旺盛,从而使市场更加细分,更具个性化。

阅读是获取信息的重要方式,通过有效阅读,人们可以获取所需的各种信息和数据。由于阅读技巧和能力的不同,人们获取信息的效果也存在差异。"新媒体阅读"就是依托新媒体的发展,使用新媒体媒介进行的阅读。

1.1.2 新媒体时代大众阅读特点

新媒体极大程度上改变了人们的生活方式,使交流变得更加快速及时,信息传播具有更强的互动性。新媒体使阅读的途径更加多样化,受众群体也更加宽泛,同时使阅读资源更加丰富,视频、音频、图片都能成为阅读资源,读者可以根据兴趣各取所需。在新媒体时代,读者阅读习惯最大的改变就在于数字化和碎片化。相对于传统纸质书籍而言,新媒体阅读能提供更多的信息,所呈现的方式也更多样化,新媒体时代大众阅读具有碎片化、个性化、功利化和娱乐化几个特点。

1.2 新媒体环境下图书馆阅读推广的机遇与挑战

图书馆为提高馆藏使用效率所做的各种宣介工作就是阅读推广,在新媒体背景下,图书馆的阅读推广活动既面临机遇又面临挑战,因此,高校图书馆要想更好地发挥"大学的心脏"的作用,必须认清新媒体阅读的优缺点,扬长避短,才能做好阅读推广服务工作。

1.2.1 新媒体环境下图书馆阅读推广的机遇

与传统媒体相比,新媒体的传播潜力更大,为图书馆阅读推广带来极为有利的影响。

(1)用户广泛,有利于全民推广

截至 2017 年 6 月,我国网民数量达到 7.51 亿,互联网普及率达 54.3%,手机网民规模达到 7.24 亿人,网民中手机上网普及率达到 96.3%。新媒体用户分布广泛且群体数量持续上升,这意味着图书馆很可能通过新媒体实现全民阅读推广。

(2)传播方便迅速,有利于随时随地推广

移动设备的便携性和即时性使得新媒体信息具有传播迅速、实效性强的特点。运用新媒体媒介进行阅读推广服务,图书馆能在第一时间将图书馆动态传递出去,广大读者通过移动终端能在任何地点接收到最新消息,大大提高了推广服务的时效性,可以几乎不受时间和空间限制地进行阅读推广,改变了以往阅读推广服务相对滞后的局面。

(3) 形式丰富多元,有利于创新性推广

新媒体的形式丰富多样,表现在媒介形态和信息表达形式的多样,图书馆拥有足够的空间对多样的形式进行选择、组合、设计,以创新阅读推广的形式与内容,使阅读推广服务不再拘泥于宣传栏、海报等单一、低效的推广形式,推广面和推广效果也会大大增强。

(4) 大数据驱动,有利于个性化推广

大数据所隐藏的信息可以指导人类的行为活动,对图书馆而言,通过各种新媒体媒介,图书馆已经能够做到将消息推送给全校各院系,甚至具体到个人,用户可以分享自己的阅读经验和体会,发表感悟和评论,能产生大量的阅读数据,再加上用户检索书目、借还书目、下载资源等行为都会产生数据,通过对这些数据进行解析,可预测读者的需求与行为习惯,可以针对预测结果,挖掘相关的馆藏资源,进行精准定位阅读推广服务,以向读者提供个性化、定制式的阅读推广。

(5) 双向互动性强,有利于改进推广

新媒体阅读有一个突出的特点,即双向互动,每一个用户都能自由发声,人与人的交流变得更加顺畅和直接。高校图书馆可以利用该特点,积极拓宽新媒体交流渠道,建立平等开放的沟通平台,虚心听取学生的意见和建议,并及时做出反馈,这对加强图书馆和读者的联系,使图书馆更好地了解读者需要,改进推广服务工作大有裨益。

1.2.2 新媒体环境下图书馆阅读推广的挑战

(1) 信息爆炸,推广难度增大

新媒体环境中,信息呈爆炸式增长,流量的巨大、传递的迅捷以及媒体融合后产生的大量重复信息使新媒体的信息存在与信息到达较之传统媒体更为丰富和复杂,这无疑加大了阅读推广难度。在海量的信息中,各种新闻信息、娱乐信息、广告信息等纷繁芜杂,其间充斥着垃圾信息和不良信息,易给受众造成信息干扰,这些信息的阅读会浪费学生的宝贵时间,如果学生不加鉴别、盲目进行新媒体阅读,还会给其带来负面的影响甚至损失,会逐渐使其降低学术敏感性,失去对信息价值的判断力。

(2) 泛阅读化,影响推广质量

新媒体信息以海量、快捷和图文声像并茂的阅读方式给受众带来全方位的阅读体验。大学生经常性地进行新媒体阅读,往往习惯于扫描式阅读,这种便利、轻松的阅读方式导致阅读过程中思考的时间被挤压,感官的享受代替了深入思考,使阅读呈现浅泛化、娱乐化倾向,造成对知识、信息内容不求甚解,不利于思考和完整的思想精神交流,不利于大学生提升学识修养和锻炼逻辑思维能力。

(3) 技术化生存,推广门槛加高

新媒体是在新的技术支撑体系下出现的媒体形态,图书馆利用新媒体进行阅读推广,必须满足新媒体传播的技术要求,在新媒体时代,产品更新速度极快,新的媒介形态如官方网站、数字杂志、微博平台、微信公众平台、数字电视等不断涌现,这对图书馆工作提出了更高要求。图书馆工作人员需要不断学习,充分了解新媒体的技术核心与传播特质,通过新技术、新媒体的应用,做好图书馆工作,实现图书馆的良性发展。

1.3 新媒体服务图书馆阅读推广的路径分析

新媒体实质是信息的载体,信息的生产、传递、反馈都有赖于其载体,因此,新媒体在图馆阅读推广工作中可承担多重角色,可以作为信息宣传平台、内容生产平台、咨询服务平台、社交互动平台,图书馆进行阅读推广时可以从这几个方面入手。

2 新媒体环境下北京交通大学图书馆阅读推广的实例

目前,北京交通大学图书馆提供的新媒体阅读服务主要包括移动图书馆、电子图书数据库、电子书借阅机。北京交通大学图书馆开展的新媒体服务项目包括借阅信息查询、馆藏信息查询、电子资源检索、数据库检索、图书在线荐购、微信公众平台新书速报、好书推荐、数据库培训等,同时,图书馆利用微信公众平台进行阅读推广活动的宣传、报名。

2.1 电子资源推动数字化阅读,助力大学生阅读推广

北京交通大学图书馆购买了上百个常用中文、外文数据库,其中包括 CADAL 数字图书馆、中华数字书苑、书生之家、超星电子图书等电子图书全文阅读库,并在校园人流量较多的地方安装了电子图书自助借阅机,还建立了电子阅览室,打造了一个资源种类多、范围广的数字图书馆,可以满足读者的各种阅读需求。数字图书馆将阅读内容的呈现形式变得更加多媒体化,能够极大地激发读者的阅读兴趣,提高读者的数字阅读体验。数字图书馆相对于内容质量参差不齐的网络阅读平台来说,能够为读者提供更多优质的阅读资源和学习资源,读者只需要一台计算机或一部手机就可以拥有自己的专属图书馆。此外,传统图书馆对阅读资源的分类不够细化,读者在选择阅读书籍的时候往往比较盲目,而数字图书馆凭借强大的检索和分类功能,能够对阅读资源进行有效的整理和分类,方便读者查找,同时数字图书馆具有个性化推荐功能。数字图书馆的信息都是经过管理者筛选的,能够有效加强数字化内容的真实性,同时规避不良信息对读者的影响,推动阅读推广工作更好地发展。

2.2 线上阅读新服务改变阅读习惯,加强优质读物影响力

随着手机、平板计算机、电子阅读器等移动阅读工具的普及,移动阅读早已成为读者获取信息和知识的重要途径,并在重塑他们的阅读习惯和阅读方式,进而影响他们的价值观和消费观。移动阅读工具的交互性强调任何人都可以是信息的制造者,这种媒介特质使图书馆成为优质阅读资源的提供者,北京交通大学图书馆微信公众平台创造原创精品内容,设计"好书精选""阡陌交通"等能体现图书馆人文底蕴与特色优势的精品栏目,通过对馆藏文献资源进行有效梳理与充分开发,对原创内容进行精心安排与编写,融入图书封面图片、推荐理由以及相关评论等新媒体元素,为广大师生推送内容提炼精简、富有特色的优质读物,截至 2017 年年底已陆续推出好书推荐 13 期,精彩阅读 2 期,活动头条 10 期,总阅读量 5 790 余次。同时紧贴社会热点,迎合学生需求,开展线上阅读服务,如在《人民的名义》热播期间,推出独家授权的《人民的名义》电子书,在新生开学季,推出学长学姐推荐的书目,关注"一带一路",推出《丝路记忆》等经典书目。通过线上导读工作,让读者聚焦优质读物,将阅读由数字阅读、碎片阅读引向纸质阅读、深度阅读,让阅读更有质、有效、有趣。

2.3 新媒体服务阅读推广线下活动,促进"互联网+阅读"实施

图书馆阅读推广已经开展多年并积累了丰富的经验,传统阅读推广活动与新媒体环境相结合,是实现新媒体环境下全民阅读推广的必经之路,二者完美结合,有助于利用新媒体传播

优势达到阅读推广的目的。2017年北京交通大学以新媒体为平台,开展了一系列线下阅读推广活动,大大促进了"互联网＋阅读"的实施。

2.3.1 新媒体服务征文,助力立体阅读活动

2017年1月,图书馆依托丰富的馆藏资源,借助手机等通信技术开展了"立体阅读"征稿活动,融文献阅读、展览、讲座、读者互动等形式为一体,读者的稿件不再是单一的文字,单一的书评,所见、所闻、所感、所拍都成为一种阅读体验。"大学悦读·阅读大学"征文宣传也借助了新媒体,在书香杯"一封家书"征文活动中利用微信公众平台推出6篇感情真挚的家书,总阅读量达3 700人次。

2.3.2 新媒体助力书友共读,精准定位阅读推广

在2017年4月世界读书日之际,图书馆开展了"读书CP"大型活动,吸引了约160名学生报名参与,依据学生的阅读偏好,向读者提供个性化、定制式的阅读推广,活动通过暗号找寻"CP","CP"挑战破冰活动环节后,书友进行为期一周的共读,然后参与读书问答,提交看书随感。该活动持续约一个月,同时在微信平台大力开展活动宣传与报名工作,以读书的方式结交书友,很好地激发了学生的参与热情与阅读兴趣,取得了非常不错的效果。2017年11月,图书馆举办"大学悦读·阅读大学"读书分享会活动,共有三十多名学生参加,参与者通过借助新媒体展示,为大家分享了《三重奏》的真善美、《魏晋风流多少事》《古珠之美》等读书心得,并推荐自己的阅读书目,畅谈自己的阅读感悟以及阅读过程中思想与心理发生的变化。

2.3.3 新媒体助力活动宣传,促进优秀传统文化推广

图书馆借助新媒体大力开展"大学悦读·阅读大学""国学小课堂""旧诗新貌,南渡词人""微家书"等传统文化活动的宣传与报名工作,"大学悦读·阅读大学"以经典阅读为中心,围绕中华传统文化、古诗词等内容开展了经典书籍"闪读活动"和图书漂流活动。"国学小课堂"活动邀请北京交通大学附属小学的高级教师周浩魏老师为学生讲解吟诵,课程主要讲解并示范了《诗经·周南》《诗经·桃夭》《赠花卿》三首诗词的吟诵曲调,中外学生在教师的带领下体会了传统的学习方式的魅力。"旧诗新貌,南渡词人"古典文学座谈会上大家探讨了"谁言今人不能诗——当代诗词的众生相",并分享了各自的读书感想,就"你最喜欢哪类风格诗作"展开探讨。"微家书"活动鼓励参与者通过微信向家人传递家书。图书馆借助新媒体促进优秀传统文化的推广与普及,使优秀中华文化在校园得以传播。

3 新媒体环境下北京交通大学图书馆阅读推广的经验与不足

3.1 阅读推广的经验

3.1.1 打造电子图书馆,丰富高校图书馆阅读资源

建立电子图书馆,借助移动图书馆、手机App、电子图书库、电子图书自助借阅机等,与公共媒体和自媒体进行有效连接,将传统阅读与电子媒介方式的阅读进行有效嫁接与融合,实现随时随地阅读的特点,保持阅读推广的持续性。电子图书馆还应融入每个学生的学习生活,设

立多种话题、交流平台引发读者兴趣,争取做到让每个读者都能找到自己喜欢的书籍、话题,帮助读者养成热爱阅读的习惯。

3.1.2 "微"平台+元素,实现阅读推广模式创新

在新媒体环境背景下,全国各高校已经形成了读书的热潮,面对这种情况,高校图书馆更应充分利用各种已有的优势,实现阅读推广模式创新。北京交通大学图书馆通过微信公众平台,加入游戏、社团、温情等元素,组织各种线上、线下推广活动,让阅读推广摆脱枯燥乏味。

3.1.3 创建多样化的阅读群体,提供个性化服务

在新媒体时代背景下,高校应充分利用新媒体来实现阅读推广。北京交通大学图书馆按照读者的兴趣偏好、研究方向等定期举办一些主题读书会,把阅读偏好相同的读者聚集在一起进行读书心得交流。同时,高校可通过微信公众号,定时进行一些阅读信息推送,随时了解读者的意见,经常发布一些讲座信息与馆藏数字文献,加深读者对馆藏资源的了解。

3.1.4 提升图书馆工作人员新媒体阅读推广能力

在新媒体时代背景下,高校图书馆应采取各种措施来提升图书馆工作人员新媒体阅读推广的积极性和主动性,北京交通大学图书馆经常召开各种阅读推广座谈会,邀请学生代表参加,了解学生的阅读喜好和阅读方式,并开展工作人员新媒体培训,提高图书馆工作人员的新媒体技能,传递新媒体环境下高校图书馆阅读推广的新理念,更好地服务读者。

3.2 阅读推广的不足

新媒体的普遍应用,导致大学生过度依赖新媒体终端,屏幕阅读取代了纸媒体阅读,电子资源的使用优先于印刷资源的使用,高校图书馆也越来越离不开互联网,各种阅读工具与阅读模式层出不穷。目前,北京交通大学图书馆在各项阅读推广服务实践中有不少成果,但仍存在一些问题。

3.2.1 未能将新媒体的作用发挥出来

北京交通大学图书馆虽然打造了电子图书馆,借助移动终端、微信平台等新媒体进行阅读推广,但仍存在没能将新媒体的作用发挥出来的问题,例如,数字图书馆并未得到有效的使用,全校约20 000名师生,当前却只有5 000名师生关注了图书馆微信公众号,且并未使用豆瓣、人人网、博客、论坛、微博等新媒体手段进行阅读推广。

3.2.2 对阅读推广重视程度不足

新媒体时代背景下,北京交通大学图书馆新媒体阅读推广工作虽然有相关的专属推广部门与人员,但仍存在缺乏资金支持、活动形式缺乏新意等问题,并且一般只在馆内或明湖附近开展阅读推广活动,较少与本校其他部门联系和协作,更缺少与公共图书馆、政府、媒体、企业等社会力量的合作。

3.2.3 阅读推广缺乏有效的评估机制

北京交通大学图书馆在阅读推广方面做了大量的工作,但对推广工作没有很好地总结与分析,对于举办的各种阅读推广活动是否达到了预期目的,是否对学生起到了科学的引导作用,是否建立了畅通的交流渠道,是否能保持学生的阅读兴趣,图书馆员在活动期间是否存在服务过度等问题,没有在活动结束后对活动过程和结果进行思考和总结。

4 结语

目前,互联网科技和移动设备的应用普及在很大程度上影响了人们的阅读方式,为此,高校应积极转变阅读推广策略,实现数字化阅读和传统阅读的有效融合。本文从北京交通大学新媒体环境下的阅读推广实例出发,总结了在新媒体环境背景下,高校图书馆的阅读推广经验,希望能够为发展高校图书馆新媒体阅读推广工作提供建议与思路,以期高校能够利用新媒体为读者提供更多优质服务。

参考文献

[1] 楚少保.新媒体环境下高职院校图书馆阅读推广路径探析——以河南建筑职业技术学院图书馆为例[J].中国管理信息化,2018(12):178-179.
[2] 陈阳.浅议新媒体时代下高校图书馆的阅读推广[J].科协论坛,2018(5):38-39.
[3] 王欣欣.新媒体环境下高校图书馆阅读推广研究综述[J].科技传播,2018,10(10):174-175.
[4] 周浩.新媒体环境下的高校图书馆阅读推广策略研究[J].传播力研究,2018(15):254.
[5] 傅敏.新媒体时代大众阅读特点及图书馆作用的探讨[J].现代营销(下旬刊),2018(4):94.
[6] 李平.新媒体时代高校图书馆阅读推广创新服务策略[J].内蒙古科技与经济,2018(9):159-161.
[7] 王昌军.新媒体时代下高校图书馆阅读推广模式创新探讨[J].大众文艺,2018(8):177-178.
[8] 刘丽,姜新,李佳培.新媒体环境下高校图书馆的阅读推广对策[J].学周刊,2018(13):181-182.
[9] 王宏伟.移动新媒体环境下图书馆"泛阅读空间"构建研究[J].农业图书情报刊,2018,30(4):114-117.
[10] 熊瑛,王湘玮.基于新媒体的图书馆阅读推广探析[J].内蒙古科技与经济,2018(7):128-129,132.
[11] 程风杰.新媒体时代高校图书馆数字阅读微媒体推广探讨[J].才智,2018(11):159.
[12] 周昭文.新媒体背景下图书馆阅读服务研究[J].江苏科技信息,2018,35(10):14-16.
[13] 胡凯.新媒体环境下的青少年阅读发展[J].出版广角,2018(9):35-37.

高校图书馆阅读推广实践的创新与启示
——以北京林业大学"无机阅读挑战"为例

张大苹　袁明英

(北京林业大学图书馆,北京 100083)

摘　要：本文介绍了北京林业大学 2018 年"无机阅读挑战活动"的举办背景、策划和实施情况,对活动的创新与获得的启示进行了详细的论述。

关键词：阅读推广;高校图书馆

Innovation and Enlightenment of Reading Promotion Practice in University Library
—A Case Study on "Nonelectronic Reading" in Beijing Forestry University Library

Zhang Daping　Yuan Mingying

(Beijing Forestry University Library, Beijing 100083, China)

Abstract: This paper introduce the background plan and implement of nonelectronic reading in Beijing Forestry University in 2018, and discuss its innovation and enlightenment.

Keywords: reading promotion; university library

近年来,我国的全民阅读推广工作已经取得了长足发展,高校图书馆的阅读推广实践也取得了一定的成效,各馆都在积极探索,开展具有本馆特色的阅读推广活动。我校图书馆一直重视校园阅读推广工作,举办了丰富多彩的活动,也取得了显著成绩。但总体看来,活动内容与活动形式依然受到传统理念的制约,活动效果不甚理想。因此,打破传统理念禁锢,实现校园阅读推广工作创新,将成为现阶段高校图书馆工作的一项重要任务。

1　活动举办的背景和目的

如今,随着网络和自媒体的不断发展,碎片化阅读日益泛滥,不少读者都受此干扰,苦于无法坚持有质量的经典阅读,读书时难免被各种电子设备打扰。为了激发学生的读书兴趣,启发学生对碎片化阅读进行批判思考,鼓励回归常态化阅读,使图书馆成为更加吸引读者阅读的场所,图书馆与思源读书会在 2018 年春季特别推出了无机阅读挑战活动,旨在号召大学生回归阅读,发现阅读之美。

2 活动策划与实施过程

2.1 活动策划

举办无机阅读挑战活动的想法,源于2017年高校图书馆发展论坛上的一个案例,西安交通大学图书馆的"书斋生存10小时"活动,引起了在场听众的兴趣。这个案例的成功说明富有趣味性的活动对学生有着强大的吸引力,联想到我馆枯燥乏味的活动参加者寥寥无几的尴尬场景,工作思路顿时被打开了,于是在2018年寒假正式开始策划活动文案,在开学后找到学生社团"思源读书会",商议合作举办一次无机阅读挑战活动的相关事宜。

经过多次讨论,决定将活动时间定在四月下旬,为期16天,活动的宣传口号是"无机阅读挑战,你敢上车吗?",挑战赛的赛制分为单日赛和十日赛,要求挑战者来到图书馆开设的阅读区读书,阅读期间不可接触包括手机在内的电子设备,每个参赛者单日至少连续阅读一小时以上,十日赛挑战者要连续十天每天阅读一小时以上。活动结束后,凡是完成挑战的学生都可获得第二课堂加分,以阅读总时间长短决定挑战优胜者,颁发证书和物质奖励。

2.2 活动实施

2.2.1 宣传与报名

在以往的活动中,我馆主要采用海报宣传的方式,这种方式有很多弊端,如学生日常活动场所不定,海报易损坏、张贴地点分散等,这些不利因素极易造成宣传不到位。此次活动利用微信这个受众面广泛的网络媒介进行宣传,并首次采用"问卷星"进行报名,二者相加,效果良好超出预期,首日报名人数就达到四十多人,报名人数总计302人。除了通过问卷星报名以外,参与单日挑战的也可以现场直接报名,大大增加了参与活动的灵活度。

2.2.2 阅读

为了激发学生的兴趣与潜能,挖掘学生的自主性与创造性,本次活动的阅读书籍采取图书馆引导与学生自由选择相结合的方式,即由图书馆提供一些馆藏中外文学经典,学生也可以自带专业书以外的书籍。阅读区的布置温馨舒适、整洁有序,包括精美的书架,墙角的绿植,以及沙发茶几。开放时间内,参赛者可以自由出入,进入签到,离开签退,绝大多数学生都能做到自觉守信,安静专注地读书,全程不触碰电子设备。

2.2.3 感悟与交流

"即得感悟"是读者在活动区内的交流园地,在阅读区的一角,墙上挂满了可以随意取下的留言纸,学生可以在阅读期间将自己的即得感悟或读书心得写在纸上,如果对其他同学的留言感兴趣,也可以跟帖讨论。观察发现,一些同学不仅把这里当作读书交流的园地,还在这里以书会友,认识新朋友。

2.2.4 分享心得

除了在"即得感悟"以笔交流之外,活动还安排了分享环节,组织者思源读书会特别邀请了两位本校在读优秀博士生和硕士生参加此次活动,从报名到阅读亲自体会活动过程,并在活动颁奖典礼上,请他们分享此次参加活动的感悟和自己成长过程中关于读书的真实故事。作为来自学生中的北林人,他们丰富生动的真人秀,激起了台下学生的掌声与共鸣。

2.2.5 总结表彰

为了增强挑战意味,社团成员在每天活动结束后统计当天数据,并每三天发布一次"战况"。至活动截止日的统计数据如下:本次活动报名人数总计 302 人,实际参加人数 236 人,其中单日赛 150 人,十日赛 86 人;单日到场人数最多时有 20 人(4 月 22 日),最少 8 人(4 月 16 日);单日阅读时间最长的是 3 小时 40 分钟,十日赛阅读总时间最长为 1 835 分钟,此外有五位参与者阅读总时长在 1 000 分钟以上,分别为 1 316、1 135、1 099、1 018、1 015 分钟。所有参加活动的学生中有 95% 完成了挑战,活动结束后对单日和十日优胜者进行表彰并颁发了证书。

3 活动的创新与启示

3.1 创新

3.1.1 活动与学生第二课堂挂钩

大学生第二课堂是指由学生社团等组织开展的课堂之外的校园文化活动,这些形式多样的课外活动有助于补充知识,开阔视野,是实施素质教育的重要途径和有效方式。本次阅读推广活动得到了校学生处的大力支持,完成活动的每个学生都可以得到第二课堂加分,这一创新举措极大地提高了学生参与活动的积极性,学生在参加阅读活动的同时还获得了第二课堂加分,这次无机阅读活动报名踊跃与这一点是分不开的,活动效果也有了明显增强。

3.1.2 改进与学生社团合作模式

这次活动的第二个创新点,表现在学生社团与图书馆的合作模式上。在双方以往的合作中,学生社团只做一些辅助工作,这次的无机阅读挑战活动,图书馆为学生社团搭建一个施展才华的舞台,从策划到实施,社团负责人一直都参与讨论,图书馆负责指导、纠偏、修改和完善,给学生充分发挥的空间。实践证明,这次活动无论是内容还是形式都得到了学生的认可,社团成员的活动策划和组织工作表现也可圈可点,行动力和执行力都令人满意。

3.1.3 采取挑战赛的活动形式

为了提高阅读推广活动的效果,此次在活动的形式方面做了改变,增加了活动的趣味性,首次以挑战赛的形式举办了无机阅读活动,主要是考虑到大学生特别是低年级学生的心理年龄特点,一些寓教于乐的文化活动对他们更有吸引力。这次无机阅读挑战活动报名人数明显增多,与活动突出了挑战主题有很大关系。在活动过程中也能够感受到学生有一种比拼的劲头,许多学生都在感悟区的留言纸上表示希望图书馆今后多举办此类活动。

3.1.4 不同赛制使活动具有差异性

考虑到每个学生课余时间的不同,我馆在进行活动设计的时候改变了以往的做法,尽量加大活动时间的灵活性,使学生可以根据自己的情况在活动时间范围内自由选择时间,让更多的学生能够在不影响课堂学习的情况下参加活动。单日和十日两个赛制的设计也在难度方面提供选择,这种差异化的设置给更多学生参与活动提供了可能。活动统计数据也显示了这项改革的显著效果,在大约200名参赛者中,有95%的人顺利完成选择的挑战项目。

3.2 启示

3.2.1 扩大活动影响力,把阅读推广提高到学校文化建设的战略高度

目前,我校阅读推广活动仍然局限于图书馆的业务服务工作范畴,在全校范围内影响不大,没有占据学校文化活动的主流地位。其原因主要是学校对阅读推广工作的认识不够,没有把阅读推广放到校园文化建设的战略高度;图书馆对阅读推广工作研究不够,导致阅读活动质量提升缓慢,学生对此类活动很少关注,参与热度不高,造成活动影响力有限。要想让阅读推广活动在校园内全面展开,就要不断提高阅读推广工作的质量,扩大活动的影响力,只有这样才能获得校领导的重视与支持,在学校相关部门的共同努力下,使阅读推广工作占据学校文化建设的主流地位。

3.2.2 多元化的合作资源有利于拓展阅读推广活动的发展空间

鉴于高校阅读推广活动的重要性与艰巨性,阅读推广工作应由当前图书馆一方主导的现状转变为多方参与、合作共建的新格局。高校中的一些组织机构如校团委、学生会、宣传部、学生工作部等都与学生有着密切的联系,若能使其参与阅读推广工作,使阅读推广成为其日常工作的一部分,将有助于推广活动的宣传、开展与反馈,拓宽阅读推广的渠道,增强活动支持的力度,营造全方位的阅读支持环境。多元化的资源合作,不仅会壮大阅读推广团队的力量,还有助于打开工作局面,拓展活动的发展空间,使阅读推广活动向纵深发展。

3.2.3 图书馆与学生社团联合开展阅读推广活动使双方互惠互利

通过这次实践活动可以看到,与学生社团联合开展阅读推广活动对图书馆和学生社团双方而言是互惠互利的。对图书馆而言,多才多艺的学生为其有限的人力资源注入了生力军,相比图书馆的工作人员,学生能够从读者需求出发,有丰富的创意,策划的活动内容更符合学生要求,形式更受学生喜爱。这样,图书馆就多了一个了解读者需求的渠道,便于提高读者服务质量水平。对学生社团来说,他们不仅可以利用图书馆提供的场地等资源举办活动,还可以在活动策划与实施过程中锻炼组织协调能力和团队合作能力,是难得的锻炼和展示才能的机会。因此,发挥学生社团的作用开展校园阅读推广活动对图书馆和学生社团双方都有好处,是行之有效的途径之一。

3.2.4 将阅读推广活动纳入学生评奖评优体系

图书馆对学生没有直接领导与管理关系,对学生评奖评优也没有帮助,因此,对课余时间本就不多的学生而言,图书馆的活动显得可有可无,仅靠兴趣爱好带来的积极性非常有限。此次无机阅读挑战活动首次与学生第二课堂建立联系,在一定程度上刺激了学生参与的热情,取得的效果显而易见,随着影响力的扩散,越来越多的学生会为此参加活动。

3.2.5 举办多样化、差异化的活动满足学生的不同需求

不同年级、不同学习阶段的学生有着不同的阅读需求,这就决定了阅读推广活动应是多样化和差异化的。因此,在策划活动时应广开思路,务实创新,要从学生的多种需求出发,做到活动主题多样以满足不同学生的阅读需求,活动形式要新颖以符合不同年龄学生的喜好,活动时间要有弹性以面向不同学生的时间要求,让学生根据自己的情况自由选择,使更多的学生有参与活动的可能,增加活动的受众群体,提高活动实效。

多媒体的出现与发展正在改变人们的阅读习惯,与此同时,图书馆的阅读推广工作也面临着新的挑战。作为校园阅读推广工作的组织者与推动者,图书馆员应从读者需求出发,积极拓展思路,不断实践,总结分析经验教训,扬长避短,逐步摸索出适合本校的阅读推广模式,为学校的文化建设贡献力量。

参考文献

[1] 孔敏,邹晖,黄志敏.高校图书馆阅读推广的现状分析与现实思考——以四川省高校图书馆为例[J].四川图书馆学报,2015(3):41-43.

[2] 丛全滋,田广琴,耿晓宁,等.高校图书馆校园阅读推广对策研究——以大连工业大学为例[J].图书馆学刊,2016(12):43-47.

[3] 刘雅琼,张海舰,刘彦丽.创意为先,实效为王——北京大学图书馆阅读推广活动的案例研究[J].大学图书馆学报,2015(3):77-81.

[4] 张泸月,唐琼.高校阅读推广用户满意度影响因素分析与建议[J].图书情报工作,2015(9):67-71.